MUSEEN

IN DEUTSCHLAND

DUMONT

MUSEEN
in Deutschland
Ein Schnellkurs

Kirsten Rachowiak
Buchhändlerin und Lektorin, studierte Neuere Germanistik, Ältere Germanistik und Kunstgeschichte in Düsseldorf. Sie lebt und arbeitet in München. Weitere Informationen unter: www.lektorat-rachowiak.de

Umschlagvorderseite:
Thomas Struth, *Pergamon Museum 5,* Berlin, 2001,
Laserchrom Multiprint, 29,0 x 36,0 cm, Ed. 150,

Umschlagrückseite von oben nach unten:
Neanderthal Museum, Mettmann
Museum Insel Hombroich, Neuss
Mercedes-Benz Museum, Stuttgart
Frontispiz:
K 21 Kunstsammlung Nordrhein-Westfalen, Düsseldorf

Bibliografische Information der Deutschen Bibliothek:
Die Deutsche Bibliothek verzeichnet diese Publikation
in Die Deutsche Nationalbibliografie; detaillierte
bibliografische Angaben sind im Internet über
http://dnb.ddb.de abrufbar.

Originalausgabe

Lektorat: Carmen Söntgerath, Wuppertal
Druck und buchbinderische Verarbeitung:
Rasch, Bramsche
Printed in Germany
ISBN 978-3-8321-9141-2

Inhalt

Inhalt

Inhalt

Inhalt

Wer sich an seinen letzten Museumsbesuch als ermüdenden Gang durch altehrwürdige Räume mit dem Charme des Verstaubten erinnert, muss sein Bild revidieren. Es gibt solche Ausstellungsräume zwar noch, weil ihre Erneuerung eine nicht unwesentliche finanzielle Frage bedeutet, aber neben zahlreichen Neueröffnungen sind die bestehenden Museen in den letzten Jahren unermüdlich restauriert, umgebaut, erweitert und modernisiert worden – und werden es weiterhin. Das gilt sowohl für die Gebäude als auch für die Sammlungen und die Präsentation der Exponate. Sie werden häufig so anschaulich gezeigt, dass selbst ein Besuch mit Kindern zum Erlebnis wird.

Die Museumslandschaft in Deutschland ist im internationalen Vergleich führend und hat sich in den letzten Jahren nicht nur wesentlich gewandelt, sondern erheblich an Bedeutung gewonnen. Eine Besonderheit hierzulande ist, dass neben großen Häusern oder Museumsverbünden ebenso kleine und mittlere Museen abseits der Großstädte herausragende Sammlungen zu bieten haben. Es gibt vor allem in Ostdeutschland Entdeckenswertes.

Es war sehr schwierig, von derzeit rund 6500 deutschen Museen eine Auswahl zu treffen, denn es gibt über die in diesem Kurzführer genannten hinaus selbstverständlich weitere wichtige und sehenswerte Museen. Nicht berücksichtigt wurden reine Ausstellungshallen oder -räume ohne eigene Sammlung, kleine Spezialmuseen, Freilichtmuseen, Häuser, die dem Gedenken einer einzelnen Persönlichkeit gewidmet sind, Schlösser und Burgen sowie Kunstvereine.

Vor dem Museumsbesuch ist ein Blick in den Internetauftritt des jeweiligen Hauses empfehlenswert, der über das abwechslungsreiche Ausstellungs- und Veranstaltungsprogramm sowie Führungen informiert. Wer gerne längere Aufenthalte plant, findet etwa im Internetportal www.yucolo.com aktuelle Ausstellungen auf einen Blick und auch gleich Übernachtungsmöglichkeiten.

Sehr herzlich möchte ich mich bei allen bedanken, die mir ihre Lieblingsmuseen genannt und Tipps für weitere gegeben haben.

Kirsten Rachowiak

Domschatzkammer
Klosterplatz 2
52062 Aachen
Telefon: +49 (0) 2 41 / 47 70 90
E-Mail: info@aachendom.de
www.aachendom.de

Öffnungszeiten
Januar bis März
Mo 10:00–13:00 Uhr
Di–So 10:00–17:00 Uhr
Erster Donnerstag im Monat
10:00–22:00 Uhr
April bis Dezember
Mo 10:00–13:00 Uhr
Di, Mi, Fr, Sa, So 10:00–18:00 Uhr
Do 10:00–21:00 Uhr

Karl der Große (um 747–814) war einer der bedeutendsten Herrscher Europas. Seine Büste gehört zu den Glanzstücken der Schatzkammer.

Die Bedeutung Aachens geht auf Karl den Großen zurück, der, um 800 zum Kaiser gekrönt, den Hof seines Vaters zur Hauptresidenz seines großen Fränkischen Reichs ausbaute. Die ursprüngliche Anlage umfasste einen Palast und die im Zentrum stehende Marienkirche, die sogenannte Pfalzkapelle, die heute auch als Aachener Dom bezeichnet wird. Sie diente von 936 bis 1531 als Krönungskirche der römisch-deutschen Könige. Als erstes deutsches Bauwerk wurde sie 1978 in die UNESCO-Liste des Weltkulturerbes aufgenommen.

Der Aachener Domschatz zählt zu den kostbarsten Kirchenschätzen Europas, mit Prunkstücken wie der goldenen Altartafel oder Pala d'oro (nach 1000), jetzt Antependium des Hauptaltars, der Evangelienkanzel Kaiser Heinrichs II. (vor 1014) und dem Barbarossaleuchter (um 1165). Die Domschatzkammer wurde 1995 nach neuesten konservatorischen und museumsdidaktischen Erkenntnissen eingerichtet. Sie zeigt nun auf über 600 m^2 mehr als 100 Kunstwerke, gruppiert in fünf Themenbereiche: der Dom als Kirche Karls des Großen mit der Karlsbüste (nach 1349), die Liturgie am Aachener Dom mit dem edelsteinbesetzten Lotharkreuz (um 1000) und dem sogenannten Aachener Altar, die Krönungskirche mit der einzigartigen Elfenbeinsitula (um 1000), die Reliquien und die Wallfahrt nach Aachen mit Reliquiaren und den ungarischen Stiftungen und der Dom als Marienkirche mit zahlreichen wertvollen Bildern und Skulpturen der Muttergottes. Im gesamten Untergeschoss wird rund um den prächtigen Krönungsmantel, die Cappa Leonis (vor 1520), in ständigem Wechsel der Textilschatz ausgestellt.

In den Hallen einer ehemaligen Schirmfabrik in Aachen entstand 1991 ein neues Museum. Dort zog die bereits renommierte »Neue Galerie – Sammlung Ludwig« ein, die seit 1970 bestand. Sie war das Ergebnis der außergewöhnlichen Sammelleidenschaft von Irene und Peter Ludwig. Die Inhaber eines Aachener Traditionsunternehmens waren Ende der 1960er-Jahre mit der Kunstszene in New York in Berührung gekommen, daher sind Leitfiguren der amerikanischen Kunst wie Jasper Johns und Robert Rauschenberg sowie die berühmten Pop-Art-Künstler Andy Warhol und Roy Lichtenstein in der Sammlung umfangreich vertreten. Ende der 1970er-Jahre kam Kunst aus Osteuropa hinzu, sodass es in der Folge zu Gegenüberstellungen von Kunst aus westeuropäischen und osteuropäischen Ländern kam. In den 1990er-Jahren folgten umfangreiche Präsentationen kubanischer und lateinamerikanischer Kunst. Bereits ab 1994 fügte das Ehepaar Ludwig seinem Bestand altchinesischer Werke Arbeiten zeitgenössischer chinesischer Künstler hinzu. Heute umfasst die stark erweiterte Sammlung ein vielfältiges Spektrum von Werken aus Europa, Nordamerika, Osteuropa, Lateinamerika und Asien. Nicht zuletzt gehören Arbeiten junger Künstler (Tacita Dean, Jeppe Hein, Peter Piller) sowie eine Videosammlung (Chris Burden, Bruce Nauman, Doug Wheeler) dazu.

Neben der ständigen Sammlung sind Sonderausstellungen zu aktuellen Themen oder zum Werk einzelner Künstler zu sehen. Der »Spielort Forum Ludwig« bietet ein Veranstaltungsprogramm rund um Tanz, Performance, Live-Art, Multimedia, Musik und Mode und rundet das Konzept einer genreübergreifenden Sammlung ab.

Ludwig Forum für Internationale Kunst
Jülicher Straße 97–109
52070 Aachen
Telefon: +49 (0) 2 41 / 1 80 71 04
E-Mail: info@ludwigforum.de
www.ludwigforum.de

Öffnungszeiten
Di–Fr 12:00–18:00 Uhr
Do 12:00–20:00 Uhr
Sa, So 11:00–18:00 Uhr

In den weitläufigen Räumlichkeiten der ehemaligen Schirmfabrik kommen Werke wie das von Richard Long (vorne) besonders gut zur Geltung.

Suermondt-Ludwig-Museum

Das Suermondt-Ludwig-Museum befindet sich in einem großbürgerlichen Stadtpalais des späten 19. Jh., das nach dem Vorbild venezianischer Adelspaläste erbaut wurde. Zu seiner bemerkenswerten historistischen Innenausstattung gehören beeindruckende Wand- und Deckengemälde. Ein gläserner Anbau erweitert die Fläche für Wechselausstellungen.

Der umfangreiche Sammlungsbestand ist auf zahlreiche Stiftungen Aachener Bürger zurückzuführen, vor allem auf die Namensgeber des Museums, Barthold Suermondt sowie Irene und Peter Ludwig. Das Museum besitzt heute eine der bedeutendsten Sammlungen mittelalterlicher Skulpturen in Deutschland aus der Zeit vom 12. bis 16. Jh. Weitere Höhepunkte bilden die Malerei der Spätgotik, des Barock, der Romantik sowie der klassischen Moderne mit Werken von Max Beckmann, Otto Dix, Alexej von Jawlensky und August Macke.

Der Kölner, süddeutschen und niederländischen Malerei des 15. und 16. Jh. stehen gleichzeitig entstandene Skulpturen aus den betreffenden Regionen gegenüber. Vier Säle mit niederländischer Malerei des 17. Jh. zeigen Werke herausragender Meister wie Anthonis van Dyck, Jacob Jordaens, Frans Snyders. Das Museum verfügt außerdem über ein bedeutendes Kupferstichkabinett mit Arbeiten von Albrecht Dürer, Giovanni Battista Piranesi und Francisco Goya sowie über Spezialsammlungen mit Glasmalerei, Tapisserien und Antiken (mit Schwerpunkten auf attischer Vasenmalerei und Goldschmiedearbeiten).

Da derzeit rund 100 Werke restauriert werden, sind leihweise 21 herausragende Gemälde der Stiftung Preußischer Kulturbesitz aus Berlin zu sehen.

Suermondt-Ludwig-Museum
Wilhelmstraße 18
52070 Aachen
Telefon: +49 (0) 2 41 / 47 98 00
E-Mail: info@suermondt-ludwig-museum.de
www.suermondt-ludwig-museum.de

Öffnungszeiten
Di–Fr 12:00–18:00 Uhr
Mi 12:00–20:00 Uhr
Sa, So 11:00–18:00 Uhr

Im beeindruckenden Treppenhaus steht neben anderen Werken eine Beweinung Christi, die um 1510 vermutlich in Augsburg entstanden ist.

Sandro Botticelli, *Bildnis einer vornehmen Frau* (Caterina Sforza?), um 1475

Im thüringischen Altenburg sind im Lindenau-Museum mehrere hochkarätige Sammlungen vereint. Der Staatsmann, Naturwissenschaftler und Kunstsammler Bernhard August von Lindenau (1779–1854) machte 1848 seine Schätze zunächst in einem kleineren Gebäude neben seinem Geburtshaus der Öffentlichkeit zugänglich. Er verband damit ein Bildungsanliegen, das er auch mit der Einrichtung einer Kunstschule für künftige Techniker, Handwerker und Architekten verfolgte. Zwanzig Jahre nach seinem Tod wurden die Kunstwerke im 1874 bis 1875 erbauten Museumsgebäude ausgestellt, das sie heute noch beherbergt.

Vier Sammlungen bilden den Grundstock des Museums: Berühmt ist es vor allem für seine Bestände früher italienischer Malerei mit etwa 180 Arbeiten aus dem 13. und 14. Jh., darunter die großen Meister aus Siena und Florenz, wie Pietro Lorenzetti und Guido da Siena, Sandro Botticelli, Filippo Lippi, Fra Angelico und Masaccio. Die Sammlung umfasst außerdem rund 400 antike Keramiken, vor allem Vasen aus dem 7. bis 2. Jh. v. Chr. Eine Kollektion mit Abgüssen von Statuen der Antike und der Renaissance sowie die mehr als 2000 Bände umfassende historische Kunstbibliothek, die nahezu vollständig die Nachschlagewerke und Kunstlexika ihrer Zeit enthält (nur zu besichtigen), belegen die weit gespannten Interessen des Museumsgründers.

Die Gemäldesammlung wurde nach seinem Tod umfangreich ergänzt, zunächst mit europäischen Werken des 17. bis 19. Jh., später mit deutscher Malerei des 20. Jh. Hier reicht der Bogen vom Expressionismus bis hin zu vielfältigen Strömungen in der DDR. Die Grafische Sammlung verfügt über einen beachtlichen Bestand an Druckgrafik und Zeichnungen vorwiegend des 20. Jh. Sonderausstellungen greifen entweder Themen alter und neuer Kunst auf oder sind dem Werk eines einzelnen Künstlers gewidmet.

Lindenau-Museum Altenburg
Gabelentzstraße 5
04600 Altenburg
Telefon: +49 (0) 34 47 / 8 95 53
E-Mail: direktion@lindenau-museum.de
www.lindenau-museum.de

Öffnungszeiten
Di–Fr 12:00–18:00 Uhr
Sa, So 10:00–18:00 Uhr

Gespannt sein darf man auf die Eröffnung des neuen Bayerischen Textil- und Industriemuseums in der Augsburger Kammgarnspinnerei. Sie konnte zeitweise für sich beanspruchen, mit Tausenden von Beschäftigten der größte Wolle verarbeitende Betrieb Deutschlands zu sein. Zudem war es die Textilindustrie, die den Motor der Industrialisierung im landwirtschaftlich geprägten Bayern in Gang brachte. Zum 100-jährigen Jubiläum der Anlage wird sich am Originalschauplatz ab 17. September 2009 das »tim« präsentieren.

Im Mittelpunkt der Präsentation stehen die vier M – für Mensch, Maschine, Mode und Muster: Auf dem »kulturhistorischen Pfad« wird die Arbeit von Unternehmern und Arbeitern, Erfindern und Technikern, Musterzeichnerinnen und Weberinnen dokumentiert, deren Lebensumstände sich durch die Industrialisierung tief greifend wandelten. In der eigenen Museumsfabrik stehen mechanische Webstühle des 19. Jh. neben Hightech-Webmaschinen. Hier geht es laut zu, denn im Schaubetrieb werden eigene Kollektionen gefertigt. Aus Stoffen wird Mode, das war in der Blütezeit der Kammgarnspinnerei nicht anders als heute. Extra angefertigte Figurinen inszenieren die verschiedenen Modelle aus der »tim«-Modekollektion auf einem Laufsteg. Die Stoffmustersammlung der ehemaligen Neuen Augsburger Kattunfabrik (NAK) wurde 1997 zum Nationalen Kulturgut erklärt. Mehr als 1,3 Millionen Stoffmuster, archiviert in rund 550 schweren Büchern, dokumentieren über 200 Jahre europäische Designtradition. Die schönsten Entwürfe werden auf über 4 m hohe Frauenfiguren, die »Grazien«, projiziert, die den Besucher in ständig wechselndem Gewand erwarten.

Bayerisches Textil-
und Industriemuseum
Provinostraße 46
86153 Augsburg
Telefon: +49 (0) 8 21 / 3 24 46 88
E-Mail: info.tim@augsburg.de
www.tim-bayern.de

Die liebevoll präsentierte Modekollektion des »tim« zeigt den Charme der 1950er- und 1960er-Jahre, dürfte aber auch Anregungen für die Gegenwart bereithalten.

Die neu gestalteten Ausstellungsräume zeigen nicht allein die berühmten Augsburger Goldschmiedearbeiten in einem neuen Licht.

Als eine der ältesten Städte Deutschlands kann Augsburg auf eine Tradition verweisen, an deren Anfang eine römische Gründung steht. Nach der Ernennung zur Freien Reichsstadt im 13. Jh. übernahmen nach politischen Auseinandersetzungen Patrizierfamilien die Herrschaft. Der Aufstand städtischer Handwerker 1368 führte zu einer Zunftverfassung, aufgrund derer die Macht der Zünfte zunahm, sodass sie bis Mitte des 16. Jh. an der Stadtregierung beteiligt waren. In der Folgezeit gewannen die Kaufmannsfamilien der Fugger und Welser großen Einfluss, wodurch sich Augsburg zu einem der bedeutendsten Wirtschafts- und Handelszentren der Welt entwickelte.

Das Maximilianmuseum ist das Stammhaus der Museen und Kunstsammlungen der Stadt, in der aufgrund der einst starken Stellung der Handwerker und der Wohlhabenheit der Bürger die Kunst eine besondere Rolle gespielt hat. Eingerichtet wurde es in zwei historischen Bürgerhäusern aus dem 15. Jh., dem älteren, kleineren Welserhaus und dem palastartigen Hainhoferhaus, die ein gemeinsamer Innenhof verbindet. Das Museum wurde 1855 nach seinem Schirmherrn, dem bayerischen König Maximilian II., benannt.

Nach einer umfassenden Sanierung und Neugestaltung der Ausstellungsräume werden seit 2006 rund 1200 Ex-

In der Skulpturensammlung beeindrucken die aus Holz geschnitzten Figuren.

ponate auf 1400 m^2 Fläche präsentiert. Zu den herausragenden Sehenswürdigkeiten zählen die Bronzefiguren der Augsburger Prachtbrunnen aus dem späten 16. Jh. von Hubert Gerhard und Adriaen de Vries im Viermetzhof, der von einem filigranen Glasdach überspannt wird, um die restaurierten Kostbarkeiten zu schützen. Im Haus erwarten den Besucher fünf Abteilungen: In der Skulpturensammlung werden plastische Bildwerke Augsburger Künstler und aus dem süddeutschen Raum vom Spätmittelalter bis um 1800 gezeigt, so der *Humpen mit Bacchanal* von Georg Petel und *Der Evangelist Johannes* von Ignaz Günther. Die wissenschaftliche Abteilung umfasst Sonnenuhren, astronomische, optische und andere wissenschaftliche Instrumente, für deren Herstellung die Augsburger Uhrenmacher lange Zeit berühmt waren. Solche kostbaren Instrumente wurden nicht nur funktional gestaltet, an der Entstehung konnten auch Goldschmiede, Kunstschreiner und andere Handwerker beteiligt sein. Abgesehen von einer umfangreichen Stadtchronik, besitzt das Maximilianmuseum eine große Sammlung einzigartiger Architekturmodelle zum Mühlenbau, zur Wasserversorgung und zum Rathaus von Baumeister Elias Holl, dem Wahrzeichen der Stadt. Im Festsaal sind als Highlights wertvolle Werke der Goldschmiedekunst wie Silbermöbel und Tafelservice zu sehen. Hinzu kommen sakrale Goldschmiedearbeiten wie Hostiendosen, Abendmahlskannen oder ein Hausaltar. Ferner wird Porzellan gezeigt, das zwar nicht in Augsburg hergestellt wurde, aber dort durch feine Malereien der sogenannten Hausmaler veredelt wurde, die in ihrer Werkstatt zu Hause arbeiteten.

Maximilianmuseum
Philippine-Welser-Straße 24
86150 Augsburg
Telefon: +49 (0) 8 21 / 3 24 41 02 11
E-Mail: kunstsammlungen.
stadt@augsburg.de
www. Maximilianmuseum.de

Öffnungszeiten
Di 10:00–20:00 Uhr
Mi–So 10:00–17:00 Uhr

Am Rande der historischen Parklandschaft Baden-Badens erhebt sich ein Museumsgebäude, das unverkennbar der amerikanische Architekt Richard Meier entworfen hat. Die Wandpartien bestehen aus emaillierten weißen Alupaneelen im Kontrast zu klar begrenzten Glasflächen. Über eine verglaste Brücke ist das Haus mit der benachbarten Kunsthalle verbunden, sodass Besucher bei ihrem Rundgang das Nebeneinander zweier Ausstellungen erleben können.

2004 wurde das Museum Frieder Burda eröffnet, dessen Sammlung derzeit rund 800 Gemälde, Skulpturen und Arbeiten auf Papier umfasst. Sie ist Bestandteil einer Stiftung, die den Bau des Museums finanziert hat und für den Unterhalt sorgt. Der Sammler hatte 1968 auf der »documenta IV« sein erstes Bild, ein Werk von Lucio Fontana, erworben. Ihm folgten nach einem Amerikaaufenthalt Anfang der 1970er-Jahre Gemälde von Hauptvertretern des Abstrakten Expressionismus wie Willem de Kooning, Jackson Pollock, Mark Rothko, Clyfford Still. Ein anderer Schwerpunkt liegt auf der klassischen Moderne mit Werken von Max Beckmann, Ernst Ludwig Kirchner, Wilhelm Lehmbruck, August Macke sowie acht Gemälden aus dem Spätwerk Pablo Picassos – eine Besonderheit. Die wichtigsten und umfangreichsten Werkkomplexe der zeitgenössischen Kunst stammen von Georg Baselitz, Sigmar Polke und Gerhard Richter. Seit rund zehn Jahren wird die Sammlung zudem um Skulpturen ergänzt.

Museum Frieder Burda
Lichtentaler Allee 8 b
76530 Baden-Baden
Telefon: +49 (0) 72 21 / 39 89 80
E-Mail: office@museum-frieder-burda.de
www.sammlung-frieder-burda.de

Öffnungszeiten
Di–So 10:00–18:00 Uhr

Zu sehen sind ausschließlich Wechselausstellungen, die von namhaften Gastkuratoren organisiert werden. Bezogen auf ein Thema oder einen Künstler, zeigen sie meist einen Teil der Sammlung, der von Leihgaben ergänzt wird.

Bei Nacht betrachtet, kommt das von Richard Meier entworfene Museumsgebäude besonders gut zur Geltung.

Der kleine Ort Bedburg-Hau im Kreis Kleve am Niederrhein hat ein ungewöhnliches Museum zu bieten. Es ist in einem im Mittelalter errichteten Wasserschloss untergebracht, das im 17. Jh. zunächst erweitert und später im neugotischen Stil umgebaut wurde. Von 1987 bis 1997 erfuhr es einen umfangreichen Wiederaufbau, nachdem es völlig verfallen war. Zum Schloss gehört eine weitläufige Gartenanlage, deren barocke Grundstruktur noch heute zu erkennen ist.

In Schloss Moyland ist mit rund 5000 Arbeiten der weltweit größte Bestand von Werken Joseph Beuys' zu sehen. Er geht zurück auf die Privatsammlung der Brüder Franz Joseph (geb. 1933) und Hans (1929–2002) van der Grinten, die insgesamt rund 60 000 Werke aus dem 19. und 20. Jh. zusammengetragen haben. Aufgewachsen auf einem Bauernhof, entdeckten sie schon früh ihre Sammelleidenschaft, die 1946 mit dem Kauf von drei grafischen Blättern begann, die sie in einem Krefelder Schreibwarenladen erwarben. Neben ihrem persönlichen Kontakt zu Beuys waren sie auch mit Erwin Heerich, Rudolf Schoofs und Hermann Teuber bekannt, von denen sich ebenfalls größere Werkkomplexe in der Sammlung befinden. Charakteristisch ist die mitunter kritisierte »Moyländer Hängung«, eine Präsentation der Werke Rahmen an Rahmen; auch die plastischen Bildwerke im Skulpturenkeller sind dicht nebeneinander aufgestellt. Diese Praxis geht auf die beiden Sammler zurück.

Neben der ständigen Sammlung sind Wechselausstellungen zu sehen, außerdem hat im Schloss das Joseph-Beuys-Archiv seinen Sitz. Eine Besichtigung lässt sich gut mit einem Spaziergang durch den idyllischen Garten verbinden, in dem weitere Skulpturen des ausgehenden 20. Jh. stehen.

Museum Schloss Moyland
Am Schloss 4
47551 Bedburg-Hau
Telefon: +49 (0) 28 24 / 95 10 60
E-Mail: info@moyland.de
www.moyland.de

Öffnungszeiten
April bis September
Di–Fr 11:00–18:00 Uhr
Sa, So 10:00–18:00 Uhr
Oktober bis März
Di–So 11:00 bis 17:00 Uhr

Schloss Moyland verteidigt zinnenbewehrt die größte Beuys-Sammlung weltweit.

Das Museumsgebäude wurde noch von Walter Gropius entworfen, der das Bauhaus maßgeblich prägte.

Als der Architekt Walter Gropius 1919 in Weimar die Leitung der Kunstgewerbeschule übernahm und sie zum Bauhaus umwandelte, konnte niemand ahnen, dass sie zur bedeutendsten deutschen Kunstschule des 20. Jh. werden würde. Renommierte Künstler wie Lyonel Feininger, Wassily Kandinsky, Paul Klee und Oskar Schlemmer unterrichteten am Bauhaus in ihren eigenen Klassen. Josef Albers, Johannes Itten und László Moholy-Nagy entwickelten reformpädagogische Konzepte, die später von anderen Schulen übernommen wurden. Dem pathetischen Manifest von 1919 zufolge sollte zunächst eine Handwerkerschule entstehen, in der alle Künstler, Architekten, Bildhauer, Maler und andere im Sinne eines Gesamtkunstwerks auf den »neuen Bau der Zukunft« hinarbeiteten. Ab den frühen 1920er-Jahren standen die industrielle Fertigung und die damit verbundenen Möglichkeiten der Gestaltung (Marcel Breuer) sowie die Architektur (Gropius, Ludwig Mies van der Rohe) im Vordergrund. Es gab eine Töpferei, eine Buchbinderei, eine Bildhauerei, Werkstätten für Möbel und Metallverarbeitung, eine Textilwerkstatt, die Bauhaus-Bühne und anderes mehr. 1925/26 entstand dann nach einem Entwurf von Gropius ein neues Gebäude in Dessau, wohin das Bauhaus verlagert wurde. 1933 musste es jedoch aufgrund der politischen Situation seine Pforten schließen, die ehemaligen Lehrer setzten ihre Arbeit meist im Ausland fort. Obwohl das Bauhaus nur 14 Jahre lang existierte, ist sein Ruhm heute legendär.

Eng verbunden mit dem Bauhaus-Archiv und dem Museum für Gestaltung ist der Name des Kunsthistorikers und Kunstkritikers Hans Maria Wingler. Er lernte 1955 Gropius und ehemalige Studierende des Bauhauses kennen. Diese Begegnung war für ihn Anlass, jahrelang zu diesem Thema zu recherchieren und die bis heute grundlegende Dokumentation »Das Bauhaus 1919–1933« zu publizieren. Parallel dazu entstand eine

Objektsammlung, deren Umfang beständig wuchs, sodass Wingler 1960 das Bauhaus-Archiv in Darmstadt gründete. Er war es auch, der Gropius schließlich dazu bewegen konnte, ein neues Museumsgebäude zu entwerfen, das zehn Jahre nach dessen Tod 1979 in der Nähe des Tiergartens in Westberlin eröffnet wurde und in dem das Bauhaus-Archiv sowie das Museum für Gestaltung Platz fanden.

Das Bauhaus-Archiv verfügt über eine umfangreiche Sammlung von Gemälden, Zeichnungen und Plastiken der Meister wie Schüler des Bauhauses, darunter Werke von Albers, Feininger, Itten, Klee, Kandinsky, Moholy-Nagy und Schlemmer. Die grafische Sammlung, bestehend aus Zeichnungen, Aquarellen und anderen Arbeiten auf Papier, ist inzwischen auf 8500 Blatt angewachsen. Ferner gehören Erzeugnisse aus allen Werkstätten und sämtlichen Entwicklungsphasen dazu: von handwerklich hergestellten Einzelstücken bis hin zu Beispielen aus der Serienproduktion. Besonders umfangreich vertreten sind Möbel, Lampen, Metallarbeiten, Keramiken, außerdem eine Fülle von Stoffproben und Entwürfen aus der Textilwerkstatt. Den Kern der Architektursammlung bilden 200 Arbeiten aus dem Unterricht am Bauhaus, insgesamt umfasst sie 8000 Blatt, hinzu kommt eine Reihe von Architekturmodellen.

Nicht zuletzt stehen die Dokumentensammlung, die Sammlung künstlerischer Fotografien, das Fotoarchiv und die Bibliothek dem Nutzer zur Verfügung. Im Museum werden neben der ständigen Präsentation Sonderausstellungen gezeigt, die entweder allgemein oder monografisch Themen aus der Geschichte des Bauhauses oder zu zeitgenössischem Design und Architektur aufgreifen.

Bauhaus-Archiv –
Museum für Gestaltung
Klingelhöferstraße 14
10785 Berlin
Telefon: +49 (0) 30 / 2 54 00 20
Infoline: +49 (0) 30 / 25 40 02 78
E-Mail: bauhaus@bauhaus.de
www.bauhaus.de

Öffnungszeiten
Mi–Mo 10:00–17:00 Uhr

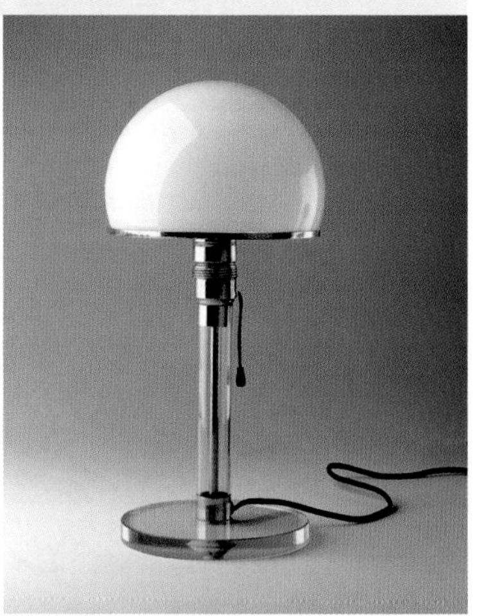

Eine der Inkunabeln des Bauhausdesigns ist die 1923/24 entwickelte Tischleuchte von Wilhelm Wagenfeld.

Die Gründung des Deutschen Historischen Museums 1987 beruht auf einer Initiative des damaligen Bundeskanzlers Helmut Kohl. Zunächst für einen Standort im Spreebogen geplant, wurde es nach der Wiedervereinigung im barocken Zeughaus eingerichtet. Das Gebäude von 1695 musste zu diesem Zweck innen wie außen saniert und neuestem technischem Museumsstandard angepasst werden. Der Innenhof mit Masken von Andreas Schlüter erhielt im Zuge des zwischen 1998 und 2003 errichteten Neubaus der Ausstellungshalle durch den chinesisch-amerikanischen Architekten I. M. Pei eine neue gläserne Überdachung.

2006 wurde die ständige Sammlung mit weit über 8000 Exponaten von historischem Wert unter dem Titel »Deutsche Geschichte in Bildern und Zeugnissen« eingerichtet. Sie vermittelt in Epochenräumen anschaulich politische Ereignisse in der deutschen Vergangenheit im internationalen wie im europäischen Zusammenhang. Die Exponate entstammen der insgesamt 300-jährigen Sammlungsgeschichte des Zeughauses, dem Preußischen Armeemuseum, dem Museum für Deutsche Geschichte (DDR) und dem Deutschen Historischen Museum. Neben Gegenständen aus der Alltags-, Medizin- und Technikgeschichte sind historische Dokumente und Landkarten, aber auch Gemälde, Grafiken, Skulpturen, Kunstgewerbe, Militaria, Plakate und Fotografien zu sehen. Im Neubau mit seinem Eingangsbereich aus Glas und Stahl und der auffallenden gläsernen Treppenspindel stehen vier Etagen für Sonderausstellungen zur Verfügung. Ferner gibt es eine wissenschaftliche Spezialbibliothek mit mehr als 225 000 Bänden, ein Bildarchiv mit rund 500 000 Abzügen und das schöne Zeughauskino mit 165 Plätzen.

Deutsches Historisches Museum
Unter den Linden 2
10117 Berlin
Telefon: +49 (0) 30 / 20 30 40
Infoline: +49 (0) 30 / 20 30 44 44
E-Mail: webadmin@dhm.de
www.dhm.de

Öffnungszeiten
Täglich 10:00–18:00 Uhr

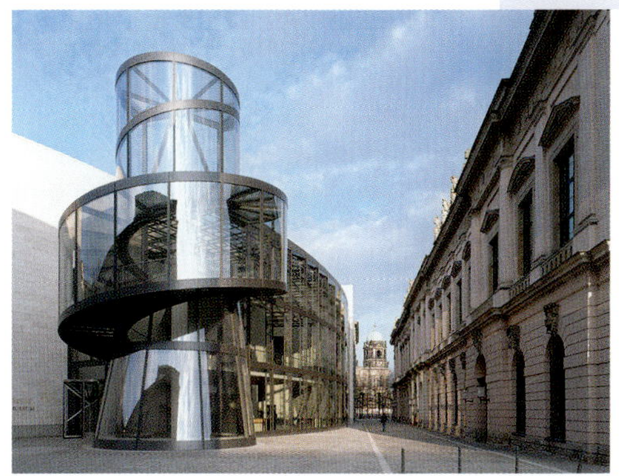

Der Erweiterungsbau von I. M. Pei war sein erster Entwurf in Deutschland und wurde gleich als Meisterwerk ausgezeichnet. Besonders schön ist der spindelförmige Treppenturm.

Im ehemaligen Kollegienhaus, dem Altbau, befindet sich der Eingang zum Jüdischen Museum Berlin. Das 1735 erbaute Gebäude diente zuerst der königlichen Justizverwaltung, heute gilt es als letztes Zeugnis adeliger Barockbauten in der historischen Friedrichstadt. Im 19. Jh. wurden die Innenräume zum ersten Mal umgestaltet, der Zweite Weltkrieg jedoch zerstörte das Gebäude weitgehend. Von 1963 bis 1969 wiederaufgebaut, beherbergte es anschließend die stadtgeschichtliche Sammlung des Berlin Museums. 1993 begann dann der dritte Umbau des Hauses durch den amerikanischen Architekten Daniel Libeskind.

Jüdisches Museum
Lindenstraße 9–14
10969 Berlin
Telefon: +49 (0) 30 / 25 99 33 00
E-Mail: info@jmberlin.de und fuehrungen@jmberlin.de
www.juedisches-museum-berlin.de

Öffnungszeiten
Mo 10:00–22:00 Uhr
Di–So 10:00–20:00 Uhr

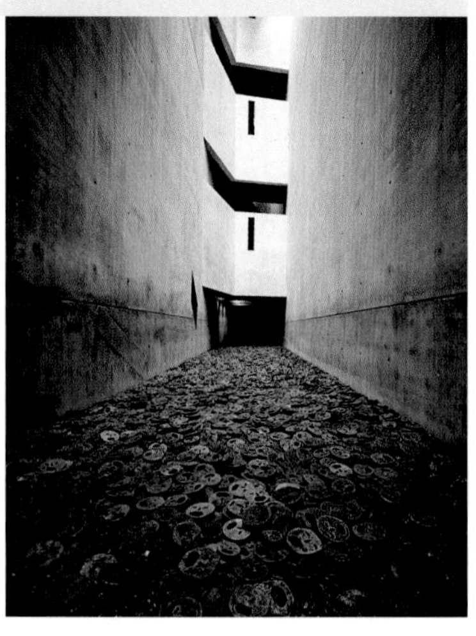

Die zweigeschossige Dreiflügelanlage umschließt einen quadratischen Hof, der 2007 eine von Libeskind entworfene Glasüberdachung erhielt, den Glashof. Der Dreiecksgiebel über dem Hauptportal, dem Besuchereingang, zeigt das preußische Staatswappen und die allegorischen Figuren der Weisheit und der Gerechtigkeit als Verweis auf die ursprüngliche Funktion des Gebäudes. Eine schwarze Schiefertreppe führt unterirdisch in den benachbarten Neubau, dessen spektakuläre Architektur von Anfang an für Aufsehen sorgte. Bereits vor der Eröffnung 2001 besichtigten rund 350 000 Menschen das noch leere Gebäude mit seinem zickzackförmigen Grundriss.

Der Anstoß zur Neugründung eines Jüdischen Museums in Berlin geht auf das Jahr 1971 zurück, als die Jüdische Gemeinde den 300. Jahrestag ihrer Gründung feierte. Man wollte an das 1933 eröffnete Jüdische Museum in der Oranienburger Straße anknüpfen, das 1938 von der Gestapo geschlossen worden war. 1978 zeigte das Berlin Museum zum ersten Mal die Neuerwerbungen für das künftige Jüdische Museum, von 1986 bis 1998 wurden im Martin-Gropius-Bau weitere Ausstellungen präsentiert. Seit 1999 ist die ehemalige Jüdische Abteilung des Berlin Museums ein eigenständiges Museum.

Es gibt vier Sammlungen: Mit dem Erwerb der Judaica-Sammlung des Münsteraner Kantors Zvi Sofer 1981 legte

Menashe Kadishman, Installation *Shalechet* (Gefallenes Laub), 1997–99

Das scharfkantige Museumsgebäude von Daniel Libeskind ragt spitz in den Berliner Himmel.

das Berlin Museum den Grundstock für die Sammlung von Zeremonialobjekten und angewandter Kunst. Neben Einzelstücken wie dem Chanukka-Leuchter des Berliner Gold- und Silberschmieds George Wilhelm Marggraff aus dem Jahr 1776 zeigen Textilien, Papiere und weitere Metallarbeiten die Vielfalt der Gegenstände für den religiösen Gebrauch. Die Kunstsammlung des Museums veranschaulicht die deutsch-jüdische Geschichte anhand von Werken jüdischer Künstler, auch jüdische Auftraggeber spielten eine wichtige Rolle. Der Bestand umfasst derzeit über 300 Gemälde, 4500 Druckgrafiken, 1100 Zeichnungen und rund 100 Skulpturen und Architekturmodelle. Der Schwerpunkt liegt dabei auf dem 19. und frühen 20. Jh. Die Fotografische Sammlung existiert seit 2006 als eigener Sammlungsbereich. Die mehr als 7000 Fotografien aus dem 19. Jh. und frühen 20. Jh. stammen aus Deutschland und den Emigrationsländern der Juden. Die Historische Sammlung umfasst 1500 Konvolute, die das Leben und Schicksal deutscher Juden und deutsch-jüdischer Familien auf vielfältige Weise dokumentieren. Sie besteht fast ausschließlich aus privaten Schenkungen und enthält Urkunden und Dokumente persönlicher Art wie Briefe, Tagebücher, Alltagszeugnisse, Erinnerungsstücke. Zudem werden Wechselausstellungen gezeigt sowie Führungen, wissenschaftliche Symposien, Konzerte, Lesungen, Workshops für Kinder und Jugendliche und vieles mehr angeboten.

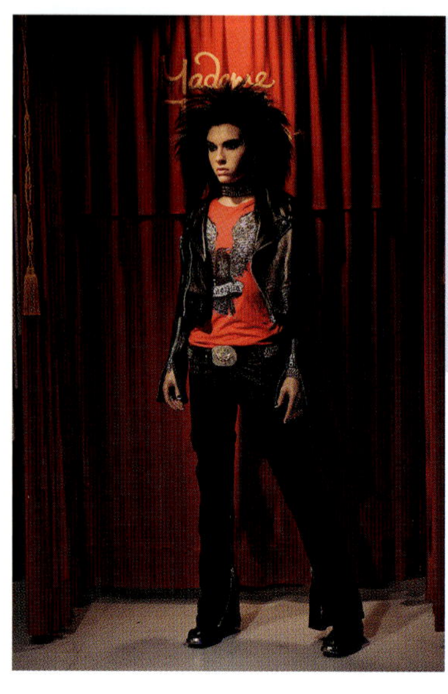

Madame Tussauds
Unter den Linden 74
10117 Berlin
Telefon: +49 (0) 1 80 / 5 54 58 00
und +49 (0) 30 / 40 00 46 11
E-Mail: berlin@madame-tussauds.com
www.madametussauds.com

Öffnungszeiten
Täglich 10:00–19:00 Uhr

Bill Kaulitz und sein Zwillingsbruder Tom, beide Jahrgang 1989, sind mit ihrer Band Tokio Hotel seit ihrem Debütalbum von 2005 nicht mehr zu stoppen.

Ein Museum im eigentlichen Sinne ist Madame Tussauds nicht. Besucher jedoch, die gerne in Museen gehen, werden sich der Faszination dieser handgefertigten, kostbaren Exponate nicht entziehen können. Im Juli 2008 öffnete die dritte europäische Dependance des legendären Londoner Wachsfigurenkabinetts ihre Tore in Berlin und zeigt dort Prominente aus Geschichte und Politik (Karl Marx, Mustafa Kemal Atatürk, Adolf Hitler, John F. Kennedy, Angela Merkel, den Dalai Lama, Papst Benedikt XVI.), Kultur und Wissenschaft (Johann Sebastian Bach, Albert Einstein, Marlene Dietrich, Sigmund Freud, Bertolt Brecht, Joseph Beuys, Romy Schneider, Heidi Klum), Sport (Franz Beckenbauer, Jürgen Klinsmann, Oliver Kahn, Boris Becker, Ayrton Senna, Muhammad Ali, Henry Maske, Lance Armstrong) sowie Stars aus der aktuellen TV- (Günther Jauch, Thomas Gottschalk, Michael Bully Herbig) und Filmszene (Jennifer Lopez, Angelina Jolie, Brad Pitt, Johnny Depp, Nicole Kidman, Tom Cruise, Madonna, George Clooney) und Musik (Beatles, Herbert Grönemeyer, Beyoncé Knowles, Nina Hagen, Bono, Peter Maffay). Den insgesamt 75 Wachsfiguren, die in kleinen Szenen gezeigt werden, stehen 2500 m^2 Fläche auf zwei Ebenen zur Verfügung, weitere sollen noch hinzukommen.

Ferner erfahren die Besucher alles zum Leben der Gründerin Marie Tussaud (1761–1850): wie sie vor 200 Jahren ihre Wachsfiguren herstellte und in welchen aufwendigen Arbeitsschritten sie noch heute von Hand entstehen. Zur Tradition des Hauses gehört übrigens, dass die Porträtierten für ihre Doppelgänger selbst getragene Kleidungsstücke zur Verfügung stellen. Aber das ist nur ein Grund, warum sie so lebensecht aussehen.

Das Museum für Naturkunde ist aus drei Museen hervorgegangen, die 1810 gleichzeitig mit der Gründung der Berliner Universität Unter den Linden eingerichtet wurden: das Anatomisch-Zootomische, das Mineralogische und das Zoologische Museum. Paläontologische Expeditionen, Schenkungen und Ankäufe vergrößerten den Umfang der Sammlungen zusehends. Nachdem um 1880 bereits zwei Drittel des Hauptgebäudes der Universität mit den Objekten der Sammlungen ausgefüllt waren, die sowohl die wissenschaftliche Arbeit als auch die Besucher behinderten, beschloss man den Bau eines neuen Museums. Das Naturkundemuseum wurde 1889 von Kaiser Wilhelm II. in der Invalidenstraße eröffnet, wo es sich noch heute befindet.

Die Sammlungen umfassen die erstaunliche Zahl von 30 Millionen Objekten, damit gehört das Museum für Naturkunde zu den bedeutendsten Naturkundemuseen der Welt. Präparierte Tiere und Versteinerungen, Mineralien und Meteoriten, ein Tierstimmenarchiv – auf einer Ausstellungsfläche von 6600 m² bleiben keine Fragen offen. Das Haus hat nach Jahren der Vernachlässigung einen Sprung in die Zukunft getan und zeigt seit seiner Wiedereröffnung 2007 ein zeitgemäßes Ausstellungskonzept – interaktiv, multimedial und hochmodern. Dazu gehört der zentrale Sauriersaal im Lichthof, wo im Kreise weiterer sechs Giganten der Urzeit der Star des Museums aus imposanten 13,27 m Höhe auf seine Besucher herabblickt. Der Brachiosaurus

Selbst wenn sich der Allosaurus auf seine Besucher zu stürzen scheint, ist er friedlich. Links im Hintergrund der Star des Museums, der über 13 m hohe Brachiosaurus.

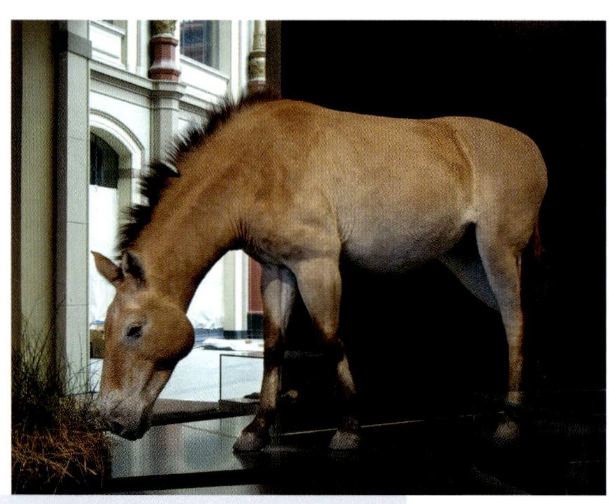

Das ursprünglich aus Asien stammende Przewalski-Perd ist heute hauptsächlich in Zoos zu sehen. Sein Vorfahr war das Urwildpferdchen, das eine Höhe von 50 cm maß.

Museum für Naturkunde
Invalidenstraße 43
10115 Berlin
Telefon: +49 (0) 30 / 20 93 85 91
E-Mail: info@museum.hu-berlin.de
www.naturkundemuseum-berlin.de

Öffnungszeiten
Di–Fr 9:30–17:00 Uhr
Sa, So, Feiertage 10:00–18:00 Uhr

ist das weltweit größte montierte Saurierskelett. Alle Skelette wurden nach aktuellen wissenschaftlichen Erkenntnissen auf eigens geschmiedeten Gerüsten so aufgebaut, dass ihre Haltung einer natürlichen Bewegung entspricht. Sicher kein einfaches Unterfangen, wenn allein ein Oberschenkelknochen 300 kg wiegt. Drei Säle wurden neu eingerichtet: Die Dauerausstellung »Evolution in Aktion« stellt grundlegende Mechanismen der Evolution vor, die für das Aussehen, Verhalten und die Vielfalt von Tieren und Pflanzen verantwortlich sind. Hier wird gezeigt, wie das prächtige Gefieder des Pfaus zu erklären ist, wenn er damit doch kaum mehr fliegen kann, oder warum das Zebra seine Streifen hat. Die ebenfalls neue Ausstellung »Kosmos und Sonnensystem« verbindet die Dimensionen Zeit und Raum. Sie liefert spannende Einblicke in die Entstehung der Planeten, beginnend mit dem Urknall. Und in der dritten neuen Präsentation »System Erde« vermitteln Berliner Forscher das Entstehen und Vergehen der Arten sowie den Zusammenhang zwischen belebter und unbelebter Natur. Zudem werden wechselnde Sonderausstellungen gezeigt. Neu an der Konzeption ist ferner, dass der Besucher nicht nur in die spannende Welt der Naturgeschichte eingeführt wird, sondern sich der Blick auch in die Zukunft richtet. Die nächste Neuerung wird nicht lange auf sich warten lassen: 2010 soll zum 200-jährigen Jubiläum der Neubau des im Zweiten Weltkrieg zerstörten Ostflügels fertiggestellt sein, in dem dann die in Alkohol konservierten Präparate und eine Werkstatt Platz finden werden.

Ein umgebauter Hochbunker in Berlin-Mitte beherbergt seit Sommer 2008 die private Sammlung Boros. Christian Boros und seine Frau Karen Lohmann kauften 2003 den 1942 erbauten Schutzraum, der ab Mitte der 1950er-Jahre aufgrund seiner konstanten Innentemperatur zur Lagerung von Obst und Gemüse genutzt worden war. Nach der Wende diente er bis 1996 der Techno- und Fetischszene als Partylocation. Um als Museum genutzt werden zu können, erfolgten tief greifende Umbaumaßnahmen, sodass eine Ausstellungsfläche von insgesamt 3000 m^2, verteilt auf fünf Etagen und rund 70 Ausstellungsräume mit Höhen von 2,30 bis 13 m^2 entstand – ohne Tageslicht. Kriegsspuren und die ursprüngliche Nutzung blieben jedoch bei dem unter Denkmalschutz stehenden Gebäude erkennbar.

Christian Boros, Inhaber einer Werbeagentur, gehört zur jüngeren Sammlergeneration. Er kauft seit 1990 zeitgenössische Kunst, deren Bestand derzeit rund 500 Werke umfasst. Zu den Künstlern, deren Werke in seiner Sammlung vertreten sind, gehören John Bock, Olafur Eliasson, Damien Hirst, Elizabeth Peyton, Manfred Pernice, Tobias Rehberger, Wilhelm Sasnal, Wolfgang Tillmans und andere. Die erste Präsentation zur Eröffnung zeigte ausschließlich Exponate, die den Raum einbeziehen. Dafür wurden sämtliche Arbeiten von den Künstlern selbst installiert und inszeniert. Teilweise mussten die Werke verändert und ergänzt werden, um der schwierigen Raumsituation gerecht zu werden. Andere Arbeiten wurden eigens für den Bunker entworfen.

Die Sammlung kann nur an den Wochenenden nach vorheriger Anmeldung besichtigt werden.

Sammlung Boros (Bunker)
Reinhardtstraße 20
10117 Berlin
Telefon: +49 (0) 30 / 27 59 40 65
www.sammlung-boros.de

Öffnungszeiten
Die Sammlung kann nur nach Voranmeldung samstags und sonntags im Rahmen von Führungen besichtigt werden. Die Anmeldung erfolgt ausschließlich über die Website www.sammlung-boros.de.

Die unverkennbaren Bunkerräume stehen in einem ungewöhnlichen Kontrast zu den ausgestellten Kunstwerken, hier eine Skulptur von Anselm Reyle, *Life Enigma,* 2008 (links), und dahinter sein Werk *Ohne Titel,* 2008.

Als größte deutsche Museumseinrichtung zur internationalen Kunst und Kultur von den Anfängen bis zur Gegenwart umfassen die Staatlichen Museen zu Berlin (SMB) insgesamt 16 Museen, drei Forschungseinrichtungen und eine Gipsformerei. Sie sind hauptsächlich auf der Museumsinsel Berlin zwischen Spree und Kupfergraben beheimatet, die 1999 zum UNESCO-Weltkulturerbe erklärt wurde. Dazu gehören das 1830 nach Plänen von Karl Friedrich Schinkel zuerst erbaute Alte Museum, das Neue Museum (1859), die Alte Nationalgalerie (1876), das Bode-Museum (1904) und das Pergamonmuseum (1930). Ebenfalls seit 1999 werden die fünf historischen Gebäude saniert, geplant sind ferner eine Verbindung der Häuser durch die »Archäologische Promenade« sowie ein zentraler Eingangsbereich.

Hervorgegangen aus der Gründung des Königlichen Museums durch Friedrich Wilhelm II. von Preußen, gehören die Staatlichen Museen zu Berlin zur Stiftung Preußischer Kulturbesitz.

Zu beachten ist, dass das von dem britischen Architekten David Chipperfield wiederaufgebaute Neue Museum im Herbst 2009 fertiggestellt sein wird und dann darin das Ägyptische Museum und die Papyrussammlung sowie ein Teil des Museums für Vor- und Frühgeschichte zu finden sein werden.

Alle Sammlungen und Museen im Überblick

- Ägyptisches Museum und Papyrussammlung (bis Herbst 2009 im Alten Museum, dann im Neuen Museum)
- Alte Nationalgalerie
- Antikensammlung (im Alten Museum und im Pergamonmuseum)
- Ethnologisches Museum (Museen Dahlem)
- Friedrichswerdersche Kirche
- Gemäldegalerie (Kulturforum Potsdamer Platz)
- Hamburger Bahnhof – Museum für Gegenwart
- Kunstbibliothek (Kulturforum Potsdamer Platz)
- Kunstgewerbemuseum (Kulturforum Potsdamer Platz und im Schloss Köpenick)
- Kupferstichkabinett (Kulturforum Potsdamer Platz)
- Münzkabinett (im Bode-Museum)
- Museum Berggruen
- Museum Europäischer Kulturen (Museen Dahlem)
- Museum für Asiatische Kunst (Museen Dahlem)
- Museum für Islamische Kunst (im Pergamonmuseum)
- Museum für Vor- und Frühgeschichte (ab Herbst 2009 zum Teil im Neuen Museum)
- Neue Nationalgalerie
- Sammlung Fotografie der Kunstbibliothek, Helmut Newton Stiftung (im Museum für Fotografie)
- Sammlung Scherf-Gerstenberg
- Skulpturensammlung und Museum für Byzantinische Kunst (im Bode-Museum)
- Vorderasiatisches Museum (im Pergamonmuseum)

Staatliche Museen zu Berlin (SMB)
Besucherdienste-Generaldirektion
Genthiner Straße 38
10785 Berlin
Telefon: +49 (0) 30 / 2 66 29 87
E-Mail: besucherdienste@smb.spk-berlin.de
Telefon (Führungen):
+49 (0) 30 / 2 66 36 66
E-Mail: fuehrungen@smb.spk-berlin.de

Daran kommt kein Berlinbesucher vorbei, der sich für Kunst interessiert: die Museumsinsel mit dem Bode-Museum.

Die Schenkung des Bankiers Joachim Heinrich Wilhelm Wagener, dessen 262 Gemälde deutscher wie ausländischer Künstler den Grundstock zur Sammlung legten, führte 1861 zur Gründung der Nationalgalerie. Von 1867 bis 1876 nach Plänen von Friedrich August Stüler auf der Museumsinsel errichtet, trägt das Gebäude heute den Namen »Alte Nationalgalerie«. In den frühen Jahren haben Direktoren wie Hugo von Tschudi und Ludwig Justi das Profil der Sammlung geprägt. Tschudi riskierte für den Erwerb impressionistischer Bilder den Eklat mit dem Kaiser, sein Nachfolger Justi konnte bedeutende Werke des Expressionismus hinzugewinnen (heute in der Neuen Nationalgalerie am Kulturforum Potsdamer Platz zu sehen).

Die Alte Nationalgalerie ist bereits von dem Architekten Friedrich August Stüler als Tempel für die Kunst gesehen worden.

Nach dem Zweiten Weltkrieg wurde die schwer beschädigte Alte Nationalgalerie instand gesetzt und 1949 teilweise wiedereröffnet, später erfolgte durch die Teilung Deutschlands auch die Aufteilung der Bestände der Nationalgalerie. Seit der Wiedervereinigung der Sammlungen werden die Werke des 19. Jh. in der Alten Nationalgalerie auf der Museumsinsel ausgestellt, die des 20. Jh. befinden sich in der Neuen Nationalgalerie, die Gegenwartskunst im Hamburger Bahnhof und die klassische Moderne aus der Sammlung Heinz Berggruen im Westlichen Stüler-Bau in

Adolph von Menzel,
Das Flötenkonzert Friedrichs des Großen in Sanssouci, 1850–52

Charlottenburg. Die Skulpturen des Berliner Klassizismus sind in der Friedrichswerderschen Kirche zu sehen.

In der Alten Nationalgalerie stehen für die Kunst des 19. Jh. Landschaften Jacob Philipp Hackerts, Porträts von Anton Graff und Werke der in Rom tätigen Nazarener. Gemälde von Caspar David Friedrich aus allen Schaffensphasen veranschaulichen die Entwicklung des prominentesten Vertreters der deutschen Romantik. Einen weiteren Schwerpunkt bilden die Werke Karl Blechens. Gezeigt werden ferner Porträts von Philipp Otto Runge und Gottlieb Schick, Landschaften von Joseph Anton Koch und Carl Rottmann. Das Biedermeier ist vertreten durch Berliner Stadtansichten von Eduard Gaertner und Johann Erdmann Hummel sowie durch Landschaften, Genreszenen und Porträts von Carl Spitzweg bis Ferdinand Georg Waldmüller.

Qualitätvoll ist auch der Bestand an impressionistischer Malerei: Meistewerke von Edouard Manet, Claude Monet, Pierre Auguste Renoir, Edgar Degas, Paul Cézanne und Skulpturen von Auguste Rodin wurden früh erworben.

Die Malerei der zweiten Hälfte des 19. Jh. ist mit Werken von Hans Thoma, Anselm Feuerbach, Arnold Böcklin, Hans von Marées, Wilhelm Leibl und Wilhelm Trübner präsent. Darüber hinaus zeigt die Nationalgalerie ihren großen Bestand an Gemälden von Max Liebermann. Adolph von Menzels Gemälde, darunter bekannte Werke wie das *Balkonzimmer,* das *Eisenwalzwerk* und das *Flötenkonzert Friedrichs des Großen in Sanssouci,* greifen Themen der preußischen Geschichte auf.

Zu den Skulpturen des 19. Jh. gehören die ebenfalls berühmte Prinzessinnengruppe von Johann Gottfried Schadow sowie Werke von Bertel Thorvaldsen, Antonio Canova, Ridolfo Schadow, Reinhold Begas, Adolf von Hildebrand, Constantin Meunier.

Alte Nationalgalerie (SMB)
Bodestraße 1–3
10178 Berlin
Telefon: +49 (0) 30 / 20 90 55 77
E-Mail: ang@smb.spk-berlin.de
www.alte-nationalgalerie.de

Öffnungszeiten
Di–So 10:00–18:00 Uhr
Do 10:00–22:00 Uhr

Ägyptisches Museum und Papyrussammlung

Auf Empfehlung Alexander von Humboldts erfolgte 1828 die Gründung einer ägyptischen Abteilung der Königlich-Preußischen Museen. Von 1842 bis 1845 bereiste eine preußische Expedition Ägypten und brachte 1500 bedeutende Objekte nach Berlin. 1850 zog das nun eigenständige Ägyptische Museum in das eigens erbaute Neue Museum. In der Folgezeit erweiterte sich der Bestand durch Ankäufe, Schenkungen und Grabungen.

Heute zählt die Sammlung zu den international wichtigsten der ägyptischen Hochkultur. Mit der Wiedereröffnung des Neuen Museums 2009 werden die Werke wieder an ihren alten Standort zurückkehren. Statuen, Reliefs und Objekte der Kleinkunst sowie monumentale Werke der ägyptischen Architektur geben Zeugnis der Zeit von 3000 v. Chr. bis in die Zeit der Römer. Einen Schwerpunkt der Sammlung bilden Werke aus der Regierungszeit König Echnatons und seiner Frau Nofretete (um 1340 v. Chr.). Ihre Büste aus Kalkstein und Gips, deren Bemalung sich ohne Restaurierung erhalten hat, ist das bekannteste Objekt des Museums. Sie wurde 1912 bei den Grabungen von Ludwig Borchardt in Amarna entdeckt. Weitere Highlights sind der *Grüne Kopf* aus der Zeit um 400 v. Chr., der als bedeutendstes Werk der ägyptischen Spätzeit gilt, und das Porträt der Königin Teje, um 1360 v. Chr. Die Papyrussammlung umfasst ein weites Spektrum, von den Klassikern der altägyptischen Literatur über illustrierte Totenbücher bis hin zu christlichen und arabischen Schriften.

Altes Museum (SMB)
Ägyptisches Museum
und Papyrussammlung

Am Lustgarten
10178 Berlin-Mitte
Telefon: +49 (0) 30 / 20 90 55 77
E-Mail: aemp@smb.spk-berlin.de
www.smb.spk-berlin.de
www.museumsinsel-berlin.de

Öffnungszeiten
Di–So 10:00–18:00 Uhr
Do 10:00–22:00 Uhr

Ab 2009 im Neuen Museum

Die schöne Nofretete war mit Pharao Echnaton verheiratet und lebte im 14. Jh. v. Chr., ihre Büste stammt aus der Zeit um 1340 v. Chr.

Treppenhaus im Bode-Museum

Münzkabinett

Die Anfänge des Münzkabinetts gehen auf die Kunstkammer der Kurfürsten von Brandenburg zurück. 1830 bezog das Münzkabinett seine ersten eigenen Räume im Alten Museum, womit die Sammlung der Öffentlichkeit zugänglich wurde. Heute befindet sich der größte Teil der Bestände im Bode-Museum, im Pergamonmuseum außerdem eine ständige Ausstellung antiker Münzen mit 2000 Spitzenstücken. Ferner sind im Alten Museum und im Museum für Vor- und Frühgeschichte ausgewählte Bestände zu sehen.

Das Berliner Münzkabinett ist mit 500 000 Objekten eine der größten numismatischen Sammlungen. Ihre besondere Qualität beruht nicht nur auf ihrem Umfang, auch die Geschlossenheit der Münzserien vom Beginn der Münzprägung im 7. Jh. v. Chr. in

Bode-Museum (SMB)
Münzkabinett

Monbijoubrücke
10117 Berlin-Mitte
Telefon: +49 (0) 30 / 20 90 55 77
E-Mail: mk@smb.spk-berlin.de
www.smb.spk-berlin.de
www.museumsinsel-berlin.de

Öffnungszeiten
Di–So 10:00–18:00 Uhr
Do 10:00–22:00 Uhr

Goldmünze mit dem Bildnis der britischen Königin Elisabeth I.

Kleinasien bis zu den Münzen und Medaillen des 21. Jh. ist beispielhaft. Zu den bedeutendsten Beständen gehören 102 000 griechische und 50 000 römische Münzen der Antike, 160 000 europäische Münzen des Mittelalters und der Neuzeit sowie 35 000 islamisch-orientalische Münzen. Interessant sind die vielfältigen Motive auf den Münzen, die über die Jahrhunderte hinweg immer wieder aufgenommen werden. Zu den Bildsujets gehören Themen aus der antiken Mythologie und dem Christentum, Wappen, Tiere, Pflanzen, Bauten und berühmte Persönlichkeiten. Die im 15. Jh. entstehende Kunstform der Medaille ist mit 25 000 Stücken vertreten.

Es gibt jedoch nicht nur Münzen und Medaillen zu sehen, sondern auch Papiergeld, historische Siegel und Beispiele für die verschiedenen Zahlungsmittel der Naturvölker. Ferner sind Werkzeuge zur Herstellung von Münzen sowie eine umfangreiche Abgusssammlung vorhanden.

Skulpturensammlung und Museum für Byzantinische Kunst

Die Skulpturensammlung und das Museum für Byzantinische Kunst wurden im Jahr 2000 zu einem Museum vereint. Es ist zusammen mit dem Münzkabinett und der Gemäldegalerie seit 2006 im Bode-Museum zu sehen.

Die Anfänge der Skulpturensammlung gehen zurück auf die brandenburgisch-preußische Kunstkammer mit Objekten aus der Zeit des Großen Kurfürsten und italienischen Renaissance-Skulpturen. Die Sammlung ist eine der größten für ältere Plastik in Deutschland. Sie besitzt Bildwerke vom frühen Mittelalter bis zum ausgehenden 18. Jh. aus den deutschsprachigen Ländern, Frankreich, den Niederlanden, Italien und Spanien. Einen Sammlungsschwerpunkt bildet die Italienabteilung. Hauptwerke mittelalterlicher Skulptur wie die *Madonna* des Presbyter Martinus und der *Schmerzensmann* von Giovanni Pisano leiten über zu Meisterwerken der Frührenaissance. Prunkstücke sind glasierte Terrakotten von Luca della Robbia, die *Pazzi-Madonna* von Donatello und die Büsten von Desiderio da Settignano, Francesco Laurana und Mino da Fiesole. Ein weiterer Akzent liegt auf der spätgotischen deutschen Skulptur mit Werken von Hans Multscher, Tilman Riemenschneider, Hans Brüggemann, Niclaus Gerhaert von Leyden und Hans Leinberger. Die deutsche Renaissance- und Barockplastik ist mit Statuetten aus Alabaster und Elfenbein vertreten. Herausragend sind die monumentalen Ritterheiligen aus der Zeit des Dreißigjährigen Kriegs. Darüber hinaus besitzt das Museum eindrucksvolle Beispiele baugebundener Plastik. Skulpturen von Andreas Schlüter und die Gruppe von sechs Feldherrnstatuen stehen für die Berliner Bildhauerkunst des 17. und 18. Jh. Rokoko und Frühklassizismus in Deutschland sind mit Arbeiten von Ignaz Günther, Joseph Anton Feuchtmayer und Pierre Puget vertreten.

Die Bestände frühchristlicher und byzantinischer Kunst gehen auf die Kunstkammern der kurfürstlichen Familie zurück. Wilhelm von Bode bemühte sich seit den 1890er-Jahren um den Erwerb von Werken in Istanbul, an den kleinasiatischen Grabungsorten der Berliner Museen, in Ägypten sowie später in Rom.

Das Museum für Byzantinische Kunst besitzt eine erstrangige, in Deutschland einzigartige Sammlung spätantiker und byzantinischer Kunstwerke und Alltagsgegenstände. Der Schwerpunkt liegt auf der Kunst des Weströmischen und des Byzantinischen Reichs aus der Zeit vom 3. bis zum 15. Jh., hinzu kommt eine große Zahl nachbyzantinischer Ikonen und Kleinkunst. Die Arbeiten stammen aus nahezu allen Gegenden des antiken Mittelmeerraums, aus Rom und Italien, aus Istanbul (dem byzantinischen Konstantinopel) und der Türkei, aus Griechenland und den Balkanländern, aus Ägypten, Nubien, Äthiopien, Nordafrika, aus den Ländern des Nahen Ostens und Russland. Zu sehen sind spätantike Sarkophage und Sarkophagfragmente aus Rom, figürliche und ornamentale Skulpturen aus dem Oströmischen Reich, Elfenbeinschnitzereien und Mosaikikonen aus Byzanz, ferner Gegenstände des Alltags und der christlichen Religion aus Ägypten.

Bode-Museum (SMB)
Skulpturensammlung und
Museum für Byzantinische Kunst

Monbijoubrücke
10117 Berlin-Mitte
Telefon: +49 (0) 30 / 20 90 55 77
E-Mail: sbm@smb.spk-berlin.de

Öffnungszeiten
Di–So 10:00–18:00 Uhr
Do 10:00–22:00 Uhr

Donatello, *Putto mit Tamburin,* 1429, Bronze

Mit der Eröffnung des Museums für Gegenwart im Hamburger Bahnhof 1996 hat die Nationalgalerie zusätzlich einen ständigen Ausstellungsort für die zeitgenössische Kunst erhalten. Das spätklassizistische Gebäude, 1846/47 erbaut, ist der einzige erhaltene Kopfbahnhof aus dieser Zeit, hier endete die Strecke Hamburg–Berlin. Nach seiner Stilllegung 1884 war er ab 1906 Domizil des Verkehrs- und Baumuseums. Seit der kriegsbedingten Zerstörung 1945 war das Gebäude unzugänglich. Erst nach umfangreichen Umbaumaßnahmen durch den deutschen Architekten Josef Paul Kleihues konnte es 1996 wiedereröffnet werden. Ein Jahr später erfolgte die erste umfassende Verwandlung des Bahnhofs durch eine Ausstellung mit Werken von Sigmar Polke. Seitdem werden in unterschiedlichen Teilbereichen des Gebäudes wechselnde Ausstellungen gezeigt.

An der Fassade ist die zweifarbige Lichtinstallation des amerikanischen Künstlers Dan Flavin angebracht, die sowohl die Loggia der Hauptfassade wie die beiden Übergänge zu den Ehrenhofflügeln in blaues und grünes Neonlicht taucht. Diese besonders nachts weithin sichtbare Arbeit von Flavin ist seine letzte, ihre Fertigstellung erlebte er nicht mehr.

Gezeigt werden hier nicht nur Exponate der Nationalgalerie, sondern auch Werke der Berliner Privatsammlung Erich Marx. Sie umfasst Arbeiten von Künstlern wie Joseph Beuys, Anselm Kiefer, Roy Lichtenstein, Robert Rauschenberg, Cy Twombly und Andy Warhol. Darüber hinaus gehören über 450 Zeichnungen von Beuys und nahe-

In der einstigen Bahnhofshalle sind Anselm Kiefers *Mohn und Gedächtnis* (links), 1989, und *Volkszählung* (rechts), 1991, zu sehen.

Hamburger Bahnhof–
Museum für Gegenwart (SMB)
Invalidenstraße 50–51
10557 Berlin-Tiergarten
Infoline: +49 (0) 30 / 2 66 29 51
E-Mail: hbf@smb.spk-berlin.de
www.hamburgerbahnhof.de/

Öffnungszeiten
Di–Fr 10:00–18:00 Uhr
Sa, So 11:00–20:00 Uhr

zu 60 Blätter von Warhol zu den Beständen. Eine wichtige Ergänzung ist die 2002 erworbene Sammlung Marzona, die Werke der Arte povera, Konzeptkunst, Land-Art und Minimal Art umfasst.

2004 konnte das Museum seine Ausstellungsfläche um weitere 6000 m^2 auf insgesamt 13 000 m^2 erweitern: Die hinter dem Haupthaus liegenden Gebäude einer ehemaligen Spedition wurden zu den sogenannten Rieckhallen umgebaut. Sie bieten der zunächst auf sieben Jahre befristeten Leihgabe der Friedrich Christian Flick Collection Raum. Sie umfasst rund 2000 Werke von etwa 150 Künstlern aus Europa wie Nordamerika und konzentriert sich im Wesentlichen auf die Kunst der letzten Jahrzehnte des 20. Jh., die kontinuierlich um zeitgenössische Arbeiten erweitert wird. Im Zentrum der Sammlung steht der Amerikaner Bruce Nauman. Andere Künstler, wie Paul McCarthy, Jason Rhoades, Rodney Graham, Fischli & Weiss oder Stan Douglas, sind mit raumgreifenden, komplexen Environments vertreten, ergänzt um begleitende Werke.

Dan Flavins Lichtinstallation an der Fassade des Hamburger Bahnhofs ist inzwischen zum Wahrzeichen des Hauses geworden.

Gemäldegalerie

Die Gemäldegalerie wurde 1830 in dem von Karl Friedrich Schinkel entworfenen Königlichen Museum am Lustgarten, dem heutigen Alten Museum, eröffnet. Der Kunstbesitz des Großen Kurfürsten (1620–1688) und Friedrichs des Großen (1712–1786) bildete den Grundstein der Sammlung. Ihren internationalen Ruf verdankt sie Wilhelm von Bode, der von 1890 bis 1929 Direktor der Galerie war. Durch seine Kennerschaft und sein Engagement gelangen ihm bedeutende Erwerbungen.

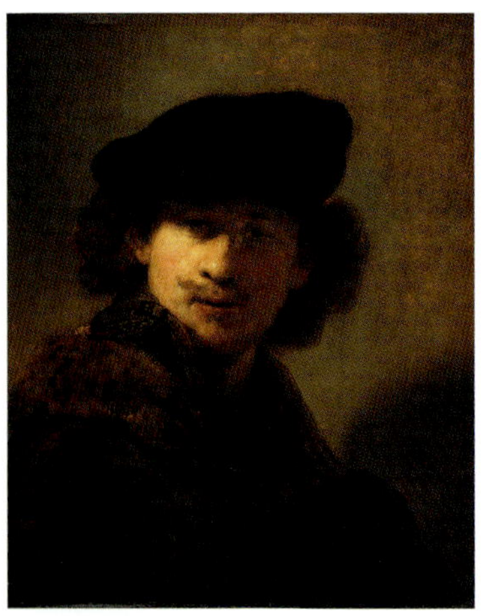

Rembrandt Harmensz. van Rijn, *Selbstbildnis mit Samtbarett und Mantel,* 1634

Die Gemäldegalerie besitzt eine der weltweit bedeutendsten Sammlungen europäischer Malerei vom 13. bis zum 18. Jh. Sie ist nach einer 50 Jahre währenden Teilung im Neubau am Kulturforum wieder vereint. Auf einer Ausstellungsfläche von rund 7000 m^2 führt ein fast 2 km langer Rundgang durch 72 Säle und Kabinette und zeigt einzelne Kunstlandschaften und Epochen. Sammlungsschwerpunkte der Gemäldegalerie sind die deutsche und italienische Malerei des 13. bis 16. Jh. sowie die niederländische Malerei des 15. und 16. Jh.

Die deutsche Malerei der Spätgotik und Renaissance ist durch namhafte Künstler wie Albrecht Dürer, Lucas Cranach d. Ä., Hans Baldung genannt Grien, Hans Holbein d. J. und Konrad Witz vertreten. Den Höhepunkt des Rundgangs bildet der zentrale Rembrandt-Saal, mit einer der größten und qualitätvollsten Rembrandt-Kollektionen der Welt. Er ist von weiteren Werken der holländischen und flämischen Malerei des 17. Jh. umgeben. In sechs Räumen wird ferner die italienische, französische, deutsche und englische Malerei des 18. Jh. präsentiert, darunter bedeutende Werke von Canaletto, Jean-Antoine Watteau, Thomas Gainsborough.

Kunstgewerbemuseum

Als das Kunstgewerbemuseum 1868 mit Erwerbungen von der Pariser Weltausstellung des vorangegangenen Jahres eröffnet wurde, sollte mit Unterricht und einer Mustersammlung zur Geschmacksbildung von Kunsthandwerkern, Industriezeichnern und der allgemeinen Öffentlichkeit beigetragen werden. Das Museum entwickelte sich innerhalb kürzester Zeit zu einer der bedeutendsten Sammlungen für angewandte Kunst in Europa. Hier kann man europäisches Kunsthandwerk aller

nachantiken Stilepochen der Kunstgeschichte bewundern.
Heute befindet es sich an zwei Standorten: Im Kulturforum Potsdamer Platz führt auf 7000 m^2 Fläche ein Rundgang durch die historische Entwicklung des Kunsthandwerks. Von der Lebenskultur an den italienischen Fürstenhöfen der Renaissance zeugen Bronzen, Bildteppiche, Möbel, Gläser aus Venedig und Majoliken. Des Weiteren sind Kostbarkeiten aus der Zeit des Barock, Kunstkammern, Delfter Fayencen und Gläser zu sehen sowie europäisches Porzellan, vor allem aus Meißen und der Königlich Preußischen Porzellan Manufaktur Berlin (KPM), Zier- und Tischgerät des Rokoko und Klassizismus über den Historismus bis zum Jugendstil. Die sogenannte Neue Sammlung umfasst vorbildliche Industrieprodukte des

Kulturforum Potsdamer Platz (SMB)

Gemäldegalerie
Matthäikirchplatz 4/6
10785 Berlin-Tiergarten
Telefon: +49 (0) 30 / 2 66 29 51
E-Mail: gg@smb.spk-berlin.de

Kunstgewerbemuseum
Kulturforum Potsdamer Platz
Matthäikirchplatz 8
10785 Berlin-Tiergarten
und
Schloss Köpenick
Schlossinsel 1
12557 Berlin
Telefon: +49 (0) 30 / 2 66 29 51
E-Mail: kgm@smb.spk-berlin.de

Kupferstichkabinett
Matthäikirchplatz 8
10785 Berlin-Tiergarten
Telefon: +49 (0) 30 / 2 66 29 51
E-Mail: kk@smb.spk-berlin.de

Öffnungszeiten
Di–Fr 10:00–18:00 Uhr
Sa, So 11:00–18:00 Uhr

Das barocke Schloss Köpenick steht an der Mündung der Dahme in die Spree.

20. Jh. Im Schloss Köpenick, dem zweiten Standort, werden seit seiner Sanierung 2004 Werke der Raumkunst wie Möbel, Tapisserien bzw. Gobelins und Wandvertäfelungen aus Renaissance, Barock und Rokoko präsentiert. Zudem erhielt die Sammlung durch den Erwerb der Kostümsammlungen von Martin Kamer/Wolfgang Ruf (Mode und Accessoires des 18. bis 20. Jh.) und Uli Richter (Mode der 1950er-Jahre) einen neuen Schwerpunkt. Sie werden nach einem geplanten Umbau zu sehen sein.

Kupferstichkabinett

Das Kupferstichkabinett in Berlin ist die größte grafische Sammlung in Deutschland – und eine der vier bedeutendsten der Welt. Sie umfasst über 500 000 druckgrafische Werke und rund 110 000 Zeichnungen, Aquarelle, Pastelle, Ölskizzen.

Die Geschichte des Kabinetts geht zurück auf das Jahr 1652, als der Große Kurfürst rund 2500 Zeichnungen und Aquarelle erwarb. Der Bestand gliedert sich heute in Buchmalerei, Zeichnung und Druckgrafik des 14. bis 18. Jh. aus Deutschland, den Niederlanden, Italien, Frankreich, England und Spanien sowie Zeichnungen und Druckgrafik des 19. und 20. Jh. Sofern es sich nicht um Einzelarbeiten handelt, finden sich die Werke in illuminierten, das heißt mit Malereien geschmückten Handschriften, in Büchern mit Originalgrafiken, in Mappenwerken, in Skizzenbüchern, als topografische Ansichten und auf Druckplatten. Insbesondere die Zeichnungen früher italienischer, deutscher und niederländischer Meister (Sandro Botticelli, Albrecht Dürer, Albrecht Altdorfer, Matthias Grünewald, Jan und Pieter Bruegel d. Ä., Rembrandt) sowie des 19. Jh. (Caspar David Friedrich, Adolph von Menzel, Karl Friedrich Schinkel) sind von herausragender Qualität. Innerhalb der Sammlung bilden die Werkkomplexe dieser Künstler sowie die klassische Moderne (Alberto Giacometti, Ernst Ludwig Kirchner, Edvard Munch, Pablo Picasso), die Pop-Art, die Konzeptkunst sowie die Minimal Art Schwerpunkte. In den letzten Jahren kamen ferner Arbeiten zeitgenössischer Künstler hinzu (Olafur Eliasson, Raymond Pettibon, Dieter Roth).

Aufgrund der Lichtempfindlichkeit der Werke auf Papier können sie nicht permanent präsentiert werden, sondern nur in Wechselausstellungen. Besucher haben zudem die Möglichkeit, im Studiensaal Originale nach eigener Wahl anzuschauen.

Albrecht Dürer, *Adam und Eva,* 1504, Kupferstich

Die Neue Nationalgalerie ist das einzige Werk von Ludwig Mies van der Rohe in Deutschland nach dem Zweiten Weltkrieg. Im Vordergrund: Henry Moore, *Der Bogenschütze,* 1964

Neue Nationalgalerie
Potsdamer Straße 50
10785 Berlin-Tiergarten
Infoline: +49 (0) 30 / 2 66 29 51
E-Mail: nng@smb.spk-berlin.de

Öffnungszeiten
Di, Mi, Fr 10:00–18:00 Uhr
Do 10:00–22:00 Uhr
Sa, So 11:00–18:00 Uhr

Die Neue Nationalgalerie, nach Plänen des deutschen Architekten Ludwig Mies van der Rohe erbaut, öffnete 1968 als erstes Museum am Kulturforum ihre Pforten. Der »lichte Tempel aus Glas« beherbergt auf 4900 m² Ausstellungsfläche herausragende Werke europäischer Malerei und Plastik des 20. Jh.

Schwerpunkte der Sammlung bilden Arbeiten von Künstlern des Kubismus (Pablo Picasso, Juan Gris, Fernand Léger, Henri Laurens), des Expressionismus (Erich Heckel, Ernst Ludwig Kirchner, Karl Schmidt-Rottluff), des Bauhauses (Wassily Kandinsky, Paul Klee) und des Surrealismus (Max Ernst, Salvador Dalí, Joan Miró). Zu den Kernstücken zählen elf Gemälde von Max Beckmann, die er zwischen 1906 und 1942 schuf. Otto Dix und George Grosz dokumentieren mit ihren Bildern die Richtung des Verismus und der Neuen Sachlichkeit. Aus der Zeit nach 1945 stammen die Werke von Yves Klein und Lucio Fontana. Aber auch die amerikanische Malerei der Nachkriegszeit (Morris Louis, Barnett Newman) sowie der 1960er- und 1970er-Jahre (Ellsworth Kelly, Frank Stella) ist umfangreich vertreten. Außerhalb des Gebäudes fesseln Skulpturen den Blick des Betrachters, der angrenzende Skulpturengarten ist auf Anfrage zugänglich.

Eingang Pergamonmuseum

Antikensammlung

Schon die brandenburgischen Kurfürsten sammelten Schätze aus dem klassischen Altertum. Den eigentlichen Anstoß zur Gründung der Antikensammlung gab jedoch 1698 der Ankauf der bedeutenden Sammlung des römischen Archäologen Giovanni Pietro Bellori. Mit der Eröffnung des Alten Museums, das 1830 nach Plänen von Karl Friedrich Schinkel fertig gestellt wurde, konnte die Antikensammlung erstmals gezeigt werden. Sie wuchs durch Grabungskampagnen in Olympia, Pergamon, Samos, Milet, Priene und Didyma zu einer der international bedeutendsten Sammlungen. Heute gehören Kunstwerke des griechischen und römischen Altertums dazu, darunter Baukunst, Skulpturen, Vasen, Inschriften, Mosaiken, Bronzen und Schmuck. Eine Besonderheit sind die beiden Schatzkammern: Die Goldkammer enthält Schmuckstücke aus der Zeit um 2200 v. Chr. bis in die Epoche Kaiser Augustus', und in der Silberkammer kann man neben dem Hildesheimer Silberfund römisches Silbergeschirr aus Ägypten und anderes bewundern. Ferner gelangten Architekturfragmente, Skulpturen und Friese nach Berlin. In dem ebenfalls 1930 eröffneten Pergamonmuseum war es möglich, die wieder zusammengefügten Monumentalbauten zu präsentieren. Unter ihnen ist der Pergamonaltar (2. Jh. v. Chr.) der Hauptanziehungspunkt. Sein Skulpturenfries zählt zu den Meisterwerken hellenistischer Kunst und zeigt den Kampf der Götter mit den Giganten. Im südlich anschließenden Saal steht das Markttor von Milet, ein Glanzstück römischer Architektur, von dem man zum Vorderasiatischen Museum weitergehen kann.

Museum für Islamische Kunst

Wilhelm von Bode, der damalige Direktor der Nationalgalerie, gründete 1904 eine Abteilung islamischer Kunst. Grundpfeiler der Sammlung war neben der Fassade von Mschatta, einem Geschenk des türkischen Sultans an den deutschen Kaiser, Bodes eigene Stiftung orientalischer Teppiche. 1932 zog die Abteilung in das neu erbaute Pergamonmuseum.

Das Museum für Islamische Kunst zeigt heute in einer ständigen Ausstellung im Südflügel des Gebäudes die Kunst der islamischen Völker vom 8. bis ins 19. Jh. Die Kunstwerke stammen aus einem Gebiet, das von Spanien bis nach Indien reicht. Schwerpunkte sind der Vordere Orient einschließlich Ägypten und Iran. Kunstvoll gefertigte Keramiken, Metallarbeiten, Schnitzereien aus Holz und Elfenbein, Gläser, Textilien und Teppiche sowie Schmuck zeigen vielfältige Gestaltungsformen, bei denen das Ornament eine wichtige Rolle spielt. Beeindruckende Beispiele für die islamische Baukunst sind die Steinfassade von Mschatta, die Stuckwände aus Palästen in Samarra, die bemalten Holzfüllungen des Aleppo-Zimmers und die Wandkeramiken in verschiedenen Techniken von Gebetsnischen aus der Türkei und dem Iran. Aus der Sammlung der Buchkunst werden in Wechselausstellungen Miniaturen und arabisch-persische Kalligrafien der Mogulzeit vom 16. bis 19. Jh. gezeigt.

Die von Zain al-Abidin signierte Miniatur auf Papier zeigt einen Prinzen als Elefantenbändiger. Sie stammt aus der Mogulschule um 1609/10.

Pergamonmuseum (SMB)

Antikensammlung (2 Eingänge)
Am Kupfergraben 5
Am Lustgarten
10117 Berlin-Mitte
Telefon: +49 (0) 30 / 20 90 55 77
E-Mail: ant@smb.spk-berlin.de

Museum für Islamische Kunst
Am Kupfergraben 5
10117 Berlin-Mitte
Telefon: +49 (0) 30 / 20 90 55 77
E-Mail: isl@smb.spk-berlin.de

Vorderasiatisches Museum
Am Kupfergraben 5
10117 Berlin-Mitte
Telefon: +49 (0) 30 / 20 90 55 77
E-Mail: vam@smb.spk-berlin.de

Öffnungszeiten
Mo, Di, Mi, Fr 10:00–18:00 Uhr
Sa, So 10:00–22:00 Uhr

Vorderasiatisches Museum

Die Vorderasiatische Abteilung wurde 1899 gegründet. Vor allem die Funde deutscher Ausgrabungen zwischen 1888 und 1939 trugen zu der hohen Sammlungsqualität bei. Das Vorderasiatische Museum ist neben dem Louvre in Paris und dem British Museum in London eines der bedeutendsten Museen orientalischer Altertümer der Welt. Auf 2000 m² Ausstellungsfläche vermittelt es einen Eindruck von der 6000 Jahre umfassenden Geschichte, Kultur und Kunst in Vorderasien.

Die Sammlung befindet sich im Südflügel des Pergamonmuseums und verteilt sich über 14 Säle. Unter den Baudenkmalen, Reliefs und kleineren Objekten befinden sich Exponate, die aus den sumerischen, babylonischen, assyrischen und nordsyrisch-ostanatolischen Regionen, dem heutigen Irak, Syrien und der Türkei stammen. Hauptattraktion sind die berühmten Rekonstruktionen der riesigen, in leuchtenden Farben gehaltenen Prachtbauten Babylons: die Prozessionsstraße, das Ischtar-Tor und die Thronsaalfassade des Königs Nebukadnezar II. (604–562 v. Chr.). Unter Verwendung der glasierten Originalziegel, die aus zahlreichen Bruchstücken zusammengesetzt wurden, konnten Teile der Gebäude in annähernd originaler Größe nachgebaut werden. Auf den Wandflächen finden sich Darstellungen von Löwen, Stieren und Drachen als Symbole der Hauptgottheiten Babylons. Weitere hervorragende Werke sind rekonstruierte Teile von Tempelfassaden des 3. und 2. Jt. v. Chr. aus Uruk sowie assyrische Palastreliefs (9. Jh. v. Chr.).

Das Ischtar-Tor war eines der Stadttore Babylons, das zwischen 600 bis um 560 v. Chr. errichtet wurde.

Pablo Picasso,
Der gelbe Pullover, 1939

Museum Berggruen (SMB)
Schloßstraße 1
14059 Berlin-Charlottenburg
Telefon: +49 (0) 30 / 32 69 58 15
E-Mail: museum-berggruen@smb.spk-berlin.de
www.smb.museum

Öffnungszeiten
Di–So 10:00–18:00 Uhr

Das Museum Berggruen ist neben der Alten und der Neuen Nationalgalerie, dem Hamburger Bahnhof und der Friedrichswerderschen Kirche die fünfte Säule der Nationalgalerie. Ihren Standort hat die Sammlung in einem in den 1850er-Jahren von dem Architekten Friedrich August Stüler errichteten Gebäude gegenüber dem Charlottenburger Schloss, dem sogenannten Stüler-Bau.

Hier residiert heute die klassische Moderne. Im Zentrum steht das Werk Pablo Picassos, mehr als 100 Beispiele seines Schaffens von seiner Studienzeit bis 1972, dem Jahr vor seinem Tod, sind zu sehen: die Rosa und die Blaue Periode, die Phasen des Kubismus und Klassizismus. Unter dem Titel »Picasso und seine Zeit« werden auf drei Etagen Gemälde, Skulpturen sowie Arbeiten auf Papier gezeigt. Den zweiten Schwerpunkt der Sammlung bilden über 60 Bilder von Paul Klee aus der Zeit von 1917 bis 1940. Ferner sind 20 Werke von Henri Matisse zu sehen, darunter einige seiner berühmten Scherenschnitte. Zum Kern der Sammlung zählen auch plastische Ensembles von Alberto Giacometti sowie ausgewählte Beispiele afrikanischer Skulptur.

Das Museum ist untrennbar mit Heinz Berggruen verbunden, der als einer der erfolgreichsten Kunstsammler Europas galt. 1914 in Berlin geboren, emigrierte er 1936 in die USA. Nach dem Krieg eröffnete er eine Galerie in Paris. 1980 gab er seine Arbeit als Galerist auf, um sich seiner Sammlung zu widmen, die Ergebnis einer über 40-jährigen Sammlertätigkeit ist. 1996 entschied sich Berggruen, seine Bilder und Skulpturen dauerhaft in seiner Heimatstadt auszustellen. Er starb 2007.

Der goldene Zeremonialhut, vermutlich aus Süddeutschland, ist mit Kreisornamenten verziert und wird auch *Berliner Goldhut* genannt, späte Bronzezeit, 1000–800 v. Chr.

Museum für Vor- und Frühgeschichte (SMB)
Schloss Charlottenburg, Langhansbau
Spandauer Damm 22
14059 Berlin-Charlottenburg
Telefon: +49 (0) 30 / 32 67 48 11
E-Mail: mvf@smb.spk-berlin.de

Öffnungszeiten
Di, Mi, Do, Fr 9:00–17:00 Uhr
Sa, So 10:00–17:00 Uhr

Den Grundstock des Museums für Vor- und Frühgeschichte bildeten die prähistorischen Altertümer aus dem Kunstkabinett der Hohenzollern. Die seit der zweiten Hälfte des 19. Jh. wachsenden Bestände gehen auf Ankäufe, eigene Ausgrabungsprojekte und Schenkungen zurück.

Das Museum für Vor- und Frühgeschichte besitzt eine der größten überregionalen Sammlungen zur Archäologie der Alten Welt. Anhand von Funden aus ganz Europa und aus Asien bietet sie einen Überblick über die Kulturgeschichte von der Steinzeit bis ins Mittelalter. Das Museum ist seit 1960 im Langhansbau des Schlosses Charlottenburg untergebracht, wo seit 2004 die neu gestaltete Schausammlung zu sehen ist.

Neben einer Geschichte der Technik anhand von Beispielen aus der Stein-, Bronze- und Eisenzeit wird der Neandertaler von Le Moustier vorgestellt. Ferner ist die berühmte Sammlung trojanischer Altertümer Heinrich Schliemanns zu sehen. Einen weiteren Höhepunkt der Ausstellung stellt der Goldsaal dar, der die bronzezeitlichen Goldfunde der Sammlung, unter anderem den berühmten *Berliner Goldhut,* beherbergt. Für den Zeitraum vom 8. Jh. v. Chr. bis zum hohen Mittelalter stehen hallstattzeitliche Funde aus Oberitalien und Slowenien. Auch die Kulturentwicklung bei Kelten, Germanen und in den römischen Provinzen nördlich der Alpen wird anhand zahlreicher Exponate erläutert. Einen weiteren Schwerpunkt stellen die germanischen Stämme des frühen Mittelalters, ihre Kleidung und Bewaffnung, das Münzwesen und der Einfluss der christlichen Religion dar.

Deutsches Bergbau-Museum

Das Deutsche Bergbau-Museum ist schon von Weitem an seinem Förderturm zu erkennen.

Deutsches Bergbau-Museum
Am Bergbaumuseum 28
44791 Bochum
Telefon: +49 (0) 2 34 / 5 87 70
E-Mail: info@bergbaumuseum.de
www.bergbaumuseum.de

Öffnungszeiten
Di–Fr 8:30–17:00 Uhr
Sa, So 10:00–17:00 Uhr

Mit der beachtlichen Zahl von 400 000 Besuchern pro Jahr kann das 1930 gegründete Deutsche Bergbau-Museum Bochum aufwarten und gehört damit zu den meistbesuchten Museen Deutschlands. Es ist nicht nur das international bedeutendste Bergbaumuseum, sondern auch ein renommiertes Forschungsinstitut für Montangeschichte. In 20 Hallen wird anhand von zahlreichen Sammlungsgegenständen, Originalmaschinen und -geräten sowie Funktionsmodellen die Entwicklung des Bergbaus im geologischen, wirtschaftlichen, kulturellen und sozialen Umfeld veranschaulicht. Das originalgetreue Anschauungsbergwerk in 17 bis 22 m Tiefe unter dem Museumsgelände dokumentiert auf einer Streckenlänge von 2,5 km die Gegebenheiten und Techniken des Steinkohlen- und Eisenerzbergbaus bis in die neueste Zeit. Das Fördergerüst bietet mit Aussichtsplattformen in 50 m (Fahrstuhl) und 62 m Höhe (Treppe) einen fantastischen Blick über Bochum und das Ruhrgebiet.

Forschungsschwerpunkte sind die Geschichte und Technik des Montanwesens sowie Dokumentation, Schutz und Erhaltung von Kulturgut aus diesem Bereich. Die Forschung erstreckt sich dementsprechend nicht nur auf den Bergbau, sondern auch auf das Hüttenwesen. Das Montanhistorische Dokumentationszentrum umfasst das Bergbau-Archiv, die Bibliothek und Sammlungen aus den Bereichen Geowissenschaften, Bergtechnik sowie (Ethno-)Archäologie. Materialkundliche Untersuchungen erfolgen in einem Labor mit moderner instrumenteller Analytik. Voraussichtlich im Jahr 2010 wird ein Erweiterungsbau fertiggestellt sein, in dem Sonderausstellungen gezeigt werden.

Das Haus der Geschichte der Bundesrepublik Deutschland ist ein lebendiges Museum, das in jedem Monat zwischen 500 und 1000 neue Objekte aufnimmt. So sind seit Beginn der Sammlungstätigkeit im Jahr 1986 rund 400 000 Objekte an den heutigen Standorten Bonn und Leipzig zusammengekommen. Doch nicht alles kann zugleich gezeigt werden.

Die laufend aktualisierte Dauerausstellung des Museums dokumentiert auf mehr als 4000 m² Fläche deutsche Politik-, Wirtschafts- und Gesellschaftsgeschichte, wichtige Trends in Kunst und Kultur sowie das Alltagsleben vom Ende des Zweiten Weltkriegs bis in die Gegenwart. Die Bandbreite der Ausstellungsstücke reicht vom ersten Dienstmercedes des Bundeskanzlers Konrad Adenauer über das Warenangebot im Kaufhaus der »Wirtschaftswunderjahre«, vom Originalkino aus den 1950er-Jahren bis zum 68er-Wasserwerfer, auch der Haftbefehl für Erich Honecker und die erste »Green Card« für einen ausländischen Arbeitnehmer sind zu sehen. Der Eisenbahn-Salonwagen der Bundeskanzler im U-Bahn-Eingang des Hauses und ein am Originalfundort erhaltenes römisches Bodendenkmal aus dem 2. Jh. n. Chr. ergänzen die Ausstellung. Der Museumsgarten zeigt in Gestaltung und Bepflanzung exemplarisch die Entwicklung vom Schrebergarten der Nachkriegszeit bis zum Garten der Gegenwart, einschließlich einer Auswahl historischer Spielgeräte für Kinder.

Haus der Geschichte der Bundesrepublik Deutschland
Museumsmeile
Willy-Brandt-Allee 14
53113 Bonn
Telefon: +49 (0) 2 28 / 9 16 50
E-Mail: post@hdg.de
www.hdg.de

Öffnungszeiten
Di–So 9:00–19:00 Uhr

Viele der rund 7000 Exponate – hier der Dienstwagen von Konrad Adenauer – sind als Szenen oder in Ensembles zusammengestellt.

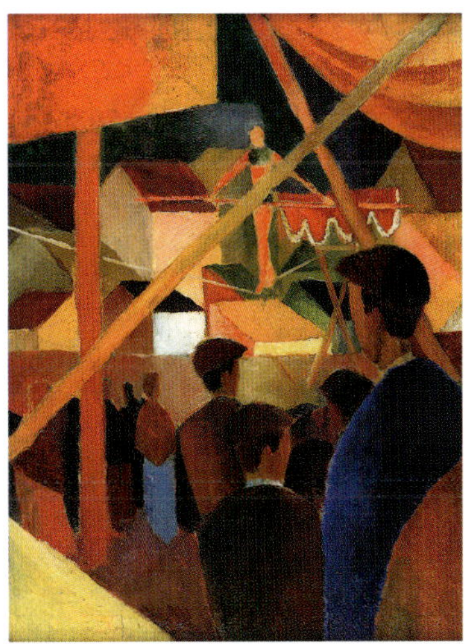
August Macke, *Seiltänzer,* 1914

Das Kunstmuseum Bonn ist aus dem Städtischen Museum Villa Obernier, gegründet 1884, hervorgegangen. Seit 1992 ist es an der Museumsmeile in dem weitläufigen Neubau des Architekten Axel Schultes zu finden, dessen Geometrien in den 1990er-Jahren als wegweisend für den Museumsbau galten.

Die Sammlungen des Museums haben verschiedene Schwerpunkte, die hauptsächlich regional begründet sind: die August-Macke-Sammlung mit Hauptwerken des Künstlers, der unter anderem in Bonn gelebt hat, den Rheinischen Expressionismus (Heinrich Campendonck, Hans Thuar) und deutsche Kunst ab 1945 mit Werkgruppen von Georg Baselitz, Joseph Beuys, Hanne Darboven, Anselm Kiefer, Imi Knoebel, Wolfgang Laib, Blinky Palermo, A. R. Penck, Sigmar Polke, Gerhard Richter. Aber es wird auch internationale Kunst von herausragender Qualität gezeigt, wie Arbeiten von Richard Long in Kombination mit denen Palermos, Beuys kombiniert mit Fontana, Jannis Kounellis mit Mario Merz. Ferner gibt es eine Grafische Sammlung, einen großen Bestand von Beuys-Multiples mit mehreren Hundert Objekten, Postkarten, Plakaten, Videos und Schallplatten, die zwischen 1965 und 1986 entstanden sind, illustrierte Bücher und druckgrafische Werke von dem bei Bonn geborenen Max Ernst, eine Kollektion von Videokunst der 1960er- und 1970er-Jahre sowie eine Sammlung künstlerischer Fotografie (Bernd und Hilla Becher). Aufgrund der Trennung von der Sammlung Grothe erfolgten 2007 Änderungen im Bereich der Dauerausstellung, sodass jetzt auch jüngere Künstler wie Stefan Eberstadt, Dunja Evers, Thomas Rentmeister und Cornel Wachter vertreten sind.

Kunstmuseum Bonn
Museumsmeile
Friedrich-Ebert-Allee 2
53113 Bonn
Telefon: +49 (0) 2 28 / 77 62 60
E-Mail: kunstmuseum@bonn.de
www.kunstmuseum-bonn.de

Öffnungszeiten
Di, Do–So 11:00–18:00 Uhr
Mi 11:00–21:00 Uhr

Das Zoologische Forschungsmuseum Alexander Koenig, so der vollständige Name, gehört zu den sechs großen naturkundlichen Forschungsmuseen Deutschlands und ist mit Abstand das jüngste von ihnen. Kurz »Museum Koenig« genannt, verdankt es Alexander Koenig (1858–1940) seine Gründung. Schon als Kind sammelte dieser zoologische Objekte wie Vögel, ihre Nester und Eier. Später studierte er Biologie und ließ dann mit seinem Erbe das Museum erbauen, das jedoch aufgrund des Ersten Weltkriegs und wirtschaftlicher Schwierigkeiten erst 1934 eröffnet werden konnte.

Grundlage für die Forschung sind die Anbindung an die Universität Bonn und die wissenschaftlichen Sammlungen, die um ein Vielfaches größer sind, als die Zahl der ausgestellten Objekte vermuten lässt: Die ornithologische Sammlung umfasst 80 000 Vogelbälge, die herpetologische 86 000 Amphibien und Reptilien, die entomologische zwei Millionen Schmetterlinge und 1,9 Millionen Käfer.

2003 wurde das Museum nicht nur generalsaniert, es erhielt auch eine moderne, neue Dauerausstellung. Um das Leben der Tiere in ihrer Umwelt zu veranschaulichen, ist im zentralen großen Lichthof eine afrikanische Savanne gestaltet worden, in der auch die 5 m hohe Nachbildung eines Affenbrotbaums, ein hoher Fels und Akazien nicht fehlen. Rund 80 Tierarten sind in der naturgetreuen Szenerie vertreten. So stehen Elefanten, Giraffen und Zebras friedlich an einem Wasserloch, um zu trinken. Große Raubkatzen wie Gepard, Leopard und Löwe werden hingegen dynamisch

Einen niedlichen Eisbärennachwuchs kann man auch in Bonn bewundern, allerdings tollt er nicht herum.

auf der Jagd oder mit der erlegten Beute gezeigt. Nirgendwo kann sich der Besucher ihnen so gefahrlos nähern wie hier. Die Savanne geht in den Regenwald über, erkennbar an dem Regenwaldbaum, der einem Vorbild im Kakamega Forest in Kenia nachempfunden wurde. Anschließend gelangt man durch den »Eistunnel« in die Ausstellung über das Leben in den Polargebieten der Erde: Arktis und Antarktis. Obwohl in beiden Gebieten eiskalte Temperaturen herrschen, sind sie doch verschieden: Während die Antarktis ein überfrorener, von Wasser umschlossener Kontinent ist, handelt es sich bei der Arktis um einen teilweise gefrorenen Ozean, der von baumlosen Tundragebieten umgeben ist. Die Tiere beider Gebiete haben sich an die Bedingungen des Ökosystems angepasst. Das lässt sich sowohl an der Eisbärin mit ihrem Jungen erkennen als auch an dem Moschusochsen und den Schneehühnern, die in der arktischen Tundra leben. Ferner sind Pinguine und Robben zu sehen sowie das Skelett eines Zwergwals. Aber das ist nur ein Teil des Museums, in dem es nicht zuletzt dank dreier Dioramen, hinter deren Schaufensterscheibe sich ein kleines Stück Natur zu erstrecken scheint, viel zu entdecken gibt.

Museum Koenig
Museumsmeile
Adenauerallee 160
53113 Bonn
Telefon: +49 (0) 2 28 / 9 12 20
E-Mail: info.zfmk@uni-bonn.de
www.uni-bonn.de/museumkoenig

Öffnungszeiten
Di, Do–So 10:00–18:00 Uhr
Mi 10:00–21:00 Uhr

Das Museum vereint, was in der Natur nicht ohne Weiteres zusammenfindet.

Jan Vermeer van Delft, *Mädchen mit dem Weinglas,* um 1662

Das Herzog Anton Ulrich-Museum gilt als das bedeutendste Kunstmuseum Niedersachsens und ist das älteste öffentlich zugängliche Museum Deutschlands. Seine Sammlung wurde 1754 von dem Welfenherzog Anton Ulrich von Braunschweig-Lüneburg (1633–1714) begründet, der den bedeutendsten Teil des Bestandes, darunter Gemälde von Giorgione, Peter Paul Rubens, Rembrandt und Jan Vermeer sowie italienische Majolika, Emaillearbeiten aus Frankreich und ostasiatische Kunstwerke, erwarb. Herzog Carl I., Regent seit 1735, machte diese Sammlung dann als »Kunst- und Naturalienkabinett« der Öffentlichkeit zugänglich. Heute bietet das Museum eine große Vielfalt internationaler Kunstwerke von der Antike bis zur Moderne. Die Gemäldegalerie umfasst Werke der europäischen Malerei von 1400 bis 1800 (Paolo Veronese, Tintoretto, Anthonis van Dyck, Jacob Jordaens, Jan Joseph van Goyen, Jacob Isaak van Ruisdael, Jan Steen, Lucas Cranach d. Ä., Adam Elsheimer, Jacob Philipp Hackert, Simon Vouet, François Boucher, Jean Baptiste Greuze). Einen anderen Schwerpunkt bildet das Kunsthandwerk der Renaissance und des Barock mit mehr als 300 italienischen, französischen, niederländischen und deutschen Bronzestatuetten des 16. bis 18. Jh. sowie eine große Sammlung chinesischer und japanischer Lackarbeiten.

Die Bronzefigur *Das Satyrweibchen* ist vermutlich in Venedig Anfang des 17. Jh. nach einem Vorbild von Andrea Briosco, genannt Il Riccio, entstanden.

Beachtlich ist ferner die Antikensammlung, bestehend aus griechischen und süditalischen Vasen, Porträtbüsten und Skulpturen der römischen Kaiserzeit sowie eine Kollektion altägyptischer Objekte. Da Carl I. Gründer der Manufaktur Fürstenberg war, nennt das Museum mehr als 1300 Stücke Fürstenberger Porzellans sein Eigen – beinahe das vollständige Programm der Manufaktur aus der Zeit des 18. und frühen 19. Jh. Im Kupferstichkabinett liegen neben zahlreichen Zeichnungen illustrierte Prachtbände des Barock und Druckgrafiken von den Anfängen bis heute (Martin Schongauer, Albrecht Dürer, Goya).

Aufgrund von Umbau- und Renovierungsmaßnahmen steht dem Museum ab Ende April 2009 eine längere Schließung bevor. Die völlig neu eingerichteten Ausstellungsräume werden voraussichtlich ab 2013 wieder zugänglich sein. Von Juni 2009 bis Ende 2012 wird eine Ausstellung mit den schönsten Exponaten aus dem Bestand des Museums im Rittersaal von Burg Dankwarderode zu sehen sein. Sie beherbergt als Dependance bereits die kostbare Mittelaltersammlung. Die Fertigstellung des derzeit im Bau befindlichen neuen Gebäudes auf der Parkseite des Museums ist für 2010 vorgesehen. Dann werden dort auf drei Stockwerken die Restaurierungswerkstätten, die Magazine, die Bibliothek, das Kupferstichkabinett, die Museumspädagogik und die Verwaltung Platz finden.

Herzog Anton Ulrich-Museum
Museumstraße 1
38100 Braunschweig
Telefon: +49 (0) 5 31 / 1 22 50
E-Mail: info@museum-braunschweig.de
www.museum-braunschweig.de

Öffnungszeiten
Di, Do–So 10:00–17:00 Uhr
Mi 13:00–20:00 Uhr

Burg Dankwarderode
Burgplatz 4
38100 Braunschweig

Öffnungszeiten
Di, Do–So 11:00–17:00 Uhr
Mi 13:00–14:30 und 16:00–20:00 Uhr

Das Focke-Museum ist als Bremer Landesmuseum für Kunst und Kulturgeschichte nach dem Gründer des Historischen Museums Johann Focke (1848–1922) benannt. Die Sammlungen dieses und des älteren Gewerbemuseums wurden 1924 zu einem Museum zusammengelegt, das Objekte zur Geschichte der Stadt Bremen, zur Ur- und Frühgeschichte des nordwestdeutschen Raums, zu Kulturgeschichte und angewandter Kunst unter einem Dach vereint.

Die Museumsanlage umfasst mehrere Gebäude: Das Haupthaus bietet Raum für Sonderausstellungen und ist ansonsten der wechselvollen Stadtgeschichte gewidmet, die anhand eines chronologischen Rundgangs von den Anfängen bis zum Wiederaufbau nach 1945 präsentiert wird. Einerseits dokumentieren Stadtansichten, Architekturmodelle des »Bremer Hauses«, eine Dampfmaschine, ein Borgward »Isabella« als Beispiel des Bremer Automobilbaus, kunstvolle Silberwaren, Schiffsmodelle, Uhren und vieles mehr die historische Entwicklung, andererseits sind neben Gemälden Werke der angewandten Kunst wie Fayencen und Möbel epochenübergreifend zu sehen. Das öffentliche Schaumagazin präsentiert mit 6000 Objekten Zeugnisse der Kulturgeschichte. Im Haus Mittelsbüren, einem Bauernhaus aus einem Weserdorf, das 1961 hier wiederaufgebaut wurde, werden Leben und Arbeit im ländlichen Bremer Umland gezeigt. Auch die Tarmstedter Scheune wurde auf das Museumsgelände versetzt und zeigt Geräte zum Torfstich, zur Entwässerung, Landgewinnung und zur Bewirtschaftung eines Hofs. Haus Riensberg aus der zweiten Hälfte des 18. Jh. hingegen bietet als ehemaliges Herrenhaus einen passenden Rahmen für Möbel, Porzellan und Glaskunst vom 16. Jh. bis heute. In seinem Obergeschoss beherbergt es das Kindermuseum. Im reetgedeckten Eichenhof schließlich ist die Abteilung für Ur- und Frühgeschichte zu finden.

Focke-Museum
Schwachhauser Heerstraße 240
28213 Bremen
Telefon: +49 (0) 4 21 / 6 99 60 00
E-Mail: post@focke-museum.de
www.focke-museum.de

Öffnungszeiten
Di 10:00–21:00 Uhr
Mi–So 10:00–17:00 Uhr

Bereits das Foyer gibt einen Einblick in die Vielfalt des Focke-Museums, das alle Epochen und Facetten der Stadt Bremen vorstellt.

Gleich, ob es Arthur Volkmanns *Weibliche Figur,* 1904 (links), Franz von Stucks *Speerschleudernde Amazone,* 1897 (rechts), Hans von Marées' *Putto,* 1880/81 (dahinter) oder Arnold Böcklins *Der Abenteurer,* 1882 (links hinten) ist: Die Kunsthalle Bremen bietet nicht nur für das 19. und 20. Jh. Herausragendes.

Kunsthalle Bremen
Am Wall 207
28195 Bremen
Telefon: +49 (0) 4 21 / 32 90 80
E-Mail: office@kunsthalle-bremen.de
www.kunsthalle-bremen.de

Öffnungszeiten
Di 10:00–21:00 Uhr
Mi–So 10:00–17:00 Uhr
Bis Winter 2010/11 geschlossen

1823 gründeten 34 Kunstfreunde den »Kunstverein in Bremen« mit der Idee, »den Sinn für das Schöne zu verbreiten und auszubilden«. 1849 konnte ein eigenes Museumsgebäude eröffnet werden. Bis heute wird die Kunsthalle Bremen privat getragen – von einem der ältesten Kunstvereine Deutschlands. Die Sammlung bietet einen Überblick über 600 Jahre europäische Kunst, darunter ein großer Bestand holländischer Malerei des 17. Jh.

Der erste Direktor Gustav Pauli entwickelte die Kunsthalle Bremen von 1899 bis 1914 zu einem der führenden Häuser moderner Kunst (Edouard Manet, Claude Monet, Vincent van Gogh, Max Liebermann, Max Slevogt, Lovis Corinth). Seither liegt ein Schwerpunkt auf der deutschen und französischen Kunst des 19. Jh., darunter die Bilder von Malern der Künstlerkolonie in Barbizon, der Künstlergruppe Nabis, die Eugène-Delacroix-Sammlung sowie Gemälde und Druckgrafiken von Pablo Picasso, aber auch umfangreiche Werkgruppen von Max Beckmann, Paula Modersohn-Becker und den deutschen Expressionisten. Das Kupferstichkabinett beherbergt über 200 000 Zeichnungen und grafische Blätter (Albrecht Dürer, Pablo Picasso). Inzwischen haben auch die Neuen Medien Eingang in die Sammlung gefunden (John Cage, Otto Piene, Nam June Paik).

Die Kunsthalle schließt im Dezember 2008 bis voraussichtlich Winter 2010/11. In dieser Zeit soll sie nach Plänen des Berliner Architekturbüros Hufnagel Pütz Rafaelian um ein Drittel erweitert werden. In Kooperation mit anderen Institutionen wird weiterhin ein Veranstaltungsprogramm angeboten.

Die Buddha-Statue und der japanische Shinto-Schrein aus dem 19. Jh. repräsentieren zwei Spielarten östlicher Religiosität.

Nur wenige Schritte vom Bahnhof entfernt, lädt das Überseemuseum Bremen zu einer Reise rund um die Welt ein, ohne Flugstress und Zeitumstellung: Inselhopping in Ozeanien, von dort nach Amerika schlendern, atemberaubende Schätze in der Goldkammer entdecken und weiter nach Afrika, wo Großwild-Dioramen, farbenprächtige Marktszenen und faszinierende Skulpturen locken.

1890 war die »Handels- und Kolonial-Ausstellung« – eine Art »Weltausstellung« – in Bremen zu sehen gewesen, auf der die Kaufleute der Stadt zeigten, wie und mit wem sie in Übersee Handel betrieben. Dies war Anlass, 1896 ein eigenes Museum zu gründen, in dem Vergleichbares ausgestellt wurde. Vor allem der erste Direktor des Museums Hugo Schauinsland erweiterte auf zahlreichen ausgedehnten Sammel- und Forschungsreisen in den asiatisch-pazifischen Raum kontinuierlich die Bestände. Möglich war das, weil Bremer Kaufleute Geld spendeten und die Reederei Norddeutscher Lloyd für die kostenlose Passage und den Transport der gesammelten Objekte sorgte.

Die übergreifende Sammlungskombination von Völker-, Handels- und Naturkunde ermöglicht interdisziplinäre Ausstellungen, die Beziehungen zwischen Menschen, Tieren und ihrer Umwelt auf den verschiedenen Kontinenten veranschaulichen und globale Zusammenhänge aufzeigen. Besucher erfahren, wie das Leben in weit entfernten Ländern nicht nur früher aussah, womit andere Völker handelten, welche Produkte sie herstellten und auf welchen oft abenteuerlichen Wegen diese

Kaffee, Gewürze oder Kakao wurden einst in Kolonialwarenläden angeboten.

1896 wurde das »Städtische Museum für Natur- und Handelskunde« in dem Haus eröffnet, in dem es sich noch heute befindet.

Überseemuseum Bremen
Bahnhofsplatz 13
28195 Bremen
Telefon: +49 (0) 4 21 / 16 03 81 01
E-Mail: office@uebersee-museum.de
www.uebersee-museum.de

Öffnungszeiten
Di–Fr 9:00–18:00 Uhr
Sa, So 10:00–18:00 Uhr

zu uns kamen: Kartoffeln zum Beispiel, Gewürze, Kakao oder Textilien – Dinge, die aus dem Alltag hierzulande nicht mehr wegzudenken sind. Seit 2003 ist die Dauerausstellung »Ozeanien – Lebenswelten in der Südsee« zu sehen: Auf blauem Meeresgrund gelangt man zu 13 grünen Ausstellungsinseln, die einen Eindruck von der Besiedlung Ozeaniens geben, dem traditionellen und heutigen Leben der Menschen und den Beziehungen Bremens zu dieser Region. 2006 wurde die zweite neue Dauerausstellung »Asien – Kontinent der Gegensätze« eröffnet: An Moscheen und Tempeln vorbei gelangt man über die berühmte Seidenstraße zu geschichtsträchtigen Handelsplätzen bis nach Schanghai und von dort aus über Tee- und Reisfelder in den tropischen Regenwald Borneos bei Nacht. Dazu gehört auch ein Japanischer Garten, in dem das asiatische Lebensprinzip von Ruhe und Bewegung zum Ausdruck kommt.

Als eines von wenigen Museen gewährt das Überseemuseum Einblick in seine Magazine. Im Schaudepot »Übermaxx« können Besucher auf einer Fläche von 2000 m² von Vitrine zu Vitrine gehen und sich die Aufbewahrung der Exponate ansehen.

Im Zwischendeck des Segelschiffes »Bremen« mussten die Auswanderer dicht gedrängt die Überfahrt nach New York überstehen.

Als eines der jüngsten Museen in Deutschland wurde 2005 das Deutsche Auswandererhaus eröffnet. Es steht am Neuen Hafen, dem größten Auswandererhafen Deutschlands. Insgesamt 7,2 Millionen Emigranten brachen von hier aus in die Neue Welt auf. Nach den Auswanderungswellen aufgrund wirtschaftlicher Gründe im 19. Jh. und politischer Gründe im 20. Jh. ist das Thema heute wieder aktuell. Erneut machen sich Tausende Deutsche jedes Jahr auf die Suche nach einem besseren Leben fern der Heimat.

Deutsches Auswandererhaus
Columbusstraße 65
27568 Bremerhaven
Telefon: +49 (0) 4 71 / 90 22 00
E-Mail: info@dah-bremerhaven.de
www.dah-bremerhaven.de

Öffnungszeiten
Täglich 10:00–18:00 Uhr

Der Weg, den die Auswanderer 1888 auf ihrer langen, ungewissen Reise nahmen, wird bei einem Rundgang mit detailgenauen Rekonstruktionen und multimedialen Inszenierungen veranschaulicht: Auf die Wartehalle für die 3. Klasse folgt die Kaianlage mit vielen Dokumenten des Abschieds wie Kleidungsstücken, Zeitungen, Koffern, Reiseführern. In der »Galerie der 7 Millionen« kann man erfahren, was die Menschen bewog, die Heimat zu verlassen. Über eine Gangway führt der Weg an Bord, um die kärglichen Unterkünfte auf einem Segel- und auf einem Dampfschiff zu betrachten. Auch ein Eindruck der größten Einwanderungsstation der USA auf Ellis Island vor New York wird vermittelt. Der »Raum der Nachfahren« gibt Auskunft über die weiteren Schicksale der Menschen. Den Abschluss bildet das »Ocean Cinema«, das im Stil eines 1920er-Jahre-Kinos eingerichtet ist. Hier zeigen eigens für das Museum gedrehte Dokumentarfilme, wie das Leben deutscher Auswanderer heute in den USA und Argentinien aussieht.

Max Ernst Museum

In Brühl bei Bonn wurde 2005 ein Museum eröffnet, das dem großen Sohn der Stadt gewidmet ist. Das Max Ernst Museum liegt in direkter Nähe zum Geburtshaus des Künstlers Max Ernst (1891–1976). Der Museumskomplex besteht aus einem 1844 errichteten dreiflügligen klassizistischen Gebäude mit eingefügtem Glaspavillon.

Auf einer Ausstellungsfläche von 1000 m² werden die Werke des Dadaisten und Surrealisten in chronologischer Folge gezeigt. Die Präsentation umfasst alle Schaffensphasen: die ersten dadaistischen Aktivitäten im Rheinland, die Beteiligung an der surrealistischen Bewegung in Frankreich ab 1920, die Flucht ins Exil in den USA 1941 und schließlich die Rückkehr nach Europa 1953. Neben Bildern aus der Frühzeit verfügt das Museum über die ehemalige Sammlung Schneppenheim, die nahezu das gesamte grafische Werk Ernsts enthält. Von besonderem Reiz sind die 36 »D-paintings«, Geburtstags- und Liebesgeschenke des Künstlers an seine Frau, die Künstlerin Dorothea Tanning, mit der er über drei Jahrzehnte lang verbunden war. Spannende Einblicke in das bewegte Leben des Künstlers bietet ein Konvolut von über 700 fotografischen Dokumenten. Hauptattraktion des Museums ist jedoch unbestritten die Skulpturensammlung: Mit 70 Werken aus dem persönlichen Besitz des Künstlers umfasst sie nahezu das vollständige skulpturale Schaffen von Max Ernst.

Max Ernst Museum
Comesstraße 42 / Max-Ernst-Allee 1
50321 Brühl (Rheinland)
Telefon: +49 (0) 22 34 / 9 92 15 55
E-Mail: info@kulturinfo-rheinland.de
www.maxernstmuseum.lvr.de

Öffnungszeiten
Di–So 11:00–18:00 Uhr
Erster Donnerstag im Monat
11:00–21:00 Uhr

Der neue Glaspavillon beherbergt zusammen mit den bestehenden Altbauten die Werke des surrealistischen Malers Max Ernst.

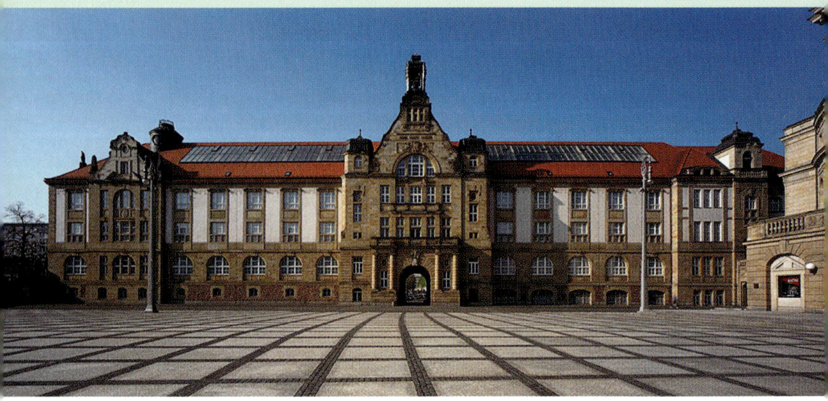

Das Gebäude der heutigen Kunstsammlungen wurde nach Plänen von Stadtbaurat Richard Möbius errichtet und 1909 eingeweiht.

Die Industrialisierung seit Beginn des 19. Jh. hatte Chemnitz zu einem der führenden Fabrik- und Handelsstandorte Deutschlands gemacht. Von der günstigen wirtschaftlichen Entwicklung profitierte nicht zuletzt die bildende Kunst. Als 1909 der Neubau des städtischen Kunstmuseums eröffnet wurde, blickten ortsansässige Vereine wie die Kunsthütte und der Kunstgewerbe-Verein bereits auf eine jahrzehntelange Sammel- und Ausstellungstätigkeit zurück.

Heute umfassen die Bestände rund 65 000 Exponate, die sich auf mehrere Sammlungen verteilen: Die Gemäldesammlung zeigt Werke des 19. Jh. bis heute (Caspar David Friedrich, Max Liebermann, Lovis Corinth, Georg Baselitz) mit Schwerpunkten auf der Dresdner Romantik und dem Expressionismus. Kernstück sind rund 35 Gemälde von Karl Schmidt-Rottluff, dem Mitbegründer der Künstlergruppe »Die Brücke«, der bei Chemnitz geboren wurde. Das Spektrum reicht von frühen skizzenhaften Arbeiten über exemplarische Gemälde der »Brücke«-Zeit bis hin zu Spät-

Honoré Daumier, Aus der Serie »La journée du célibataire«, 1839, Lithografie werken. In der Skulpturensammlung sind ebenfalls Werke des 19. Jh. bis zur Gegenwart vertreten (Edgar Degas, Aristide Maillol, Georg Kolbe, Wilhelm Lehmbruck, Tony Cragg). Das Graphik-Kabinett bewahrt rund 16 000 druckgrafische Arbeiten sowie 7000 Zeichnungen und Aquarelle. Die ältesten Werke reichen in das 15. Jh. zurück, etwa Michael Wolgemuts Holzschnitt aus der in Nürnberg erschienenen *Schedelschen Weltchronik.* Zu den ältesten Druckgrafiken gehört ein Blatt mit der *Beweinung Christi,* einer zwischen 1509 bis 1511 entstandenen Holzschnittserie von Albrecht Dürer. Beachtenswert sind ferner 99 Arbeiten des Kupferstechers und Illustrators Daniel Nicolaus Chodowiecki als einem bedeutenden Vertreter des 18. Jh. Aber auch für das 19. Jh. bis zur Gegenwart gibt es vieles zu entdecken (Carl Gustav Carus, Honoré Daumier, Jörg Immendorff, Markus Lüpertz, A. R. Penck, Richard Serra).

Einen Schatz ganz besonderer Art hütet das Museum zudem in der Kunstgewerbe- und Textilsammlung. Sie ist eng verbunden mit der florierenden Textil- und Textilmaschinenindustrie der Stadt im 19. und 20. Jh. In der

Kunstsammlungen Chemnitz
Theaterplatz 1
09111 Chemnitz
Telefon: +49 (0) 3 71 / 4 88 44 24
E-Mail: kunstsammlungen@stadt-chemnitz.de
www.kunstsammlungen-chemnitz.de

Museum Gunzenhauser
Haupteingang Falkeplatz
Barrierefreier Zugang
Stollberger Straße 2
09119 Chemnitz
Telefon: +49 (0) 3 71 / 4 88 70 24
E-Mail: gunzenhauser@stadt-chemnitz.de

Öffnungszeiten
Di–So 11:00–18:00 Uhr

Karl Schmidt-Rottluff, *Landschaft im Herbst,* 1910

Vorbildersammlung wurden textile Materialien aller Art aus allen Zeiten und Gegenden für Studienzwecke zusammengetragen, darunter Muster von William Morris, Koloman Moser, Josef Hoffmann und Henry van de Velde. Künstler, Architekten und Entwerfer sollten so die Möglichkeit erhalten, verschiedene künstlerische Richtungen kennenzulernen. Sehenswert sind auch die größte Sammlung von Strümpfen um 1900 sowie Plakate und Tapeten aus jener Zeit.

Zu den Kunstsammlungen Chemnitz gehören ferner das Schlossbergmuseum, das mit Exponaten von der Spätgotik bis zum Barock die Geschichte der Stadt dokumentiert, sowie die von dem belgischen Künstler Henry van de Velde entworfene Villa Esche, in der man heute nach aufwendiger Restaurierung wieder großbürgerliche Wohnkultur des Jugendstils erleben kann.

Museum Gunzenhauser

Als der Münchner Galerist Alfred Gunzenhauser im Jahr 2003 seine private Sammlung deutscher Kunst des 20. Jh. der Stadt Chemnitz stiftete, wurde sie der Öffentlichkeit relativ spät als eine der wichtigsten und größten Privatsammlungen Deutschlands bekannt. Dem Sammler war es wichtig, dass die im Laufe von 50 Jahren zusammengetragenen Kunstwerke nicht auseinandergerissen würden, sondern ein eigenes Gebäude erhielten. So kam man überein, das 1930 fertiggestellte und unter Denkmalschutz stehende Sparkassengebäude umzubauen, sodass dort seit 2007 auf vier Etagen bedeutende Werke der klassischen Moderne ausgestellt werden können.

Eine Besonderheit ist die mit 290 Arbeiten weltweit größte Otto-Dix-Sammlung in einem öffentlichen Museum, die Gemälde, Aquarelle, Gouachen, Zeichnungen und Druckgrafiken aus allen Schaffenszeiten des Künstlers enthält, darunter kaum bekannte Werke. Sie wird ergänzt um Werke seines Freundes und Malerkollegen Conrad Felixmüller. Einen weiteren herausragenden Schwerpunkt bilden 40 Gemälde Alexej von Jawlenskys ebenfalls aus allen Phasen seines Schaffens – der zweitgrößte Bestand in Deutschland. Hinzu kommen Werke von Ernst Ludwig Kirchner, Gabriele Münter, Max Beckmann, Paula Modersohn-Becker, Willi Baumeister, Bernard Schultze, Emil Schumacher. Da aufgrund ihres Umfangs nicht die gesamte Sammlung zugleich gezeigt werden kann, wird sie anhand von thematischen und monografischen Sonderausstellungen präsentiert.

Otto Dix, *Selbstbildnis mit Wanderhut,* 1912

Wie gut sich das Maschinenhaus als Ausstellungshalle eignet, zeigt Paco Knöllers Werk *Schnitte. Riskante Euphorien* in der Ausstellung 2008.

Kunstmuseum Dieselkraftwerk Cottbus
Brandenburgische Stiftung Cottbus
Uferstraße / Am Amtsteich 15
03046 Cottbus
Telefon: +49 (0) 3 55 / 49 49 40 40
E-Mail: info@museum-dkw.de
www.museum-dkw.de

Öffnungszeiten
Di, Mi, Fr–So 10:00–18:00 Uhr
Do 10:00–20:00 Uhr

Am 8. Mai 2008 hat das Kunstmuseum Dieselkraftwerk Cottbus in der Parkanlage auf der Mühleninsel der Spree seine Pforten neu geöffnet. Nachdem die Stadt das bauhistorisch wertvolle Industriegebäude 2001 erworben hatte, wurde es von 2004 bis 2008 umfassend saniert und zum Museum für die Landessammlung umgebaut. Das Ende der 1920er-Jahre errichtete Kraftwerk war bis in die Nachkriegszeit am Netz gewesen. Nun verteilen sich individuelle Ausstellungsräume auf einer Fläche von insgesamt 1250 m^2.

Die Sammlungstätigkeit des 1977 gegründeten Museums erstreckt sich auf alle Gattungen der Kunst des 20. Jh., angefangen vom Spätexpressionismus und der Neuen Sachlichkeit bis zur zeitgenössischen Kunst. Derzeit umfasst der Bestand mehr als 23 000 Objekte.

Seit den 1990er-Jahren beschäftigt sich das Kunstmuseum verstärkt mit Werken aus dem Themenbereich Landschaft, Raum, Natur, Umwelt auf nationaler wie internationaler Ebene. Schwerpunkte liegen auf Malerei (Eberhard Havekost) und Fotografie (Andreas Gursky), insbesondere auf der Autorenfotografie in den neuen Ländern. Die grafische Abteilung umfasst zahlreiche DDR-Grafiken (Gerhard Altenbourg), besondere Künstlerbücher sowie einen umfangreichen Bestand an Plakatkunst, der bis in die 1960er-Jahre zurückreicht und vorwiegend Plakate internationaler sowie ostdeutscher Herkunft enthält. Ergänzt wird die Sammlung von vereinzelten Werken aus Skulptur und Objektkunst (Olaf Nicolai).

Wer wissen möchte, wie die japanische Samurairüstung aus dem 18. Jh. nach Detmold kam, sollte das Lippische Landesmuseum besuchen.

Als 1835 Mitglieder des Naturwissenschaftlichen Vereins das Museum gründeten, waren sie von einer nationalen Welle der bürgerlichen Vereins- und Institutsgründungen getragen. Im Unterschied zu anderen Landesmuseen, die aus fürstlichen Wunderkammern hervorgegangen sind, bestimmten in Detmold von Anfang an größere oder kleinere private Schenkungen und Stiftungen den Bestand, geprägt von der individuellen Handschrift jedes Sammlers.

Als eines der wenigen Häuser in Deutschland verfügt das Lippische Landesmuseum sowohl über den Kanon klassischer Abteilungen als auch über einige Spezialsammlungen. So erzählen in der Naturkunde Fossilien, Mineralien, ausgestopfte Vögel und Säugetiere die Geschichte der Natur. Die Völkerkunde überrascht mit einer japanischen Samurairüstung (18. Jh.), einer ägyptischen Mumie, Königsfiguren aus Kamerun, einem tibetanischen Tempeltuch (beides 20. Jh.). Die Archäologie zeigt Werkzeuge aus der Steinzeit und Schmuck aus der Bronzezeit. In der Kunstsammlung sind Gemälde und Skulpturen aus dem späten Mittelalter ebenso zu finden wie Werke des 18. bis 20. Jh. sowie Porzellan. Die Münzsammlung mit 40 000 Einzelstücken (die ältesten aus dem 13. Jh.) vermittelt interessante Einblicke in die Geschichte des Landes Lippe. Im Kornhaus befindet sich die Möbelsammlung, in der die Eichenholztruhe (15. Jh.), der niederländische Intarsienschrank (um 1700), der Thonet-Stuhl (19. Jh.) und der Tugendhat-Sessel von Ludwig Mies van der Rohe (20. Jh.) friedlich vereint sind. Nicht zu vergessen sind die Sammlung zur Volks- und Landeskunde sowie die Kostüm- und Trachtensammlung.

Lippisches Landesmuseum
Ameide 4
32756 Detmold
Telefon: +49 (0) 52 31 / 9 92 50
E-Mail: info@lippisches-landesmuseum.de
www.lippisches-landesmuseum.de

Öffnungszeiten
Di–Fr 10:00–18:00 Uhr
Sa, So 11:00–18:00 Uhr

Das Bierbrauen hat eine lange Tradition in Dortmund. Bereits 1293 erhielt die Stadt das Braurecht. Ihren Ruf als Bierstadt erwarb sie sich allerdings erst im Zuge der Industrialisierung. Nachdem Heinrich Wenker und Wilhelm Overbeck 1845 die untergärige »bairische« Braumethode einführten, begann der Aufschwung. Ende des 19. Jh. galt Dortmund mit 30 Brauereien als Braumetropole Deutschlands, die das »Dortmunder Helle« nicht nur regional vertrieb, sondern in alle Welt exportierte.

Das ursprünglich 1981 gegründete städtische Brauerei-Museum wurde 2006 auf dem Gelände an der Steigerstraße in der Dortmunder Actien-Brauerei wiedereröffnet. Es ist hier in einem industriehistorisch bedeutsamen Gebäudekomplex untergebracht: dem Maschinenhaus von 1912 und der angrenzenden Maschinenhalle der ehemaligen Hansa-Brauerei von 1968. Nach dem Empfang durch Dampfmaschine, Kältekompressor und Generator erfährt der Besucher auf seinem Rundgang zunächst alles über die Geschichte der Dortmunder Brauereien und ihrer Standorte. Eine weitere Abteilung behandelt die Entwicklung von der Blütezeit in den 1950er-Jahren bis heute.

Brauerei-Museum
Steigerstraße 16
44145 Dortmund (Nordmarkt)
Telefon: +49 (0) 2 31 / 8 40 02 00
E-Mail: brauereimuseum-dortmund@radeberger-gruppe.de
www.museendortmund.de/brauereimuseum

Öffnungszeiten
Di, Mi, Fr–So 10:00–17:00 Uhr
Do 10:00–20:00 Uhr
Sa 12:00–17:00 Uhr

Hier gibt es an der Theke der Gaststätte zwar kein frisch gezapftes Bier, dafür aber Werbespots von den 1960er- bis 1990er-Jahren. Zu den kurzweilig aufbereiteten Themen gehören auch Feiern, Sport und Bierkonsum sowie Export und Transport, repräsentiert durch einen Lkw von 1922. Der Freund des kühlen Blonden erfährt hier alles über die einzelnen Arbeitsschritte rund um den Prozess des Brauens, und zum Schluss kann er sich anschauen, wie die Abfüllung in Flaschen und Fässer erfolgt. Auf dem Gelände befindet sich ferner die einzige Braustätte, an der noch die traditionsreichen Dortmunder Biere hergestellt werden.

Der Lastkraftwagen der Firma Krupp war 1922 unterwegs, um den rheinischen Bierdurst zu löschen.

Das Museum am Ostwall wurde als eines der ersten deutschen Nachkriegsmuseen ausschließlich für die Kunst des 20. Jh. gebaut und 1952 in Teilen eröffnet. Der Sammlungsschwerpunkt lag zunächst auf Werken expressionistischer Künstler, die während des Nationalsozialismus als »entartet« diffamiert worden waren. Den Grundstein legte die 1957 erworbene Sammlung Gröppel mit 200 Gemälden, Skulpturen und Grafiken (Ernst Ludwig Kirchner, Otto Mueller, Emil Nolde, Karl Schmidt-Rottluff). Neben Arbeiten der Dresdner Künstlervereinigung »Die Brücke« sind ebenso Beispiele für das Schaffen der 1912 in München ins Leben gerufenen Künstlergruppe »Der Blaue Reiter« zu sehen (Alexej von Jawlensky, Wassily Kandinsky, August Macke, Franz Marc). Gemälde von Paula Modersohn-Becker, Max Beckmann und Pablo Picasso gehören ebenfalls zur klassischen Moderne. Ende der 1960er-Jahre kamen zahlreiche Werke deutscher Nachkriegskunst hinzu, darunter Werke von Emil Schumacher, Gerhard Hoehme, K. O. Götz, Otto Piene, Heinz Mack, Günther Uecker. 1988 wurde die Sammlung Feelisch und zu Beginn der 1990er-Jahre die Sammlung Siegfried Cremer erworben. Beide Sammlungen umfassen wichtige Arbeiten zu Fluxus, Happening und Nouveau Réalisme (Joseph Beuys, George Brecht, Nam June Paik, Dieter Roth, Daniel Spoerri, Ben Vautier). Das städtische Museum am Ostwall sammelt heute zudem zeitgenössische Kunst (Anna und Bernhard Blume, Jochen Gerz). Die Präsentation wird zweimal im Jahr verändert. Das Konzept »Sammlung in Bewegung« ermöglicht es, Besuchern immer wieder andere Werke aus den umfangreichen Beständen zu zeigen.

Museum am Ostwall
Ostwall 7
44122 Dortmund
Telefon: +49 (0) 2 31 / 5 02 32 47
E-Mail: mo@stadtdo.de
www.museendortmund.de/museumamostwall

Öffnungszeiten
Di, Mi, Fr, So 10:00–17:00 Uhr
Do 10:00–20:00 Uhr
Sa 12:00–17:00 Uhr

Otto Piene, *Lichtgeist,* 1966

Staunen, lernen, ausprobieren: Kinder dürfen hier die Geheimnisse des menschlichen Körpers erforschen.

Schmutziges Trinkwasser, fehlende Kanalisation, schlechte Wohnbedingungen – die rasch wachsenden Großstädte des 19. Jh. waren Brutstätten von Seuchen. Noch um 1850 starben in München jährlich 200 bis 300 pro 100 000 Einwohner an Typhus. Mithilfe von Wissenschaft und Technik versuchte die sogenannte Hygienebewegung in der zweiten Jahrhunderthälfte die Probleme zu lösen.

Die Gründung des Deutschen Hygiene-Museums 1912 war eine Initiative des Dresdner Odol-Fabrikanten Karl August Lingner (1861–1916). Er hatte 1911 zu den Protagonisten der »1. Internationalen Hygiene-Ausstellung« gehört, zu der über fünf Millionen Besucher nach Dresden gekommen waren. Diese Ausstellung hatte mit modernsten Techniken und in einer bis dahin unbekannten Anschaulichkeit Kenntnisse zur Anatomie des Menschen vermittelt, aber auch Fragen der Gesundheitsvorsorge oder Ernährung behandelt. Zur »2. Internationalen Hygiene-Ausstellung« 1930 wurde das von Wilhelm Kreis entworfene Museumsgebäude bezogen, in dem das Museum noch heute seinen Sitz hat. Im Rahmen einer umfassenden Sanierung und Modernisierung von 2002 bis 2006 wurde es weitgehend in den Originalzustand zurückversetzt.

Die Sammlung des Hauses steht unter dem Motto »Abenteuer Mensch«. Hier kann man staunen, lernen und

Deutsches Hygiene-Museum
Lingnerplatz 1
01069 Dresden
Telefon: +49 (0) 3 51 / 4 84 64 00
E-Mail: service@dhmd.de
www.dhmd.de

Öffnungszeiten
Di–So 10:00–18:00 Uhr

Das von Wilhelm Kreis entworfene Museumsgebäude wurde 1927–30 erricht und gehört zu den Inkunabeln deutscher Architekturgeschichte.

ausprobieren und erfährt, welche enormen Fortschritte das Wissen über den menschlichen Körper in den letzten 100 Jahren gemacht hat. Der Fokus liegt auf den Instrumenten und Techniken der individuellen Körperpflege sowie den Strategien und Produkten staatlicher Gesundheitsaufklärung. Der Bestand wird ständig erweitert, er umfasst inklusive Sondersammlungen und Dauerleihgaben rund 45 000 Objekte: Lehrtafeln, anatomische Figuren, medizinische Geräte, Originalpräparate von Körperteilen, Modelle aus Wachs oder Gips, Figuren aus Pappmaschee, Glas oder Holz. Und natürlich darf ein Fläschchen Odol (um 1900) nicht fehlen.

Seit 2005 erstreckt sich die Dauerausstellung über sieben Themenräume: »Der Gläserne Mensch« vermittelt Bilder des Menschen in den modernen Wissenschaften, »Leben und sterben« zeigt die Entwicklung von der ersten Zelle bis zum Tod, die Abteilung »Essen und Trinken« macht deutlich, dass Nahrungsaufnahme nicht nur dem Erhalt der körperlichen Funktionen dient, sondern auch eine Kulturleistung darstellt, »Sexualität« beschäftigt sich mit Liebe, Sex und Lebensstilen im Zeitalter der Reproduktionsmedizin, bei »Erinnern – Denken – Lernen« wird das Innere des Kopfes erforscht, »Bewegung« geht dem Geheimnis der Koordination nach, und »Schönheit, Haut und Haar« schließlich umreißt die offene Grenze zwischen Körper und Umwelt. Zusätzlich sind Sonderausstellungen aktuellen Themen gewidmet, die Bedingungen für das Wohlbefinden des Menschen in seiner Umgebung behandeln. Das Kindermuseum für kleine Besucher im Alter von vier bis zwölf Jahren setzt auf Mitmachen. Thema sind hier die fünf Sinne: Hören, Sehen, Fühlen, Riechen und Schmecken. Nicht nur an den zahlreichen interaktiven Stationen darf nach Herzenslust experimentiert und ausprobiert werden.

Die Staatlichen Kunstsammlungen Dresden (SKD) zählen zu den bedeutendsten Museen der Welt. Ursprung der insgesamt elf Museen ist die Sammlung der sächsischen Kurfürsten und polnischen Könige. August der Starke (1670–1733) und sein Sohn August III. (1696–1763) waren bedeutende Mäzene und bemerkenswerte Kunstkenner. Ihre systematisch angelegten Kunstkabinette, die schon damals ausgewählten Besuchern zugänglich waren, bilden den Kern der Dresdner Sammlungen.

Heute sind sie auf mehrere Standorte verteilt: Am östlichen Ende der Brühlschen Terrasse liegt das Albertinum, von 1559 bis 1563 nach Plänen von Caspar Voigt von Wierandt als eines der größten Zeughäuser Europas errichtet. Der Name geht auf den Bauherrn, König Albert I. von Sachsen, zurück. Von 1743 bis 1747 wurde es zunächst erweitert, von 1884 bis 1889 schließlich zum Museum für die Skulpturensammlung umgebaut. Das Albertinum wird derzeit saniert. Daher ist es bis 2010 geschlossen.

Ein weiterer Standort ist das Residenzschloss. Ab 1485 ständige Residenz der sächsischen Kurfürsten und Könige, zählte es im 16. Jh. zu den bedeutendsten Schlossbauten der Renaissance in Deutschland. 1997 wurde der Wiederaufbau des 1945 niedergebrannten Gebäudes beschlossen. 2004 eröffnete zuerst das Neue Grüne Gewölbe im ersten Stock des Westflügels. Es folgten das Kupferstich-Kabinett mit Studiensaal und Sonderausstellungsflächen, die Kunstbibliothek, das Münzkabinett und der Hausmannsturm. Seit 2006 ist auch das Historische Grüne Gewölbe, die berühmte Schatzkammer Augusts des Starken, im Erdgeschoss wieder zu sehen. Derzeit werden das Audienzgemach und weitere prachtvolle Räume originalgetreu rekonstruiert. 2009 soll die »Türckische Cammer«, die Rüstkammer im Ostflügel, eröffnet werden. Der berühmteste Standort ist jedoch der Semperbau mit dem Zwinger. Der Begriff »Zwinger« verweist auf die ursprüngliche Lage des Baus vor der Ringmauer der Stadt. August der Starke ließ die barocke Anlage ab 1711 von Matthäus Daniel Pöppelmann konzipieren. 1719 wurde sie eingeweiht, aber erst 1728 erfolgte die Fertigstellung mit Pavillons und Bogengalerien. Von 1847 bis 1855 wurde der Zwinger auf der Elbseite durch das Galeriegebäude von Gottfried Semper abgeschlossen und als Ausstellungsgebäude eingerichtet. Schloss Pillnitz und der Jägerhof gehören ebenfalls zu den Kunstsammlungen.

Alle Sammlungen und Museen im Überblick:

- Grünes Gewölbe (Residenzschloss)
- Kupferstich-Kabinett (Residenzschloss)
- Münzkabinett (Residenzschloss)
- Gemäldegalerie Alte Meister (Semperbau am Zwinger)
- Rüstkammer (Semperbau am Zwinger)
- Porzellansammlung (Zwinger)
- Mathematisch-Physikalischer Salon (Zwinger, bis Frühjahr 2010 geschlossen)
- Galerie Neue Meister (Albertinum, bis 2010 geschlossen)
- Skulpturensammlung (Albertinum, bis 2010 geschlossen)
- Kunstgewerbemuseum (Schloss Pillnitz)
- Museum für Sächsische Volkskunst mit Puppentheatersammlung (Jägerhof)

Galerie Neue Meister

Die Sammlung ist aus der Gemäldegalerie Alte Meister hervorgegangen, für die nach 1843 verstärkt zeitgenössische Kunst angekauft wurde. Im Zuge der Diffamierung »entarteter Kunst« während der Zeit des Nationalsozialismus verlor das Museum 56 Gemälde, darunter Werke von Max Beckmann, Edvard Munch, Emil Nolde. Nach der Rückkehr der in die Sowjetunion verbrachten Kunstwerke konnte 1959 die Galerie Neue Meister gegründet werden, die schließlich 1965 im Albertinum ein eigenes Domizil fand. Solange dieses geschlossen ist, präsentiert sich die Galerie Neue Meister mit ausgewählten Werken im Semperbau.

Schwerpunkt der herausragenden Sammlung mit einem Bestand von rund 2500 Gemälden des 19. und 20. Jh. ist die deutsche Kunst der Romantik (Carl Gustav Carus, Caspar David Friedrich, Ernst Ferdinand Oehme, Ludwig Richter). Weitere Höhepunkte der Sammlung sind die deutschen Impressionisten wie Lovis Corinth, Max Liebermann, Max Slevogt, ebenso die expressionistischen Maler der Dresdner Künstlergruppe »Die Brücke«. Neben Werken der klassischen Moderne sind auch bedeutende Gemälde von Otto Dix, Vertretern der Neuen Sachlichkeit und der Kunst ab 1945 zu sehen. Sehenswert sind zudem die drei neu eingerichteten Räume mit 40 Gemälden von Gerhard Richter. Die Unterstützung des in Dresden geborenen Malers gilt auch dem Gerhard Richter-Archiv, das 2005 als Institut der Staatlichen Kunstsammlungen Dresden eingerichtet wurde.

Skulpturensammlung

Die Skulpturensammlung hat ihren Ursprung in der 1560 eingerichteten Kunstkammer, die eigentliche Gründung vollzog jedoch erst August der Starke. Er erwarb von König Friedrich Wilhelm I. aus Berlin Antiken, hinzu kamen aus den römischen Sammlungen Chigi und Albani rund 200 kostbare Skulpturen, Vasen, Bronzen und ägyptische Mumien. Unter der drei Jahrzehnte währenden Leitung des Archäologen Georg Treu gelang es ab 1882, ganze Sammelgebiete systematisch auszubauen, etwa die antiken Vasen und Terrakotten. Als erstes deutsches Museum besaß die Skulpturensammlung zahlreiche Werke von Auguste Rodin und Constantin Meunier. Von Treu zum Schwerpunkt ausgebaut sind farbige Plastiken der Antike und der Moderne (Max Klinger). Bis zur Wiedereröffnung des Albertinums präsentiert sich die Skulpturensammlung mit wechselnden Ausstellungen im Zwinger.

Die Abguss-Sammlung, 1783 mit dem Ankauf von 833 Gipsabgüssen aus dem Nachlass des Malers Anton Raphael Mengs angelegt, umfasst heute rund 4700 Objekte. Die Kopien in Gips geben meist Werke der Antike wieder, aber auch Skulpturen von Michelangelo bis Ernst Rietschel.

Auf der Albrechtsburg in Meißen zeigt die Skulpturensammlung mit 50 Werken des 12. bis 16. Jh. die umfassendste Ausstellung mittelalterlicher religiöser Skulpturen in Sachsen. An Kirchenportalen oder auf Altären begleiteten sie den Gläubigen durch die Festtage des Kirchenjahres und beförderten seine auf das Jenseits gerichtete Heilserwartung. Zu den Höhepunkten gehören die romanische Madonna aus Otzdorf, die monumentalen Schnitzwerke Peter Breuers, des Meisters H. W. sowie anderer obersächsischer und oberlausitzischer Meister aus der Zeit um 1500.

Caspar David Friedrich, *Zwei Männer in Betrachtung des Mondes,* 1819/20

Paul Heermann, *Friedrich August I., Kurfürst von Sachsen, als August II. König von Polen, genannt der Starke,* 1718 oder früher)

Staatliche Kunstsammlungen Dresden – Albertinum
Georg-Treu-Platz 2
01067 Dresden
Telefon: +49 (0) 3 51 / 49 14 20 00
E-Mail: besucherservice@skd-dresden.de

Öffnungszeiten
Geschlossen bis zur Neueröffnung voraussichtlich 2010

Grünes Gewölbe

Das Grüne Gewölbe ist eine der berühmtesten Schatzkammern Europas. August der Starke ließ es von 1723 bis 1729 unter der Leitung Matthäus Daniel Pöppelmanns umbauen. Dieser erweiterte dafür vier Räume, die damals schon mehr als 150 Jahre lang als sächsischer Staatstresor gedient hatten und aufgrund der malachitgrün gestrichenen Basen und Kapitelle der Säulen sowie der Türgewände im Preziosensaal »Geheime Verwahrung des Grünen Gewölbes« hießen, zu einer Folge von acht Räumen. August der Starke stellte hier Objekte aus, die er aus der 1560 gegründeten sächsischen Kunstkammer und der Schatzkammer auswählte und durch zahlreiche selbst erworbene Objekte ergänzte.

Mit der Eröffnung des Neuen Grünen Gewölbes 2004 kehrte der erste Teil der Schatzkammer in das Residenzschloss zurück. Die im ersten Stock des Westflügels eingerichtete Dauerausstellung präsentiert ausgewählte Meisterwerke, darunter Kabinettstücke des Dresdner Hofjuweliers Johann Melchior Dinglinger, wie etwa Preziosen aus Gold, Silber, Emaille, Edelsteinen, Elfenbein, Perlmutt, Kokosnüssen und Straußeneiern.

Zum 800-jährigen Stadtjubiläum Dresdens 2006 wurde auch das Historische Grüne Gewölbe im Erdgeschoss des Westflügels wiedereröffnet. In diesen Räumlichkeiten hatte August der Starke von 1723 bis 1730 seine Vorstellung vom barocken Gesamtkunstwerk als Ausdruck von Reichtum und absolutistischer Macht umgesetzt. Umfang-

Das Historische Grüne Gewölbe im Residenzschloss gehört zu den Höhepunkten jeder Dresdenreise.

reiche Restaurierungen und Teilrekonstruktionen haben das 1945 weitgehend zerstörte Raumgefüge wiederhergestellt. Über 3000 Kunstwerke sind vor verzierten und verspiegelten Schauwänden oder auf Prunktischen frei aufgestellt. Nur etwa 120 Besucher pro Stunde dürfen das einer Großraumvitrine ähnelnde Museum besuchen. Eine Anmeldung ist erforderlich.

Kupferstich-Kabinett

Eine der bedeutendsten Sammlungen für Zeichnungen, druckgrafische Werke und Fotografien bewahrt das Dresdner Kupferstich-Kabinett. Sein Bestand umfasst mehr als 500 000 Werke auf Papier aus acht Jahrhunderten von mehr als 11 000 Künstlern. Auch diese Sammlung geht auf die 1560 gegründete Kunstkammer zurück, in der bereits die sächsischen Kurfürsten Kunstwerke von Albrecht Dürer, Lucas Cranach d. J., Lucas Cranach d. Ä. und Lucas van Leyden sammelten. 1720 wurden sämtliche »auf Papier gebrachte illuminierte Bücher« aus der Kunstkammer herausgenommen. Im Rahmen der Neuordnung der kurfürstlich-königlichen Sammlungen entstand das Kupferstich-Kabinett als eigenständiges Museum für Grafik und Zeichnungen. Es ist damit das älteste Museum für grafische Künste im deutschsprachigen Raum. Bereits um 1900 gehörte das Dresdner Kabinett überdies zu den weltweit führenden Sammlungen, in denen kunstwissenschaftlich gearbeitet wurde.

Die Bedeutung des Kupferstich-Kabinetts gründet sich auf die Qualität und zum Teil Einzigartigkeit seiner künstlerischen Zeichnungen, Aquarelle, Gouachen, Radierungen, Lithografien, Kupferstiche, der illustrierten Bücher und Mappenwerke sowie der Fotografie. Künstler aller Epochen von Albrecht Dürer, Jan van Eyck, Rembrandt und Michelangelo über Jean-Honoré Fragonard und Caspar David Friedrich bis hin zu Henri de Toulouse-Lautrec, Pablo Picasso und Georg Baselitz sind mit wichtigen Blättern vertreten. Im Jahr 2004 eröffnete das Kupferstich-Kabinett seine eigenen Ausstellungsräume im Residenzschloss, wo in wechselnden Sonderausstellungen Werke aus dem umfangreichen Bestand sowie Leihgaben präsentiert werden. Der Studiensaal bietet zudem allen Besuchern die Möglichkeit, Originale zu betrachten.

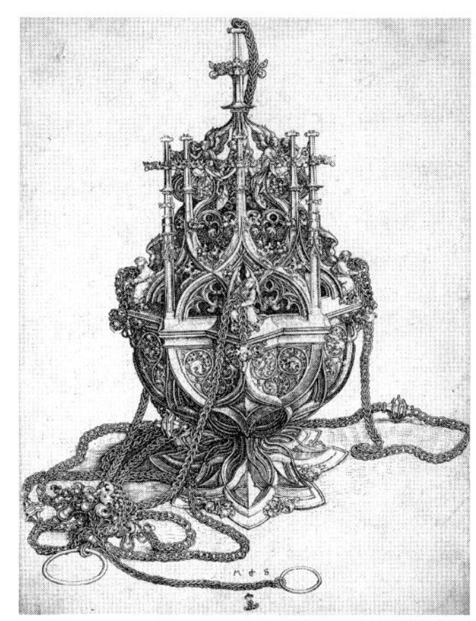

Martin Schongauer, *Rauchfass,* 15. Jh., Kupferstich

Münzkabinett

Das Münzkabinett ist mit seiner 500-jährigen Geschichte eines der ältesten Museen Dresdens. Die Anfänge der Sammlung lassen sich bis auf Herzog Georg den Bärtigen (1471–1539) zurückverfolgen, der zahlreiche Medaillen mit seinem Bildnis in Auftrag gab. Mit einem Bestand von rund 300 000 Objekten von der Antike bis zur Gegenwart gehört das Münzkabinett zu den größten Universalsammlungen Europas. Neben Münzen und Medaillen werden auch Orden und Ehrenzeichen, Banknoten, historische Wertpapiere, Petschafte, Münz- und Medaillenstempel sowie münztechnische Geräte präsentiert. Einen Schwerpunkt bildet der Bestand von 30 000 sächsischen Münzen und Medaillen. Ferner ist die numismatische Literatur vergangener Jahrhunderte für die wissenschaftliche Forschung sehr wertvoll. Eine Spezialbibliothek und ein Studiensaal stehen in neu gestalteten Räumlichkeiten im Residenzschloss Interessierten und Wissenschaftlern zur Verfügung. Das Münzkabinett verfügt derzeit über keine Dauerausstellung, präsentiert jedoch in den Sommermonaten Sonderausstellungen im Hausmannsturm.

Die römische Goldmünze zeigt das Porträt Kaiser Valens', der von 364 bis 378 regierte und in der Schlacht von Adrianopel fiel.

Staatliche Kunstsammlungen Dresden – Residenzschloss
Taschenberg 2
01067 Dresden
Besuchereingang: Sophienstraße, gegenüber Taschenbergpalais
Telefon: +49 (0) 3 51 / 49 14 20 00
E-Mail: gg@skd-dresden.de und besucherservice@skd-dresden.de
www.skd-dresden.de

Grünes Gewölbe
Kupferstich-Kabinett
Münzkabinett

Öffnungszeiten
Mi–Mo 10:00–18:00 Uhr

Blick in die Gemäldegalerie Alte Meister

Gemäldegalerie Alte Meister

In der berühmten Dresdner Gemäldegalerie Alte Meister ist eine große Anzahl hochkarätiger Meisterwerke zu sehen. Zu den Sammlungsschwerpunkten des Museums gehören die italienische Malerei der Renaissance mit Hauptwerken von Raffael, Giorgione und Tizian sowie die Malerei des Manierismus und Barock. Ebenso bedeutend ist der Bestand holländischer und flämischer Maler des 17. Jh. Zahlreiche Werke stammen von Rembrandt und seinen Schülern, außerdem von Jan Vermeer, Salomon und Jacob Izaaksoon van Ruysdael und den großen Flamen Peter Paul Rubens, Jacob Jordaens und Anthonis van Dyck. Die Galerie präsentiert ferner herausragende Gemälde altdeutscher und altniederländischer Malerei, darunter Jan van Eyck, Albrecht Dürer, Lucas Cranach d. J., Lucas Cranach d. Ä., Hans Holbein d. J., und besitzt großartige Werke spanischer und französischer Künstler des 17. Jh. Zu den bekanntesten zählen Jusepe de Ribera, Bartolomé Esteban Murillo, Nicolas Poussin, Claude Lorrain.

Der größte Teil der Kunstwerke, die heute in der Gemäldegalerie Alte Meister zu sehen sind, wurde in der kurzen Zeit von rund 50 Jahren zusammengetragen. August dem Starken und seinem Sohn August III. glückten bedeutende Erwerbungen, darunter der für 1746 belegte spektakuläre Ankauf von 100 Meisterwerken aus dem Besitz des Herzogs von Modena. Der besondere Charakter der Sammlung resultiert aus der Beschränkung auf Werke der Hochrenaissance und des Barock sowie herausragende Leistungen der damaligen Gegenwartskunst. So vermittelt sie einen guten Eindruck vom Kunstgeschmack des 18. Jh.

Porzellansammlung

Die Dresdner Porzellansammlung ist die qualitätvollste und mit 20 000 Einzelstücken zugleich umfangreichste keramische Spezialsammlung der Welt. Sie verdankt ihre Entstehung ebenfalls August dem Starken, der kostspielige Importe aus China und Japan erwarb. Mehr als 200 Jahre lang waren in Europa die Versuche gescheitert, ebenfalls Porzellan herzustellen, bis es schließlich Johann Friedrich Böttger und Ehrenfried Walther von Tschirnhaus in Dresden gelang, das Geheimnis zu lüften. So konnte August der Starke 1710 eine eigene Manufaktur in Meißen gründen. Die Produktion begann zunächst mit dem braunen Böttgersteinzeug, ab 1713 war endlich die Herstellung weißen Porzellans möglich. Nachdem die in der Manufaktur beschäftigten Künstler anfangs vorwiegend ostasiatische Gefäße und Figuren kopierten, entwickelten sie bald einen eigenen, am Barock orientierten Stil. Von den frühesten Erzeugnissen der ersten europäischen Manufaktur bis 1815 ist die Entwicklung der Gefäße, der Figuren, der Porzellanmalerei sowie auch der berühmten Speiseservice hier in aller Vielfalt dokumentiert.

2006 wurde zudem die neue Ostasien-Galerie eröffnet, in der rund 2000 kunstvolle Porzellanwerke aus China, Japan und Meißen gleichgewichtig einander gegenübergestellt werden, wie sich dies einst August der Starke für sein geplantes, jedoch nicht realisiertes »Porzellanschloss« gewünscht hatte. Die Präsentation umfasst chinesisches Porzellan der Kangxi-Ära (1662–1722), japanische Imari- und Kakiemon-Porzellane des 17. und frühen 18. Jh. sowie Zeitgenössisches der Königlichen Porzellan-Manufaktur in Meißen.

Johann Joachim Kändler, Deckel der Terrine mit Galathea aus dem Schwanenservice, 1738

Kurzschwert Friedrichs des Streitbaren mit Scheide, ungarisch, 1419–1425

Rüstkammer

Die Dresdner Rüstkammer zählt zu den kostbarsten Prunkwaffen- und Kostümsammlungen der Welt. Anhand von über 1300 ausgestellten Objekten aus ganz Europa und dem Orient sind Exponate von höfischen Festen, Ritterspielen und Jagden zu sehen, darunter prachtvolle Waffen, Renn- und Stechzeuge, Turnierbilder und Fürstenbildnisse vom 16. bis 18. Jh. Die Geschichte der Sammlung reicht bis ins 15. Jh. zurück, als Albrecht der Beherzte ein eigenständiges Herzogtum errichtete und Dresden zu seiner Residenzstadt erklärte. Er gründete die herzogliche Harnischkammer, in der überwiegend Leib- und Turnierwaffen sowie Prunkwaffen der albertinischen Herzöge und Kurfürsten verwahrt wurden. Unter Kurfürst August (1526–1586) wurden bereits Bestände der Rüst- und Harnischkammer auf geschnitzten Holzpferden präsentiert, wie es bei ausgewählten Prunkstücken auch heute noch der Fall ist. Plattner, Rüstmeister und -knechte, Büchsenmeister, Gold- und Messerschmiede, Schäfter und Riemer waren für den Hof des Kurfürsten tätig, um zahlreiche Kostbarkeiten für die Sammlung zu schaffen.

Nach der Vollendung des Residenzschlosses wird auch diese Sammlung an ihren angestammten Ort zurückkehren und in den Sälen im ersten und zweiten Obergeschoss zu sehen sein. Neben den bereits jetzt ausgestellten Prunkwaffen erwarten den Besucher dann auch die einzigartigen Bestände der Kostümsammlung, der Gewehrgalerie und der »Türckischen Cammer«.

Staatliche Kunstsammlungen
Dresden – Semperbau mit Zwinger
Theaterplatz 1
01067 Dresden
Telefon: +49 (0) 3 51 / 49 14 66 79
E-Mail: gam@skd-dresden.de
www.skd-dresden.de

Gemäldegalerie Alte Meister
Porzellansammlung
Rüstkammer

Öffnungszeiten
Di–So 10:00–18:00 Uhr

Im Rahmen der internationalen Bauausstellung Emscher Park (1989–99) wurde die einstige Industriebrache Duisburger Innenhafen zu einem multifunktionalen Areal für Arbeiten, Wohnen, Ausgehen, Kultur und Freizeit am Wasser umgestaltet. Der Masterplan dafür stammt von dem britischen Architekten Lord Norman Foster. Hier ist seit 1999 das inzwischen in »MKM Museum Küppersmühle für Moderne Kunst« umbenannte Museum zu Hause.

Um das ehemalige Mühlen- und Speichergebäude mit seiner historischen Backsteinfassade als Museum nutzbar zu machen, haben es die Schweizer Architekten Jacques Herzog & Pierre de Meuron zu einem dreistöckigen Haus für die Kunst mit einer Ausstellungsfläche von rund 3600 m^2 umgebaut. Für 2010 plant das Büro einen Erweiterungsbau, der sich in Form eines Quaders über den alten Silos der Küppersmühle erheben soll.

Wo früher Getreide gelagert wurde, hängt heute deutsche Kunst nach 1945. Die ehemalige Sammlung Hans Grothe mit den Schwerpunkten auf der Malerei der 1970er- bis 1990er-Jahre wurde 2005 von dem Darmstädter Sammlerpaar Sylvia und Ulrich Ströher erworben, die ihrerseits bereits eine umfangreiche Sammlung besitzen. Sie umfasst rund 1500 Werke deutscher Kunst nach 1945 von Künstlern wie Stephan Balkenhol, Willi Baumeister, Hanne Darboven, Jörg Immendorff, Anselm Kiefer, Markus Lüpertz, Blinky Palermo, A. R. Penck, Sigmar Polke, Gerhard Richter, Rosemarie Trockel, Wols. Auf zwei Etagen werden wechselnd Werke und Werkgruppen aus der Sammlung gezeigt und jährlich bis zu fünf Sonderausstellungen internationaler Kunst.

Museum Küppersmühle
Innenhafen Duisburg
Philosophenweg 55
47051 Duisburg
Telefon: +49 (0) 2 03 / 30 19 48 11
E-Mail: office@museum-kueppersmuehle.de
www.museum-kueppersmuehle.de

Öffnungszeiten
Mi 14:00–18:00 Uhr
Do, Sa, So 11:00–18:00 Uhr
An Freitagen nach Vereinbarung

Wo einst Getreide lagerte, füllt nun moderne Kunst das Speichergebäude im Duisburger Innenhafen.

Das Wilhelm Lehmbruck Museum, 1905 aus bürgerschaftlichem Engagement gegründet und 1925 eröffnet, beherbergt heute eine Sammlung von internationaler Skulptur der Moderne und Objektkunst, die in Europa ihresgleichen sucht. Das von dem Architekten Manfred Lehmbruck, dem Sohn des Namengebers, von 1959 bis 1964 errichtete neue Museumsgebäude wurde in den 1980er-Jahren um das Doppelte erweitert.

Wilhelm Lehmbruck Museum
Friedrich-Wilhelm-Straße 40
47049 Duisburg
Telefon +49 (0) 2 03 / 2 83 26 30
E-Mail: info@lehmbruckmuseum.de
www.lehmbruckmuseum.de

Öffnungszeiten
Di–Sa 11:00–17:00 Uhr
So 10:00–18:00 Uhr

Wilhelm Lehmbruck (1881–1919), der seine Kindheit und Jugend in Duisburg verlebt hat, gehört zu den bedeutendsten Bildhauern der frühen Moderne. In nur zwei Jahrzehnten schuf er ein umfangreiches Werk gegenständlicher Skulpturen, vom kleinplastischen Format bis hin zu überlebensgroßen Figuren. Er verwendete unterschiedliche Techniken und Materialien, darunter Gips und Steinguss.

Zum Bestand des Museums gehören nicht nur 100 plastische Werke und Gemälde sowie mehr als 1000 Zeichnungen und 200 Druckgrafiken von Lehmbruck, sondern weitere rund 1000 Skulpturen und mehrere Tausend Zeichnungen, Grafiken, Fotografien internationaler Bildhauer. Künstler wie Ernst Barlach, Constantin Brancusi, Alberto Giacometti, Henri Laurens, Ewald Mataré, Dan Flavin, Mario Merz, Donald Judd gehören dazu. Ferner ist eine Dauerausstellung mit herausragenden Gemälden des Expressionismus zu sehen. Der Rundgang lässt sich im Kantpark fortsetzen, in dem rund 40 Skulpturen stehen, die speziell für diesen zum Museum gehörenden Außenraum geschaffen wurden (Henry Moore, George Rickey, Richard Serra).

Wilhelm Lehmbruck, *Knieende,* 1911

In der Abteilung für europäische Fayence beeindrucken insbesondere die Büsten der römischen Götter Ceres (links) und Bacchus (rechts), die im französischen Rouen im 18. Jh. entstanden sind.

Hetjens-Museum Düsseldorf – Deutsches Keramikmuseum
Schulstraße 4
40213 Düsseldorf
Telefon: +49 (0) 2 11 / 8 99 42 10
E-Mail: hetjensmuseum@stadt.duesseldorf.de
www.duesseldorf.de/hetjens

Öffnungszeiten
Di, Do–So 11:00–17:00 Uhr
Mi 11:00–21:00 Uhr

Das Hetjens-Museum verdankt seine Entstehung 1909 einer Stiftung des Düsseldorfer Sammlers Laurenz Heinrich Hetjens (1830–1906). Heute im Palais Nesselrode, mitten in der Düsseldorfer Altstadt in der Nähe der Rheinpromenade untergebracht, zeigt es anhand von herausragenden Objekten aus nahezu allen Kulturen der Welt 8000 Jahre Keramikgeschichte.

Das breite Spektrum der Sammlung ist die Besonderheit dieses Spezialmuseums, das von prähistorischen Kultobjekten über edle Porzellane bis hin zu Werken zeitgenössischer Künstler und Hightech-Produkten reicht. Die ältesten Objekte der Sammlung sind 6000 v. Chr. in Südanatolien entstanden – noch vor Erfindung der Töpferscheibe. Glanzstück ist die imposante Fliesenkuppel des 17. Jh. aus Multan im heutigen Pakistan in der Abteilung für islamische Keramik, in der zudem historische Schalen, Krüge und Fliesen als Beispiele für die hohe Kultur des Vorderen Orients zu sehen sind. Andere Abteilungen präsentieren Exponate aus der Antike und den frühen europäischen Kulturen, aus Afrika und dem präkolumbianischen Amerika. Ferner sind Fayencen und Porzellane der Barockzeit, darunter ein umfangreiches Meißner Service, sowie Objekte des Historismus und des Jugendstils zu sehen. Blickfang ist hier eine Auswahl von Tierskulpturen des berühmten französischen Jugendstilkünstlers Emile Gallé (1846–1904). Ebenso gehören Werke des 20. Jh. und Beispiele technischer Keramik zum Bestand.

Sonderausstellungen widmen sich speziellen Themen, Künstlern oder Kulturen und geben Einblick in die zeitgenössische internationale Kunstszene.

Eine bemerkenswerte Sammlerin der jüngeren Generation, Julia Stoschek, hat im Juni 2007 ihre private Sammlung zeitgenössischer Kunst mit den Schwerpunkten Medien, Videokunst, Installation und Fotografie zugänglich gemacht. Zu diesem Zweck wurde ein ehemaliges Fabrikgebäude aus dem Jahr 1907 in Düsseldorf-Oberkassel umgebaut. Neben zwei Ausstellungsgeschossen steht ein kleines Kino zur Verfügung, das Studio 54, in dem ergänzend zur jeweiligen Ausstellung weitere Beispiele aus der Sammlung präsentiert werden.

Julia Stoschek erwarb 2002 ihr erstes Werk, eine Arbeit von Pep Agut mit dem Titel *Mon Ombre est un mur.* Mittlerweile ist ihre Sammlung auf rund 400 Arbeiten namhafter Künstler angewachsen (Marina Abramović, Doug Aitken, Francis Alÿs, Thomas Demand, Dan Graham, Olafur Eliasson, Mathilde ter Heijne). Aber die Sammlerin ist auch jungen, noch gänzlich unbekannten Künstlern gegenüber aufgeschlossen. Pro Jahr wird eine Ausstellung gezeigt, die meist unter einem Thema Einblicke in die Sammlung bieten möchte.

Neben ihrer Sammler- und Ausstellungstätigkeit widmet sich Julia Stoschek der Förderung jüngerer Künstler. Der von ihr gegründete Verein vergab das Stipendium »Just«. Seit 2007 ist sie zudem stimmberechtigtes Mitglied der Ankaufskommission für die Medienabteilung des Museum of Modern Art in New York.

Julia Stoschek Collection
Schanzenstraße 54
40549 Düsseldorf
Telefon: +49 (0) 2 11 / 5 85 88 40
E-Mail: info@julia-stoschek-collection.net
www.julia-stoschek-collection.net

Öffnungszeiten
Sa 11:00–16:00 Uhr
Besuch nur nach Voranmeldung

Der Mittelgang im ersten Ausstellungsgeschoss wird von Videos dreier Künstlerinnen bespielt: Mathilde ter Heijne, Dara Birnbaum und Monica Bonvicini (an der Stirnseite).

Die dunkle, spiegelnde Fassade von K20 am Rande der Altstadt besteht aus poliertem Syenit, einem besonders widerstandsfähigen Stein von der Insel Bornholm.

Die Kunstsammlung Nordrhein-Westfalen wurde 1961 als Stiftung privaten Rechts gegründet, nachdem die Landesregierung ein Jahr zuvor 88 Werke Paul Klees aus dem Besitz des amerikanischen Unternehmers G. David Thompson erworben hatte. Es war eine Geste der »Wiedergutmachung«, da Klee 1931 das Bauhaus in Dessau verlassen hatte, um einen Ruf an die Akademie in Düsseldorf anzunehmen. Kurz nach der Machtergreifung der Nationalsozialisten war er jedoch seines Amtes enthoben und seine Werke als »entartet« gebrandmarkt worden.

Der erste Museumsdirektor Werner Schmalenbach konnte in seiner Amtszeit von 1962 bis 1990 den Grundstock zu einer unvergleichlichen Sammlung von Meisterwerken der westeuropäischen und amerikanischen Moderne ausbauen. Der Bogen spannt sich von Georges Braque und Pablo Picasso bis Jackson Pollock und Georg Baselitz, hinzu kommen Werkgruppen von Ernst Ludwig Kirchner, Max Beckmann, Giorgio de Chirico, Piet Mondrian, Max Ernst, René Magritte, Joan Miró, Robert Rauschenberg, Andy Warhol. Ein großes Konvolut mit Zeichnungen und Tuschen von Julius Bissier gehört ebenfalls dazu.

Nachdem die Sammlung zunächst im Schloss Jägerhof untergebracht war, erhielt sie 1986 ein neues Gebäude am Grabbeplatz, das nach Plänen der däni-

Jackson Pollock, *Number 32,* 1950

Bei K21 im Ständehaus erhält der Innenhof Tageslicht von der unverwechselbaren neuen Glaskuppel, die auch das äußere Erscheinungsbild prägt.

schen Architekten Hans Dissing und Otto Weitling erbaut wurde. Die dunkle, spiegelnde Fassade mit ihrer bogenförmigen Linienführung hat dem Platz sein charakteristisches Gesicht verliehen.

Armin Zweite, Direktor von 1990 bis 2007, erwarb erstmals Werke von Joseph Beuys, der in Düsseldorf gelebt und an der Akademie bis 1972 gelehrt hatte, und mit der Sammlung Ulbricht einen der letzten großen Werkkomplexe des Künstlers. Nachdem die Stadt sich entschlossen hatte, das leer stehende Ständehaus aus dem 19. Jh. der Landesgalerie zur Verfügung zu stellen, wurde es von dem Münchner Architekten Uwe Kiessler grundlegend umgebaut und saniert. Die Erweiterungsmöglichkeit auf zwei Standorte war Anlass, die Kunstsammlung in K20 und K21 zu teilen, sodass im Haus am Grabbeplatz (K20) die Werke des 20. Jh. zu sehen sind, und seit der Eröffnung 2002 im Ständehaus (K21) am Schwanenspiegel die Werke von den 1980er-Jahren bis zur Gegenwart. Sie umfasst fotografische Werke (Bernd und Hilla Becher, Andreas Gursky, Candida Höfer, Thomas Ruff, Thomas Struth, Jeff Wall) und herausragende Arbeiten von Künstlern wie Christian Boltanski, Tony Cragg, Richard Deacon, Thomas Demand, Fischli & Weiss, Thomas Hirschhorn, Imi Knoebel, Tony Oursler, Thomas Schütte, Bill Viola, Rachel Whiteread. Hinzu gekommen ist seit 2004 die Sammlung Ackermans (Katharina Fritsch, Robert Gober, Paul McCarthy, Thomas Schütte, Franz West).

Das Haus am Grabbeplatz wird derzeit grundlegend saniert und renoviert, während gleichzeitig ein neuer zweigeschossiger Erweiterungsbau des Museums entsteht. Die Wiedereröffnung ist für Sommer 2010 vorgesehen.

K20 Kunstsammlung Nordrhein-Westfalen
Grabbeplatz 5
40213 Düsseldorf
Telefon: +49 (0) 2 11 / 8 38 11 30
E-Mail: info@kunstsammlung.de
www.kunstsammlung.de

K21 Kunstsammlung Nordrhein-Westfalen
Ständehausstraße 1
40217 Düsseldorf
Telefon: +49 (0) 2 11 / 8 38 16 00

Öffnungszeiten
Di–Fr 10:00–18:00 Uhr
Sa, So, Feiertage 11:00–18:00 Uhr
Erster Mittwoch im Monat 10:00–22:00 Uhr

Für das seit 2002 bestehende Museum für Europäische Gartenkunst könnte man sich keinen besseren Ort vorstellen: Im Ostflügel des barocken Lustschlosses Benrath untergebracht, ist es von einer strahlenförmigen Parkanlage mit verschiedenen Gärten umgeben, in der Gartenkunst live erlebt werden kann. Schloss und Park wurden ab 1755 nach Plänen des Architekten Nicolas de Pigage für Kurfürst Carl Theodor erbaut und bilden ein selten gut erhaltenes Gesamtkunstwerk.

Das Museum stellt anhand von Skulpturen, Gemälden, Grafiken, kostbarem Porzellan und bibliophilen Büchern die Geschichte und die Bedeutung von Gärten vor. Der Besucher erfährt zunächst, wie sich der Mensch die Elemente Feuer, Wasser, Erde und Luft bei der Anlage und Pflege eines Gartens zunutze gemacht hat. Den pragmatischen Bezug dazu liefert der »Gartenschuppen«, in dem historische Geräte und Töpfe aufgereiht stehen. Dann werden die wichtigen gartenkunsthistorischen Epochen von der Antike über das Mittelalter bis zur Renaissance in Italien, dem Barock in Frankreich und schließlich dem 18. Jh. in England präsentiert. Ein besonderes Highlight ist das kostbare, um 1510 verfasste Stundenbuch *Book of Hours of Sir R of England,* dessen 24 Illustrationen die Arbeit und Freude im Garten im Wechsel der Jahreszeiten zeigen. Literarische Beispiele zur Gartenkunst und Themen wie »Mythen und Märchen«, »Der Garten als Apotheke«, »Lustwandeln und Spazierengehen« sowie die Geschichte von Schloss und Park Benrath runden die Ausstellung ab. Zusätzlich sind Wechselausstellungen zu historischen wie zeitgenössischen Gärten und Parks, Landschaftsarchitekten und Künstlern zu sehen.

Museum für Europäische Gartenkunst
Stiftung Schloss und Park Benrath
Benrather Schlossallee 100–106
40597 Düsseldorf
Telefon: +49 (0) 2 11 / 8 99 71 40
E-Mail: verwaltung@schloss-benrath.de
www.schloss-benrath.de

Öffnungszeiten

16. April bis 31. Oktober
Di–So 10:00–18:00 Uhr

1. November bis 15. April
Di–So 10:00–17:00 Uhr

Der Innenhof des Museums im Ostflügel von Schloss Benrath

Der Ehrenhof wurde anlässlich der Ausstellung »Gesolei« 1926 errichtet.

Das museum kunst palast befindet sich im Ehrenhof, der zu einer architekturhistorisch wertvollen Anlage gehört, die am Rheinufer anlässlich der großen Ausstellung Gesolei 1926 erbaut wurde. Von 1999 bis 2000 erfolgte der Abriss des östlichen Flügels, hinter dessen Fassade ein Neubau entstand, der die Ausstellungsfläche des Museums auf insgesamt 9000 m^2 erweiterte. Das breite Spektrum des Museums umfasst Gemälde und Skulpturen vom Mittelalter bis zur Gegenwart, eine Graphische Sammlung sowie Spezialsammlungen zu Kunstgewerbe, Kunsthandwerk, Design und Glaskunst.

Die Wurzeln der Gemäldesammlung reichen zurück zu der einst berühmten Gemäldegalerie des Kurfürsten Johann Wilhelm von der Pfalz und seiner Frau. Von ihrer Sammlung, heute in der Alten Pinakothek in München, sind rund 30 Gemälde in Düsseldorf verblieben, darunter hauptsächlich Werke der italienischen, flämischen und niederländischen Malerei der Renaissance und des Barock (Peter Paul Rubens). Später kamen Gemälde der Düsseldorfer Malerschule hinzu und bedeutende Werke des 19. Jh. (Arnold Böcklin, Caspar David Friedrich, Adolph von Menzel). Die Skulpturensammlung konzentriert sich auf Romanik, Gotik und Barock. Schwerpunkte für die Kunst des 20. Jh. sind Expressionismus, Neue Sachlichkeit und Junges Rheinland. Die Kunst nach 1945 zeigt neben verschiedenen Kunstrichtungen die lebendige Szene der 1960er- und 1970er-Jahre rund um die Kunstakademie.

Die Graphische Sammlung glänzt mit europäischen Werken vom 15. bis zum 21. Jh. Herausragend sind die italienischen Zeichnungen des Barock (Gianlorenzo Bernini, Pietro da Cortona) und der Renaissance (Raffael, Perugino, Antonio del Pollaiuolo), ferner der niederländischen und der französischen

museum kunst palast
Ehrenhof 4–5
40479 Düsseldorf
Telefon: +49 (0) 2 11 / 8 92 42 42
und +49 (0) 2 11/ 8 99 24 60
E-Mail: info@museum-kunst-palast.de
www.museum-kunst-palast.de

Öffnungszeiten
Di–So 11:00–18:00 Uhr

Bilder der Düsseldorfer Malerschule stehen zeitgenössischen Werken gegenüber: Ulrike Rosenbach, *Hauben für eine verheiratete Frau,* 1973 (links), und Anke Landschreiber, *Gloria dei,* 1996/97 (rechts).

Schule. Hinzu kommen Kupferstiche (Martin Schongauer), Radierungen (Schule von Fontainebleau), Zeichnungen der deutschen Romantik und der Düsseldorfer Malerschule. Für die erste Hälfte des 20. Jh. stehen zahlreiche Druckgrafiken des Expressionismus, für die zweite Hälfte Beispiele der informellen und konkreten Kunst. Ferner sind kunsthandwerkliche Möbel, Zierkästen und Schatullen vom 15. bis 19. Jh. ebenso zu finden wie eine Sammlung von Bucheinbänden, Schlössern, Medaillen, Pokalen und kostbaren alten Haus- und Sakralgeräten. Das moderne Design umfasst Möbel, Leuchten, Hausrat, Geschirr, Elektrogeräte. Mit mehr als 6000 Objekten dokumentiert die Textilsammlung die Geschichte der europäischen und orientalischen Textilkunst von der Spätantike bis ins frühe 20. Jh. Die Dauerausstellung »360 art« bietet einen thematischen Überblick über Exponate aus allen anderen Abteilungen.

Das dem museum kunst palast angegliederte Glasmuseum Hentrich verdankt ein Drittel seines Bestandes der Schenkung des Düsseldorfer Architekten Helmut Hentrich (1905–2001), die um weitere Sammlungen hochwertiger Kunstwerke aus Glas erweitert wurde. Im »Schatzhaus« werden Kostbarkeiten wie Ohrschmuck, Vasen, Gefäße und Kunstobjekte von der Antike bis zur Gegenwart gezeigt.

Emden entwickelte sich im 16. Jh. zu einer Hafenstadt von europäischem Rang. Der wirtschaftliche Aufschwung setzte ein, als während der Glaubenskriege in den Niederlanden Tausende von Flüchtlingen hier Aufnahme fanden und dauerhaft blieben. Sie prägten Kunst und Kultur sowie Architektur der Stadt maßgeblich. Die Einrichtung der Emdener Kunstsammlungen und der Rüstkammer geht auf den Beginn des 19. Jh. zurück.

Seit 2005 befindet sich das völlig neu gestaltete Ostfriesische Landesmuseum Emden im Rathaus am Delft, das zuvor umgebaut wurde. Hier erfährt man alles rund um Stadt und Region: Neben archäologischen Funden wird eine Moorleiche aus dem 8. Jh. präsentiert und die Entwicklung des Deichbaus an der Küste dargestellt. Ferner sind mittelalterliche Münzen und Skulpturen zu sehen. In der Goldenen Zeit des 16. und 17. Jh. wurden kunstvolle Silbergeräte hergestellt, darunter Vasen, Schalen, Bestecke. Die Gemäldegalerie zeigt mit ihren Werken, wie die kulturelle Blütezeit in den Niederlanden im 16. und 17. Jh. auch auf das Nachbarland übergriff. Das sogenannte Kalendarium erzählt anhand von Ausziehtafeln und Vitrinen, die Dokumente und kleine Objekte enthalten, aus der jüngeren Geschichte Emdens ab 1800. Im Filmkabinett zeigt eine einstündige Dokumentation das Leben in der Stadt vor und nach dem Zweiten Weltkrieg, andere Beiträge geben Einblicke, wie es sich heute gestaltet. Eine Besonderheit ist die umfangreiche Rüstkammer, in der Rüstungen und Waffen als einzigartige Beispiele des Selbstverteidigungswillens einer autonomen Stadt zu sehen sind. Zum Abschluss des Besuchs lohnt sich ein Gang auf den Turm, wo bis 1896 zur Beruhigung der Bürger der »Türmer« nächtliche Brandwache hielt.

Ostfriesisches Landesmuseum Emden
Rathaus am Delft
Neutorstraße 7–9
26721 Emden
Telefon: +49 (0) 49 21 / 87 20 58
E-Mail: landesmuseum@emden.de
www.landesmuseum-emden.de

Öffnungszeiten
Di–So 10:00–18:00 Uhr

Hinter dem verglasten neuen Eingang des ehemaligen Rathauses ist die Leuchtkasteninstallation zu sehen, die eine Emden-Vedute von Johann Mencke-Maeler von 1616 zeigt.

Das Museum Folkwang wurde 1902 von Karl Ernst Osthaus (1874–1921) in der westfälischen Industriestadt Hagen gegründet. Aus seinen Anfängen als Kunstsammlung mit naturkundlichen und kunstgewerblichen Abteilungen entwickelte es sich zu einem Museum für moderne Kunst. Es erwarb und zeigte als erste öffentliche Sammlung in Deutschland Werke der Wegbereiter der Moderne. Nach dem Tod des Gründers wurde die Sammlung Osthaus von dem eigens für diesen Zweck gegründeten Folkwang-Museumsverein für die Stadt Essen erworben und 1922 mit dem seit 1906 bestehenden Städtischen Kunstmuseum zum Museum Folkwang an seinem heutigen Standort vereinigt.

Das Museum zeigt heute deutsche und französische Malerei des 19. und 20. Jh. Die Pioniere der Moderne sind durch herausragende Gemälde von Künstlern wie Paul Cézanne, Paul Gauguin und Vincent van Gogh vertreten, außerdem sind die deutsche Romantik (Caspar David Friedrich, Carl Gustav Carus) sowie Gustave Courbet, Honoré Daumier, Edouard Manet, Pierre Auguste Renoir und Henri Matisse präsent. Hinzu kommen Werke der deutschen Expressionisten und des »Blauen Reiter«. Für die 1950er- und 1960er-Jahre stehen der amerikanische Abstrakte Expressionismus (Barnett Newman, Mark Rothko) und das deutsche Informel (Ernst Wilhelm Nay, Emil Schumacher). Die Sammlung umfasst rund 600 Gemälde sowie 280 Skulpturen und Objekte.

Die Grafische Sammlung verfügt mit rund 12 000 Arbeiten auf Papier über einen umfangreichen Bestand, darunter bedeutende Blätter aus dem 18. Jh. (Daniel Nicolaus Chodowiecki), 19. Jh. (Julius Schnorr von Carolsfeld, Edgar Degas, Vincent van Gogh) und 20. Jh. (Erich Heckel, Christian Rohlfs).

1978 wurde die Fotografische Sammlung als eigene Abteilung eingerichtet. Hier findet der Besucher künstlerische und dokumentarische Fotografie, der Fokus liegt vor allem auf der Darstellung des Menschen und der Architektur. Zeitlich liegen die Schwerpunkte auf den 1920er- und 1930er-Jahren sowie auf den 1950er- und 1960er-Jahren, außerdem sind das 19. Jh. und die Gegenwart vertreten. Der Bestand ist inzwischen auf 50 000 Fotografien gewach-

Paul Gauguin, *Contes Barbares,* 1902

Vincent van Gogh,
Armand Roulin, 1888

sen. Darüber hinaus werden Nachlässe mit Negativen, Geräten, Belegen und schriftlichen Dokumenten aufbewahrt.

Eine Besonderheit ist der relativ große Bestand antiker und außereuropäischer Kunst sowie an europäischem und außereuropäischem Kunstgewerbe von 4000 v. Chr. bis ins 19. Jh. Er geht auf Osthaus zurück, der von Anfang an auch Kunstgewerbe und Kleinkunst gesammelt hat. Diese Abteilung umfasst heute Exponate aus Europa, Afrika, Mittelamerika, Asien und der Südsee, darunter Antiken aus Griechenland und Ägypten, dem Irak und Iran, eine Fliesensammlung, eine Textilsammlung und eine Auswahl an Gläsern von der Antike bis in die Neuzeit.

Das Deutsche Plakat Museum, das mit rund 350 000 Plakaten die Entwicklung des deutschen Plakats umfassend dokumentiert, ist dem Museum Folkwang bislang organisatorisch angegliedert. Es wird ab 2010 im Neubau zu finden sein.

Nach Plänen des britischen Architekten David Chipperfield erhält das Museum Folkwang zurzeit einen großen Erweiterungsbau, der an das Gebäude von 1960 anschließt, und ein Neubau anstelle des Erweiterungsbaus aus den 1980er-Jahren entsteht, sodass dann insgesamt eine Ausstellungsfläche von 6200 m^2 bespielt werden kann. Während des Umbaus werden in der Essener Villa Hügel 120 Hauptwerke präsentiert, im Altbau werden bis April 2009 Wechselausstellungen gezeigt.

Museum Folkwang
Kahrstraße 16
45128 Essen
Telefon: +49 (0) 2 01 / 8 84 53 01
E-Mail: info@museum-folkwang.essen.de
www.museum-folkwang.de

Öffnungszeiten
Di–So 10:00–18:00 Uhr

Von einem Architekten für Architekten: das Haus im Haus mit klassischem Satteldach.

Deutsches Architekturmuseum
Schaumainkai 43
60596 Frankfurt am Main
Telefon: +49 (0) 69 / 21 23 88 44
E-Mail: info.dam@stadt-frankfurt.de
www.dam-online.de

Öffnungszeiten
Di, Do–So 11:00–18:00 Uhr
Mi 11:00–20:00 Uhr

Das Deutsche Architekturmuseum wurde 1984 in einer Gründerzeitvilla am Schaumainkai eingerichtet. Zuvor war das bis dahin als Wohnhaus genutzte Gebäude von dem Architekten Oswald Mathias Ungers umgebaut worden. Die Neugestaltung sollte nicht nur den funktionalen Ansprüchen eines Ausstellungshauses genügen, sondern auch das Thema Architektur selbst veranschaulichen. Bis auf die Außenmauern entkernt, entstand Raum für das »Haus im Haus« über einem Grundriss von 5 x 5 m. Erster Museumsleiter war der Kunst- und Architekturhistoriker Heinrich Klotz, der die Etablierung des Museums und seinen Sammlungsbestand maßgeblich prägte. Dieser umfasst heute rund 200 000 historisch wertvolle Architekturpläne, Zeichnungen, Skizzen, 800 Modelle, 40 Vor- und Nachlässe sowie Bilder und Möbel, ferner größere Konvolute zum Werk der Architekten Aldo Rossi, Robert Venturi und James Stirling, die Collagen der englischen Gruppe Archigram und das Modell des berühmten Einstein-Turms von Erich Mendelsohn aus dem Jahr 1917. Seit 2001 ist die ursprünglich von Klotz konzipierte Dauerausstellung »Von der Urhütte bis zum Wolkenkratzer« wieder zu sehen, die anhand von 24 Modellpanoramen Bauten und Städte als Zeugnisse der Geschichte präsentiert, um kulturelle Entwicklungen und gesellschaftliche Strukturen zu veranschaulichen. Daneben werden Sonderausstellungen gezeigt, die sich mit monografischen, stilistischen oder gattungsspezifischen Fragen der Baukunst beschäftigen.

Das Deutsche Filmmuseum gehört zum Deutschen Filminstitut (DIF), dem ältesten seiner Art in Deutschland. Es sammelt, konserviert, restauriert Filme und macht sie der Öffentlichkeit zugänglich. Diesen Aufgaben widmet sich das Museum seit 1984.

Die Dauerausstellung veranschaulicht die Geschichte von Film, Filmproduktion und Kino. Im ersten Teil sind optische Geräte aus der Vorgeschichte des Films zu sehen, die auf visuelle Effekte und Täuschungen abzielen: Spiegeltricks, Guckkästen oder Panoramen (als Modell). Eine begehbare Camera obscura ist auf den Main und die Skyline von Frankfurt gerichtet. Entscheidend war die Entdeckung, dass statische Bilder der Phasen einer Bewegung, die in rascher Abfolge vorgeführt werden, den Eindruck eines Bewegungsablaufs hervorrufen. Originale und Funktionsmodelle veranschaulichen dieses Phänomen. Zudem sind technische Erfindungen ausgestellt, die Ende des 19. Jh. bewegte Bilder hervorriefen, sodass nun kleine Geschichten erzählt werden konnten. Im zweiten Teil werden die zentralen Arbeitsschritte der Filmproduktion im 20. Jh. dargestellt und erläutert. Wie entstehen Filme? Welche künstlerischen und technischen Elemente gehören zur Filmproduktion? In einem kleinen Kino werden Dokumentationen zum Thema Film gezeigt. Das dazugehörige Kinofoyer ist im Stil der 1920er-Jahre eingerichtet, der ersten Blütezeit des Films. Hier sind historische Plakate, Programme und Fotografien aus der Stummfilmzeit zu sehen. Auch der nachgebaute Teil einer Filmkulisse fehlt nicht, um sich wie ein Schauspieler am Set fühlen zu können. Zusätzliche Sonderausstellungen beschäftigen sich mit einem Filmthema oder porträtieren einzelne Filmkünstler.

Deutsches Filmmuseum
Schaumainkai 41
60596 Frankfurt am Main
Telefon: +49 (0) 69 / 9 61 22 00
E-Mail: info@deutsches-filminstitut.de
www.deutschesfilmmuseum.de

Öffnungszeiten
Di, Do, Fr 10:00–17:00 Uhr
Mi, So 10:00–19:00 Uhr
Sa 14:00–19:00 Uhr

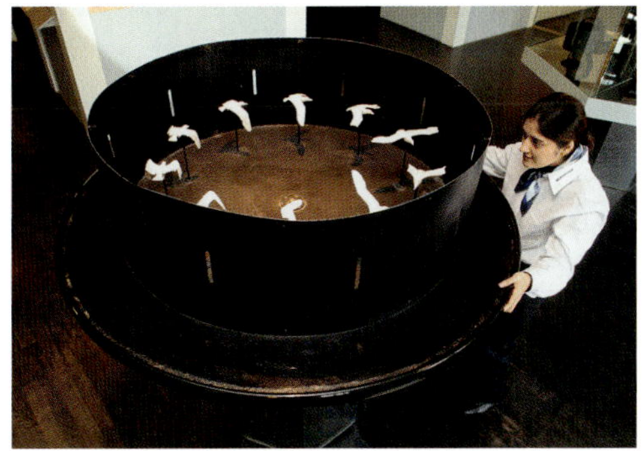

Das Modell zeigt, wie es geht: Bewegt sich das Innere, meint der Betrachter einen fliegenden Vogel zu sehen.

Das Goethe-Haus am Großen Hirschgraben zählt zu den wichtigsten und ältesten Gedenkstätten für einen deutschen Dichter. Träger ist das Freie Deutsche Hochstift, das es 1863 erwarb. Als »Goethe-Museum« wurde es 1897 zusammen mit einer Bibliothek und einem Ausstellungssaal eröffnet. Heute ist eine genaue Rekonstruktion des im Zweiten Weltkrieg weitgehend zerstörten Gebäudes zu sehen. In 16 Räumen auf vier Etagen ist die häusliche Welt, in der Johann Wolfgang von Goethe (1749–1832) seine Kindheit verlebte, dokumentiert.

Johann Caspar Goethe, der Vater des Dichters, ließ 1755/56 am Rand der alten Innenstadt zwei benachbarte Fachwerkhäuser, die er geerbt hatte, zu einem neuen Wohnsitz umbauen, der gediegenen Wohlstand zum Ausdruck bringen sollte. Im Erdgeschoss befinden sich neben der Küche mit Wasserpumpe und den Wirtschaftsräumen die Gelbe Stube, das Empfangszimmer, und die Blaue Stube, die der Familie als Speisezimmer diente. Im ersten Stock liegen die Repräsentationsräume, der Salon Peking, aufgrund seiner Ausstattung auch Rote Stube genannt, zu seinen beiden Seiten Kabinette, ferner das Kaminstübchen. Im zweiten und dritten Stock sind die privaten Räume der Familie zu finden, die Bibliothek, das Gemäldekabinett, auch ein Puppentheater sowie ein Musikzimmer waren eingerichtet. Eindrucksvoll ist die Treppenanlage, die alle Stockwerke verbin-

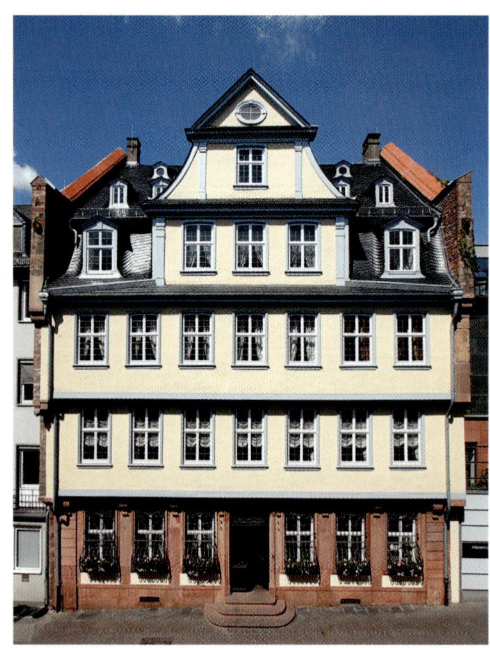

So wird das Goethe-Haus am Großen Hirschgraben einst ausgesehen haben.

Die Wohnräume der Familie Goethe wurden weitgehend originalgetreu eingerichtet.

Goethe-Haus und Goethe-Museum
Großer Hirschgraben 23–25
60311 Frankfurt am Main
Telefon: +49 (0) 69 / 13 88 00
E-Mail: info@goethehaus-frankfurt.de
www.goethehaus-frankfurt.de

Öffnungszeiten
Mo–Sa 10:00–18:00 Uhr
So 10:00–17:30 Uhr

det. Da das gesamte Inventar rechtzeitig ausgelagert wurde und den Zweiten Weltkrieg unversehrt überstand, kann heute ein anschauliches Bild von den Lebensverhältnissen einer wohlhabenden Bürgerfamilie Mitte des 18. Jh. vermittelt werden.

Nebenan befindet sich das Goethe-Museum, das mit dem Wohnhaus verbunden ist. Hier werden Gemälde bedeutender Künstler des deutschsprachigen Raums vom Spätbarock über den Sturm und Drang, den Klassizismus und die Romantik bis zum Biedermeier gezeigt. Die Bibliothek umfasst rund 120 000 Bände, hauptsächlich deutsche Literatur der Zeit von 1740 bis 1840. Schwerpunkte sind Goethe und sein Umkreis sowie die Romantik. In der Handschriften-Sammlung werden rund 40 000 Briefe, handschriftliche Aufzeichnungen und Tagebücher aufbewahrt, hauptsächlich von Goethe, seinen Zeitgenossen und weiteren Schriftstellern (Bettine und Achim von Arnim, Clemens Brentano, Joseph von Eichendorff, Hugo von Hofmannsthal, Novalis). Die Graphische Sammlung enthält rund 15 000 Handzeichnungen. Damit bietet das Museum eine einzigartige Sammlung zur Goethezeit. Die Sammeltätigkeit begann 1863 mit dem Erwerb des Goethe-Hauses durch das Freie Deutsche Hochstift.

Am 11. Oktober 1907 beschlossen die Stadt Frankfurt und das Städelsche Kunstinstitut die Angliederung einer Städtischen Galerie. Damit wurde dem Städel zum einen der Weg zur klassischen Moderne geebnet, zum anderen gehörte zu dieser neuen Institution nun eine Skulpturensammlung für Werke der »Kulturvölker der historischen Zeiten«. Dieses »Museum alter Plastik« wurde in der Nähe des Städel, in der Villa des böhmischen Textilfabrikanten Heinrich Baron von Liebieg (1839–1904) eingerichtet. Er hatte sein Haus, inmitten eines kleinen Parks am Schaumainkai gelegen, der Stadt unter der Bedingung vermacht, dass es dauerhaft als Kunstmuseum genutzt werden sollte. 1909 für die Skulpturensammlung umgebaut, hieß es im Volksmund bald nur noch »Liebieghaus«.

Aufgrund der geschickten Ankaufspolitik konnte der Gründungsdirektor Georg Swarzenski die Sammlung zügig erweitern, zudem erwarben Frankfurter Bürger hochwertige Werke, die sie dem neuen Museum schenkten, sodass es bereits zur Eröffnung 350 Objekte besaß. Hinzu kamen so bedeutende Privatsammlungen wie die des renommierten Archäologen Adolf Furtwängler. Eine kommunale Skulpturensammlung, die rund 5000 Jahre umspannt, mit europäischen wie außereuropäischen Werken aus antiker und nachantiker Zeit – das war damals ebenso außergewöhnlich wie heute. Bis 1930 unterstützten wohlhabende Frankfurter Familien das städtische Museum. Swarzenski wurde als Jude 1933 jedoch seiner Ämter enthoben und musste 1938 in die USA emigrieren. Nach dem Zweiten

Die farbige Wandgestaltung und die behutsame Beleuchtung verleihen den mittelalterlichen Statuen eine neue Wirkung.

Weltkrieg konnten aufgrund der Zerstörung die Abteilungen erst nach und nach wieder zugänglich gemacht werden. Ab 1969 leitete Herbert Beck für drei Jahrzehnte das Haus, dem er neue Impulse gab, unter anderem spannte er den Bogen bis zum Klassizismus.

Im Frühjahr 2008 wurden die Abteilungen Mittelalter und Renaissance bis Rokoko in neuer Präsentation eröffnet. Die Ausstellungsräume zeigen die Skulpturen nun vor einem von Raum zu Raum variierenden, farbig gehaltenen Hintergrund, der ihre Individualität und Schönheit betont. Seitdem ist auch erstmals das Dachgeschoss, in dem in der originalen historistischen Ausstattung Studioli eingerichtet wurden, zugänglich. Eine Neugestaltung wird auch die Abteilung Antike erfahren. Die Eröffnung ist für das Frühjahr 2009 geplant.

Die Sammlung umfasst mittlerweile 3000 plastische Werke, darunter Meisterwerke wie die *Athena* des frühklassischen Bildhauers Myron (um 450 v. Chr.), ein Kreuzigungsaltar aus Rimini (um 1430), die *Heilige Dreifaltigkeit* von Hans Multscher (um 1430), der Apoll vom Belvedere von Pier Jacopo Alari Bonacolsi (1497/98), die *Muttergottes* von Tilman Riemenschneider (um 1520) und die im Krieg zerstörte und durch eine Restaurierung seit 1977 wiedergewonnene *Ariadne auf dem Panther* von Johann Heinrich Dannecker (1803–14).

Liebieghaus
Schaumainkai 71
60596 Frankfurt am Main
Telefon: +49 (0) 69 / 650 04 90
E-Mail: info@liebieghaus.de
www.liebieghaus.de

Öffnungszeiten
Di, Fr–So 10:00–17:00 Uhr
Mi, Do 10:00–21:00 Uhr

Athena des Myron, Römische Wiederholung einer Bronzefigur aus einer Gruppe von ca. 450 v. Chr.

Angesichts der zunehmenden Industrialisierung verspürte man vielerorts das Bedürfnis, herausragende Zeugnisse des Kunsthandwerks zusammenzutragen. In Frankfurt am Main wurde zu diesem Zweck 1877 mit Unterstützung aus der Bürgerschaft der Mitteldeutsche Kunstgewerbeverein als Träger eines Museums und einer Kunstschule gegründet. Seit 1921 eine städtische Einrichtung, zeigt das Museum für Angewandte Kunst europäisches und außereuropäisches Kunsthandwerk vom Mittelalter bis zur Gegenwart. Es befindet sich in der Villa Metzler, die 1985 von dem amerikanischen Architekten Richard Meier um drei weiße, miteinander verbundene Kuben erweitert wurde.

Die umfangreichen Sammlungen europäischer Handwerkskunst vom 12. Jh. bis um 1900 zeigen die Entwicklung von Innenausstattungen anhand von Möbeln und Textilien, Metall- und Goldschmiedekunst, Glas und Keramik. Die Designabteilung präsentiert Gebrauchsgegenstände aus industrieller Fertigung ab etwa 1900. Das außereuropäische Kunsthandwerk stammt aus China, Japan, Korea und dem Vorderen Orient: Teppiche, Keramiken, Metall- und Glasarbeiten, Buch- und Holzschnittkunst des 17. und 18. Jh. sowie Lackarbeiten. Die Abteilung Buchkunst und Grafik umfasst mehr als 20 000 Exponate: mittelalterliche Stundenbücher, Almanache, Kalender. Ferner werden alle Arbeitsschritte gezeigt, die für die Herstellung eines Buches erforderlich sind. Schwerpunkt ist die moderne und zeitgenössische Buchkunst mit ihren vielfältigen drucktechnischen sowie künstlerischen Möglichkeiten. Die Grafiksammlung enthält Ornamentstiche und Entwurfszeichnungen von der Renaissance bis zum 19. Jh. sowie Spielkarten, Modekupfer, Flugblätter, Berufsdarstellungen und alte Urkunden, aber auch Grafikdesign des 20. und 21. Jh.

Museum für Angewandte Kunst
Schaumainkai 17
60594 Frankfurt am Main
Telefon: +49 (0) 69 /21 23 40 37
E-Mail: info.angewandte-kunst@stadt-frankfurt.de
www.angewandtekunst-frankfurt.de

Öffnungszeiten
Di, Do–So 10:00–17:00 Uhr
Mi 10:00–21:00 Uhr

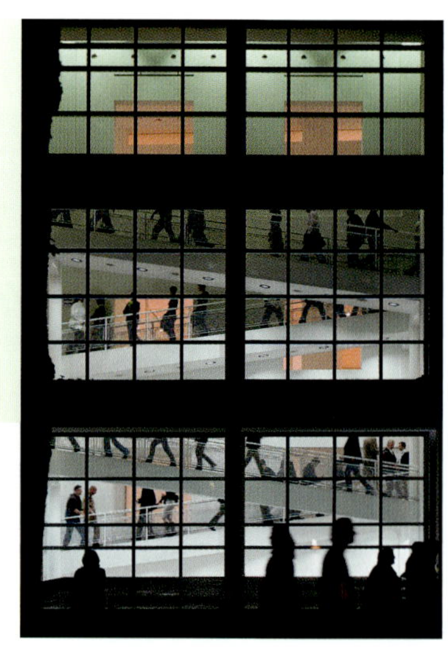

Im strahlend weißen Gebäude von Richard Meier führen Rampen die Besucher zu den oberen Stockwerken.

Von oben betrachtet, lässt sich am besten erkennen, warum das Museumsgebäude gerne mit einem Tortenstück verglichen wird.

Museum für Moderne Kunst
Domstraße 10
60311 Frankfurt am Main
Telefon: +49 (0) 69 / 21 23 04 47
E-Mail: mmk@stadt-frankfurt.de
www.mmk-frankfurt.de

Öffnungszeiten
Di–So 10:00–18:00 Uhr

Grundstock für das Museum für Moderne Kunst war das Erbe des Darmstädter Sammlers Karl Ströher (1890–1977), das dieser der Stadt vermachte. Einen Teil seiner Sammlung bedeutender Werke amerikanischer und deutscher Kunst der 1960er-Jahre erwarb die Stadt Frankfurt 1981, darunter Werkgruppen von Künstlern der Pop-Art (Roy Lichtenstein, Robert Rauschenberg, Andy Warhol) und des Minimalismus (Carl Andre, Dan Flavin, Donald Judd) ebenso wie Werke von Joseph Beuys, Blinky Palermo, Reiner Ruthenbeck. Seit 1991 stehen der Sammlung im charakteristischen, dreiecksförmigen Museumsneubau des österreichischen Architekten Hans Hollein rund 40 individuelle Räume zur Verfügung.

Um für eine Erweiterung der Sammlung Ströher den Bogen von den 1960er-Jahren bis zur Gegenwart spannen zu können, kamen in erster Linie Werke von solchen Künstlern hinzu, deren Schaffen für diesen langen Zeitraum kontinuierlich verlief, so wie bei On Kawaras *Date Paintings* (1966–91) oder den Fotoserien von Bernd und Hilla Becher (1961–91). Anna und Bernhard Blume, Jeff Wall, Christian Boltanski, Lothar Baumgarten, Hanne Darboven gehören zur mittleren Generation der zeitgenössischen Künstler, deren Werke darüber hinaus aufgenommen wurden. Stephan Balkenhol, Günther Förg, Bill Viola, Reinhard Mucha, Katharina Fritsch, Jochem Hendricks, Axel Kasseböhmer, Rosemarie Trockel gehören zur jüngeren Generation. Die Bestände des Hauses werden in ständig wechselnden Ausstellungen präsentiert.

Das Senckenberg-Museum gehört zu den großen Naturkundemuseen Deutschlands und zeigt die Vielfalt des Lebens, die Entwicklung der Lebewesen und die Verwandlung der Erde über den unvorstellbar langen Zeitraum von vier Milliarden Jahren. Auch aktuelle Forschungsergebnisse aus Biologie, Paläontologie und Geologie werden vorgestellt, da ein gleichnamiges wissenschaftliches Institut angegliedert ist. Bereits 1821 eröffnete die vier Jahre zuvor von Frankfurter Bürgern ins Leben gerufene Senckenbergische Naturforschende Gesellschaft ein öffentliches Naturalienkabinett, das 1907 ein eigenes Gebäude erhielt.

Hauptattraktion sind die zahlreichen Skelette von Großsauriern, darunter der größte Flugsaurier der Welt mit einer Flügelspannweite von 12 m oder die Papageienechse, die mit deutlich erkennbarer Beborstung und Mageninhalt eine Besonderheit ist. Weitere Abteilungen zeigen Säugetiere, Insekten, Vögel oder das Leben in der Tiefe der Ozeane. Thematisch ausgerichtete Vitrinen ergänzen den neu gestalteten Ausstellungsbereich für Reptilien und Amphibien. Ferner ist eine Abteilung dem UNESCO-Weltnaturerbe »Grube Messel« gewidmet, deren Erforschung von den Wissenschaftlern des Instituts federführend betreut wird. Die dortigen Fossilienlagerstätten geben immer wieder spektakuläre Tier- und Pflanzenfunde frei. Ferner werden im Kino Naturfilme gezeigt, Sonderausstellungen greifen Themen wie den Klimawandel auf. Hinter den Kulissen befindet sich außerdem eine rund 23 Millionen Objekte umfassende Sammlung mit Tieren, Pflanzen und Gesteinen aus aller Welt. Sie liefert wichtige Daten für die aktuelle Grundlagenforschung.

Senckenberg-Museum
Senckenberganlage 25
60325 Frankfurt am Main
Telefon: +49 (0) 69 / 7 54 20
www.senckenberg.de

Öffnungszeiten
Mo, Di, Do, Fr 9:00–17:00 Uhr
Mi 9:00–20:00 Uhr
Sa, So 9:00–18:00 Uhr

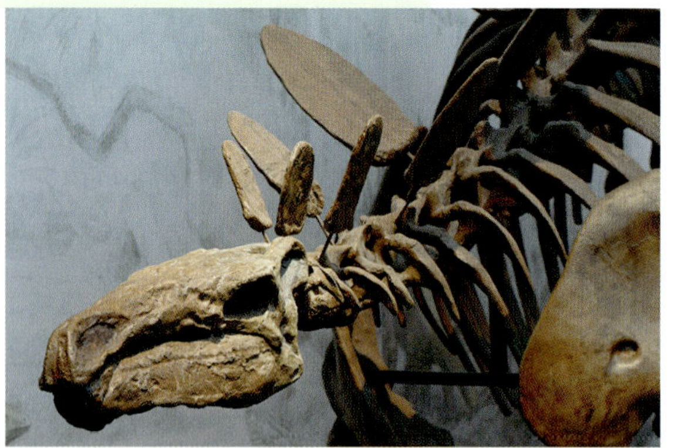

Der Stegosaurus lebte vor 155 bis 145 Millionen Jahren vorwiegend in Nordamerika und konnte 9 m lang und 4 m hoch werden.

Die Gründung des Städel mit seinen Schätzen wurde von Frankfurter Bürgern ermöglicht.

Das Städel Museum, das Meisterwerke vom 14. Jh. bis zur Gegenwart präsentiert, gehört zu den bedeutendsten und ältesten Kunstmuseen Deutschlands. Sein Bestand umfasst rund 2800 Gemälde, 600 Skulpturen, über 100 000 Zeichnungen und Druckgrafiken. Zu Beginn des 19. Jh. entwickelte sich Frankfurt zu einem Kunst- und Kulturzentrum, das von einem ausgeprägten Mäzenatentum der Bürger getragen wurde. Einer von ihnen war der Kaufmann Johann Friedrich Städel (1728–1816), der am Rossmarkt sein Wohnhaus, in dem auch seine Gemälde, Zeichnungen, Grafiken, Kleinplastiken und Bücher untergebracht waren, hatte errichten lassen. Er vermachte sein Vermögen einer Stiftung, und mit dieser ersten Stiftung deutschen Rechts ergriff ein Bürger die Initiative zur Förderung von Kunst, bis dahin eine Sache von Adel und Klerus. Eine Besonderheit war zudem, dass Städel in Verbindung mit dem Museum eine Ausbildungsstätte für Künstler ins Leben rief: die bis heute existierende renommierte Städelschule.

Als der Bestand der Sammlung Mitte des 19. Jh. zunahm, waren neue Räumlichkeiten erforderlich. 1878 zog das Städel in einen von Oskar Sommer geplanten Neubau am Schaumainkai, dem »Museumsufer«, wo es sich noch heute befindet. Zum weiteren Ausbau der Sammlung trägt der 1899 gegründete Städelsche Museums-Verein seitdem maßgeblich bei, 1907 konnte ferner die neue Städtische Galerie in das Städel integriert werden.

Die Sammlung mittelalterlicher Kunst zeigt wichtige deutsche und italienische Gemälde vom 14. bis 16. Jh., darunter Werke von Andrea Mantegna, Sandro Botticelli, Hans Holbein d. Ä., Lucas Cranach d. Ä. Umfassend ist die niederländische Malerei vom 15. bis 17. Jh. vertreten. Seit Beginn des 15. Jh. gehörten die Niederlande zu den wichtigsten Zentren europäischer Kunst. Die neue Maltechnik, Öl anstelle der traditionel-

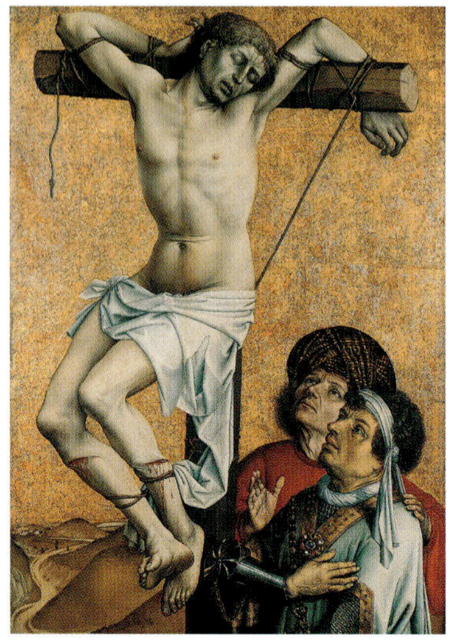

Robert Campin, Meister von Flémalle, *Der Schächer zur Linken Christi* (Fragment eines Triptychonflügels), 15. Jh.

len Tempera als Bindemittel zu verwenden, setzten die Künstler dort als erste ein. Die nun erweiterte Möglichkeit, Farbe leuchtend und Details verfeinert darzustellen, zeigen Werke von Robert Campin (Meister von Flémalle), Rogier van der Weyden, Hans Memling für das 15. Jh. und Frans Hals, Rembrandt, Jan Vermeeer für das 16. und 17. Jh. Für das 17. und 18. Jh. stehen Werke von Künstlern wie Giovanni Battista Tiepolo, Nicolas Poussin, Jean-Antoine Watteau, Claude Lorrain, Adam Elsheimer, Jacob Philipp Hackert. Unter den Werken des 19. Jh. sind nicht nur bedeutende Gemälde der deutschen Romantik und des französischen Impressionismus zu finden, sondern auch Skulpturen von Wegbereitern wie Edgar Degas und Auguste Rodin. Die Kunst des 20. Jh. wird vorwiegend von Gemälden der klassischen Moderne (Pablo Picasso, Henri Matisse, Pierre Bonnard, Edvard Munch, Max Beckmann) und Skulpturen (Naum Gabo, Wilhelm Lehmbruck) repräsentiert. Werke ab 1945 bis zur Gegenwart stammen von Jörg Immendorff, Martin Kippenberger, Ulrich Rückriem, Sigmar Polke. Jüngst hinzu gekommen sind 600 Werke aus der Sammlung Deutsche Bank (Anselm Kiefer, Imi Knoebel, Markus Lüpertz, Gerhard Richter) sowie ein großes Konvolut der DZ Bank Kunstsammlung mit 200 Fotografien (Richard Avedon, Olafur Eliasson, Nan Goldin, Andreas Gursky, Robert Mapplethorpe, Thomas Struth). Einen bedeutenden Bestand kann die Graphische Sammlung vorweisen mit Zeichnungen, Aquarellen und Druckgrafiken vom Spätmittelalter bis heute (Raffael, Peter Paul Rubens, Jean-Antoine Watteau, Paul Klee). Derzeit entsteht nach Plänen des Frankfurter Architekturbüros Schneider + Schumacher unter dem Städelgarten ein weitläufiger Erweiterungsbau mit einer Sammlungs- und Ausstellungsfläche von 3000 m^2. Er wird voraussichtlich 2011 eröffnet, um Kunst nach 1945 zu präsentieren.

Städel Museum
Schaumainkai 63
60596 Frankfurt am Main
Telefon: +49 (0) 69 / 6 05 09 80
E-Mail: info@staedelmuseum.de
www.staedelmuseum.de

Öffnungszeiten
Di, Fr–So 10:00–18:00 Uhr
Mi, Do 10:00–21:00 Uhr

In Frankfurt an der Oder wurde im gotischen Rathaus, einem der schönsten Backsteinbauten der ehemaligen Hansestadt, 1965 die »Galerie Junge Kunst« gegründet. Zentraler Ausstellungsort ist die zweischiffige Halle, die ursprünglich Marktzwecken gedient hatte, als zweiter Ort steht der PackHof zur Verfügung. Bis 1990 wurden Kunstwerke gesammelt, die »die Entwicklung des sozialistischen Realismus in der DDR« dokumentierten. Der Stil sollte realistisch, figurativ, kämpferisch, vorbildhaft und erbaulich sein. Aus dieser politischen Intention heraus ist auch der Begriff »Junge Kunst« zu verstehen, der sich nicht auf Arbeiten junger Künstler bezieht, sondern auf die Kunst eines jungen Staates.

Heute konzentrieren sich die Sammlung und die wechselnden Ausstellungen des Museums in erster Linie auf Gemälde, Skulpturen und Objekte, die von 1945 bis heute in Ostdeutschland geschaffen wurden. Seit dem Erfolg der Leipziger Schule ist die Kunst in den neuen Bundesländern nicht nur in den nationalen Fokus für Gegenwartsmalerei gerückt, sondern ebenso in den internationalen. Neo Rauch, der populärste Vertreter der Leipziger Schule, ist hier mit seinem Werk *Sog* von 1993 vertreten. Zu den auch in Westdeutschland bekannten Künstlern zählen ferner Norbert Bisky, Bernhard Heisig, Wolfgang Mattheuer, Carsten Nicolai, A. R. Penck, Werner Tübke, deren Gemälde zur Sammlung gehören. Da bis zu Beginn der 1980er-Jahre keine nonfigurative Kunst erworben werden durfte, überwiegen auch bei den Skulpturen gegenständliche Darstellungen (Olaf Nicolai, Hans Scheib). Sehenswert sind nicht zuletzt die Arbeiten auf Papier: 8000 Druckgrafiken, 2000 Aquarelle und Zeichnungen (Gerhard Altenbourg, Conrad Felixmüller, George Grosz).

Neo Rauch, *Sog,* 1993, Öl auf Papier

Museum Junge Kunst Frankfurt
Rathaushalle
Marktplatz 1
15230 Frankfurt an der Oder
Telefon: +49 (0) 3 35 / 40 15 60 10
E-Mail: Verwaltung@museum-junge-kunst.de
www.museum-junge-kunst.de

PackHof
Carl-Philipp-Emanuel-Bach-Straße 11
Telefon: +49 (0) 3 35 / 40 15 60

Öffnungszeiten
Di–So 11:00–17:00 Uhr

Emil Schumacher, einem der bedeutendsten deutschen Maler, ist seit 2009 ein eigenes Museum gewidmet.

Emil Schumacher Museum Hagen
Museumsplatz 1
58095 Hagen
E-Mail: info@esmh.de
www.esmh.de

Unmittelbar neben dem Karl Ernst Osthaus Museum entsteht derzeit ein Neubau, der mit diesem durch ein gemeinsames Foyer verbunden sein wird. In seinen Räumen eröffnet am 28. August 2009 das Emil Schumacher Museum. Der Entwurf des Büros Lindemann Architekten sieht eine Glashülle vor, die über dem Sichtbeton das gesamte kubusförmige Gebäude ummantelt. Eine farbige Lichtinszenierung und die lang gestreckte Treppenanlage werden architektonische Akzente setzen.

Der in Hagen geborene Künstler Emil Schumacher (1912–1999) gilt als bekanntester Vertreter der informellen Malerei in Deutschland. Die Sammlung des Museums geht auf die Stiftung seines Sohnes Ulrich zurück. Sie umfasst 88 Gemälde, 200 Gouachen und Grafiken, Keramiken, Malereien auf Porzellan sowie auf Schiefer. Zur Sammlung gehören zudem 100 Werke aus städtischem Besitz.

Im Erdgeschoss wird das Hagener Atelier Schumachers rekonstruiert. Filme und eine biografische Darstellung veranschaulichen hier die vielfältigen Techniken und Arbeitsmethoden des Künstlers. Im ersten Stock werden Werke aus allen Schaffensphasen ausgestellt. Ein Schwerpunkt widmet sich den Arbeiten auf Papier: Zeichnungen, die auf Reisen nach Nordafrika und in den Vorderen Orient entstanden sind, Gouachen, Druckgrafiken und Künstlerbücher. Ferner werden die weniger bekannten Keramiken und Malerei auf Porzellan vorgestellt. Den großformatigen Werken auf Leinwand und auf Holz gehört der zweite Stock. Hier werden außerdem Sonderausstellungen gezeigt, die unterschiedliche Facetten von Schumachers Werk und seine Stellung zum Abstrakten Expressionismus beleuchten.

Das Osthaus Museum blickt auf eine wechselvolle Geschichte zurück. Nachdem die Folkwang-Sammlung des Hagener Industriellen von dessen Erben 1922 nach Essen verkauft worden war, blieb am Gründungsort das leere Museumsgebäude zurück. Mit dessen Bau hatte der Sammler 1898 den Berliner Architekten Carl Gérard beauftragt, für die Innenausstattung hatte er sich jedoch 1902 für den Künstler Henry van de Velde entschieden. Aufgrund des Umbaus nun in ein Bürogebäude ging der größte Teil der bedeutenden Innenausstattung verloren.

Erst 1930 wurde in der bergischen Industriemetropole ein neues Kunstmuseum eröffnet, das städtische »Christian-Rohlfs-Museum«, 1934 zum Gedenken an den großen Sammler in »Karl Ernst Osthaus-Museum« umbenannt. Schon früh von den Nazis »gleichgeschaltet«, verlor es jedoch den größten Teil seiner Bestände, rund 400 Werke vor allem von Christian Rohlfs (1849–1938), der bis zu seinem Tod Wohnung und Atelier im Folkwang-Gebäude besaß. Dorthin kehrte das 1945 wiedereröffnete Museum 1955 zurück. 1992 wurde der Altbau restauriert und wesentliche Teile der Jugendstil-Einrichtung wiederhergestellt.

Heute zeigt das Osthaus Museum Kunstwerke der klassischen Moderne, darunter hauptsächlich Arbeiten der »Brücke«-Künstler und über 300 Gemälde von Rohlfs aus allen Werkphasen. Ergänzend dazu finden Sonderausstellungen statt.

Sehenswert ist ferner das ehemalige Wohnhaus der Familie Osthaus, der Hohenhof, ebenfalls von van de Velde entworfen und eingerichtet. Seit 1989 ist er eine Abteilung des Osthaus Museums und beherbergt nach umfassenden Sanierungen das Museum des »Hagener Impulses«.

Zurzeit ist das Museum wegen Umbau und Erweiterung geschlossen, die Neueröffnung ist für den 28. und 29. August 2009 vorgesehen.

Osthaus Museum Hagen
Museumsplatz 1
58095 Hagen
Telefon: +49 (0) 23 31 / 2 07 31 29
E-Mail: osthausmuseum@stadt-hagen.de
www.keom.de

Hohenhof – Museum des Hagener Impulses
Stirnband 10
58093 Hagen-Emst
Öffnungszeiten
Sa–So 11:00–18:00 Uhr

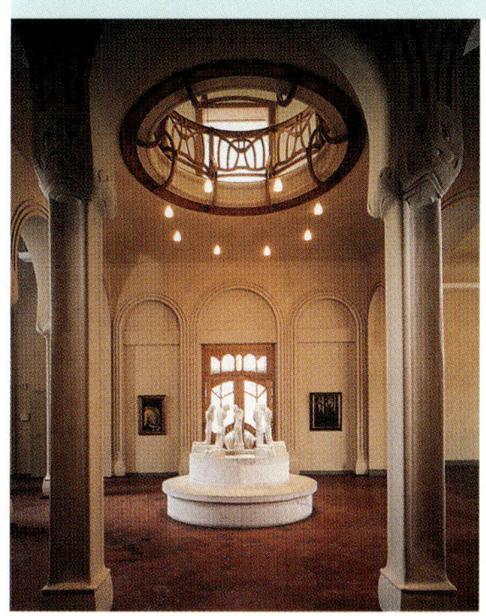

Die Brunnenhalle zeigt die kunstvolle Jugendstilgestaltung von Henry van de Velde.

Kunstmuseum Moritzburg

Die zwischen 1484 und 1503 als Residenz der Magdeburger Erzbischöfe errichtete Moritzburg beherbergt heute Werke des 19. Jh., der klassischen Moderne sowie zeitgenössischer Kunst. Von dem Sammler Franz Otto (1832–1901) 1885 als städtisches »Museum für Kunst und Kunstgewerbe« gegründet, bezog es 1904 ein neues Gebäude an der südlichen Seite der Anlage. Ab 1908 kamen unter der Leitung von Max Sauerlandt zu den Werken von Max Klinger, Adolph von Menzel, Julius Schnorr von Carolsfeld, Moritz von Schwind oder dem in Halle geborenen Adolf Senff viele Arbeiten der deutschen Impressionisten und Expressionisten hinzu. In den 1930er-Jahren Vorreiter für zeitgenössische Kunst, verlor das Museum aufgrund der politischen Verfolgung »entarteter Kunst« ab 1933 wichtige Bestände. Die Lücken konnten später zum Teil geschlossen werden, sodass heute wieder Werke von Erich Heckel, Ernst Ludwig Kirchner, Otto Mueller, Emil Nolde zu sehen sind, wenn auch andere als zuvor.

Nach Plänen der spanischen Architekten Fuensanta Nieto und Enrique Sobejano wurde 2008 der Westflügel ausgebaut und eröffnet. Die gewonnene zusätzliche Ausstellungsfläche von 2000 m^2 erforderte eine Neuordnung der Sammlung: Im ersten Stock wird jetzt die klassische Moderne einschließlich der Sammlung Gerlinger präsentiert, die unter dem Titel »Moderne Eins« die Zeit von der Jahrhundertwende bis 1937 erfasst, und »Moderne Zwei« zeigt die Kunst der Gegenwart. Den *Halle*-Bildern von Lyonel Feininger gehört ein eigener Bereich auf der Empore.

Kunstmuseum Moritzburg
Friedemann-Bach-Platz 5
06108 Halle (Saale)
Telefon: +49 (0) 3 45 / 21 25 90
E-Mail: info@moritzburg.lsa-net.de
www.kunstmuseum-moritzburg.de

Öffnungszeiten
Di 11:00–20:30 Uhr
Mi–So 10:00–18:00 Uhr

Lyonel Feininger, *Der Dom in Halle,* 1931

Die neu eingerichtete Dauerausstellung zeigt unter anderem Errungenschaften des Menschen im Neolithikum wie Beile. Auch das Rind gehörte in dieser Zeit schon zu den Nutztieren.

Das Landesmuseum für Vorgeschichte ist auf die Ur- und Frühgeschichte Mitteldeutschlands spezialisiert. Zwei Altertumsvereine, deren Wurzeln bis zum Jahr 1817 zurückreichen, standen mit ihren Sammlungen am Anfang, 1882 folgte die Gründung des Museums. 1913 schließlich konnte das eigene Museumsgebäude bezogen werden, noch heute der älteste Zweckbau für Archäologie in Deutschland. Zum umfangreichen Sammlungsbestand von mehr als 11 Millionen Funden gehören zahlreiche Stücke internationalen Rangs.

Im Rahmen der Denkmalpflege werden hier nicht nur archäologische Funde aus Sachsen-Anhalt, sondern weit über seine Grenzen hinaus präsentiert. Selbst aus den frühen Tagen der Menschheit lassen sich konkrete Geschehnisse rekonstruieren. Im Mai 2008 ist der vorläufig letzte Teil einer völlig neu konzipierten Dauerausstellung eröffnet worden, die in chronologischer Folge geordnet ist: Sie beginnt mit der Altsteinzeit, der Epoche der Jäger und Sammler vor rund 370 000 Jahren. Anhand des wichtigen Fundplatzes Bilzingsleben in Thüringen, an dem die meisten Objekte zum Homo erectus entdeckt wurden, wird dargestellt, wie er lebte, jagte, wohnte. Eindrucksvoll ist die lebensnahe Nachbildung eines Urmenschen nach neuesten anthropologischen Erkenntnissen und kriminalistischen Identifikationsmethoden. Am Ende der Altsteinzeit trat erstmals der

Die Himmelsscheibe von Nebra gilt als die älteste konkrete Darstellung des Himmels.

Landesmuseum für Vorgeschichte
Richard-Wagner-Straße 9
06114 Halle (Saale)
Telefon: +49 (0) 3 45 / 5 24 75 80
E-Mail: poststelle@lda.mk.sachsen-anhalt.de
www.archlsa.de

Öffnungszeiten
Di 9:00–19:30 Uhr
Mi–Fr 9:00–17:00 Uhr
Sa, So 10:00–18:00 Uhr
Montags nach Voranmeldung

Homo sapiens sapiens auf, vor etwa 40 000 Jahren. Er brachte eine Fülle neuer Ideen und Techniken mit, beispielsweise die erste Nähnadel sowie Pfeil und Bogen. Aus der anschließenden Mittelsteinzeit sind die ältesten Gräber Mitteldeutschlands überliefert, darunter die geheimnisvolle Bestattung einer Schamanin in Bad Dürrenberg.

Der radikalste Kulturwandel der Menschheitsgeschichte vollzog sich in der Jungsteinzeit: Die Menschen wurden sesshaft und beschäftigten sich mit Ackerbau und Tierhaltung. In Mitteldeutschland war das vor etwa 7500 Jahren der Fall. Zu den bedeutendsten Exponaten dieser Epoche zählen die Werkzeuge der größten Steinbeilsammlung Europas mit mehr als 2600 Artefakten, der Menhir von Langeneichstädt und das Grab des »Rinderbarons«. Vom Ende der Jungsteinzeit stammt das älteste nachgewiesene Familiengrab (Eulau), das so ausgestellt wird, wie man es aufgefunden hat: Männer, Frauen und Kinder, die Opfer eines Überfalls geworden waren und später von ihren Angehörigen liebevoll bestattet worden sind.

Das populärste Exponat und Glanzstück des Museums ist jedoch die berühmte Himmelsscheibe von Nebra. Die Bronzeplatte mit Goldapplikationen gilt als älteste konkrete Himmelsdarstellung und wichtigster archäologischer Fund aus der Zeit um 1600 v. Chr. Sie wurde zusammen mit anderen Objekten 1999 von zwei Hobbysuchern zufällig auf dem Mittelberg entdeckt und erlebte zunächst eine abenteuerliche Odyssee, bevor sie 2002 ins Landesmuseum für Vorgeschichte kam und dort restauriert wurde.

Eine Fortführung des Rundgangs mit neuen Befunden zur Lebenswelt im Mittelalter und in der Neuzeit ist für die kommenden Jahre geplant.

Die Galerie der Gegenwart von Oswald Mathias Ungers zeigt die für ihn typische quadratische Geometrie.

Die Hamburger Kunsthalle gehört mit einer Ausstellungs- und Veranstaltungsfläche von insgesamt 13 000 m^2 zu den größten Museen Deutschlands und besitzt eine exzellente Kunstsammlung mit Werken vom Mittelalter bis zur Gegenwart. Ihre Entstehung verdankt sie dem 1817 gegründeten Kunstverein, der 1850 die »Öffentliche städtische Gemälde-Galerie« eröffnete. Durch Schenkungen wuchs die Sammlung innerhalb kurzer Zeit, sodass von 1863 bis 1869 ein Neubau nach Plänen von den Berliner Architekten Hermann von der Hude und Georg Theodor Schirrmacher errichtet wurde. Der erste Direktor Alfred Lichtwark (1852–1914) prägte ab 1886 durch zahlreiche Neuerwerbungen die Sammlung entscheidend. Unter seinem Nachfolger Gustav Pauli, der die moderne und expressionistische Kunst sowie das Kupferstichkabinett ausbaute, kam 1919 ein Erweiterungsbau hinzu. 1997 wurde ein zusätzlicher Bau für die Galerie der Gegenwart nach Plänen von Oswald Mathias Ungers fertiggestellt. Nach dem Umbau des ehemaligen Theaters in der Kunsthalle mit seinen Räumlichkeiten von 1919 wurde es 2004 als Hubertus-Wald-Forum, benannt nach einem Mäzen der Kunsthalle, neu eröffnet. Damit gab es erstmals separate Ausstellungsräume.

Heute gliedert sich die Sammlung in mehrere Abteilungen: Die Galerie Alte Meister umfasst die norddeutsche Kunst um 1400, die niederländische Malerei des 17. Jh., Werke der italienischen Malerei von 1350 bis 1800 und französische Gemälde vom 16. bis 18. Jh. Bedeutende Künstler wie Meister Bertram, Meister Francke, Hans Holbein d. Ä., Jan Massys, Rembrandt, Pieter Saenredam sind hier vertreten. Ein anderer Schwerpunkt liegt auf der

deutschen Malerei des 19. Jh. von der Romantik bis zum Impressionismus. Fast das gesamte erhaltene Werk von Philipp Otto Runge wird in der Gemäldegalerie und im Kupferstichkabinett verwahrt. Sehr bekannt sind die 14 Gemälde Caspar David Friedrichs, darunter *Das Eismeer* und der *Wanderer über dem Nebelmeer.* Ferner gehören Werke von Arnold Böcklin, Jean-Baptiste-Camille Corot, Paul Gauguin, Wilhelm Leibl, Adolph von Menzel dazu. Die Sammlung der klassischen Moderne zeigt Werke von Willi Baumeister, Max Beckmann, Paul Klee, Oskar Kokoschka, Edvard Munch, Pablo Picasso sowie Oskar Schlemmer, ferner Werkgruppen der Künstler der »Brücke« und des »Blauen Reiter«. In der Galerie der Gegenwart ist internationale Kunst seit den 1960er-Jahren zu sehen. Speziell für den Neubau haben Künstler Werke entwickelt und diese selbst vor Ort installiert, darunter Richard Serras *Blei-Splashing,* Jannis Kounellis' Jutesäcke aus dem Hamburger Hafen, Ilja Kabakows *Krankenzimmer,* Jenny Holzers LED-Band oder Ian Hamilton Finlays Textinstallation auf dem Platz zwischen der Galerie der Gegenwart und dem Altbau. Die Mediensammlung setzt einen Akzent auf Videoarbeiten (Vito Acconci, Tracey Emin, Valie Export, Dan Graham, Mike Kelley, Gregor Schneider, Hannah Wilke). Rund 100 000 wertvolle Zeichnungen, Lithografien und Druckgrafiken (Rembrandt, Giovanni Battista Piranesi, Henri de Toulouse-Lautrec, Horst Janssen) hütet das Kupferstichkabinett, und auch Fotografien zählen zum Bestand (Bernd und Hilla Becher, Candida Höfer, Thomas Struth). Die Kunsthalle pflegt außerdem die Kunst in Hamburg und bietet regionalen Künstlern ein Forum. Aufgrund von Schenkungen, Stiftungen und anderen Initiativen Hamburger Bürger wird die Sammlung auch gegenwärtig erweitert (Sigmar Polke, Neo Rauch, Gerhard Richter).

Hamburger Kunsthalle
Glockengießerwall
20095 Hamburg
Telefon: +49 (0) 40 / 4 28 13 12 00
E-Mail: presse@hamburger-kunsthalle.de
www.hamburger-kunsthalle.de

Öffnungszeiten
Di, Mi, Fr–So 10:00–18:00 Uhr
Do 10:00–21:00 Uhr

Caspar David Friedrich, *Das Eismeer/ Gescheiterte Hoffnung,* 1823/24

Am 25. Juni 2008 wurde genau auf dem 10. Längengrad im ältesten Gebäude des Hamburger Hafens ein Museum eröffnet, das in seiner Spezialisierung nicht enger mit der Stadt verbunden sein könnte: das Internationale Maritime Museum. Der 1878/79 errichtete Kaispeicher B beherbergt die Sammlung der Stiftung Peter Tamm Sen. Hier werden 3000 Jahre Geschichte der Seefahrt von den Anfängen in prähistorischer Zeit bis zur Gegenwart und Ausblicke in die Zukunft gezeigt.

Als dem späteren Sammler Peter Tamm 1934 als Sechsjährigem das Modell eines Küstenmotorschiffs der Marke Wiking geschenkt wurde, war dies der Beginn der weltweit größten maritimen Privatsammlung, die heute 1000 Großmodelle von Schiffen, 36 000 Kleinmodelle im Maßstab 1 : 1250, 5000 Gemälde, Grafiken und Aquarelle, 120 000 Bücher, 2000 Filme, 500 000 Fotografien, 15 000 Schiffsspeisekarten sowie nautische Geräte, Uniformen, Waffen, Möbel, Silber, Porzellan umfasst. Das mit einer Länge von 4,3 m größte Modellschiff ist die »Wappen von Hamburg III«, das kleinste Exponat ist das Modell einer Segeljolle mit einer Länge von 5 mm. Aber auch ein echtes Zwei-Mann-U-Boot, Typ Seehund, mit einer Länge von 12 m lädt zur Erkundung ein.

Auf neun Etagen, die hier »Decks« heißen, erfährt man alles, was es über Schifffahrt zu wissen gibt: Navigation und Kommunikation, Segelschifffahrt, Geschichte des Schiffsbaus, Dienst an Bord, Marinen seit 1815, die Handels- und Passagierschifffahrt, naturwissenschaftliche Expeditionen und Kunstwerke. In der umfangreichen Bibliothek und im Archiv stehen Interessierten ferner Bücher, Atlanten, Konstruktionspläne, Filme und Fotografien für Forschungszwecke zur Verfügung.

Internationales Maritimes Museum
Kaispeicher B
Koreastraße 1
20457 Hamburg
Telefon: +49 (0) 40 / 30 09 23 00
E-Mail: info@peter-tamm-sen.de
www.internationales-maritimes-museum.de

Öffnungszeiten
Di, Mi, Fr–So 10:00–18:00 Uhr
Do 10:00–20:00 Uhr

Der Kaispeicher B am Hafen beherbergt die weltweit größte maritime Sammlung.

Initiator des Museums für Kunst und Gewerbe war der Naturwissenschaftler Justus Brinckmann (1843–1915), der 1866 zur Gründung eines gewerblichen Museums für Hamburg aufrief. 1876 war das nach Plänen von Carl Johann Christian Zimmermann errichtete Gebäude fertiggestellt, 1877 zog das neu gegründete »Staatliche Technikum und Museum für Kunst und Gewerbe« ein, das Brinckmann maßgeblich prägte und als Direktor bis zu seinem Tod leitete.

Das Museum bietet ein vielfältiges Spektrum: Die Antikensammlung zeigt Objekte aus dem alten Orient, Ägypten und der klassischen Antike wie Mumiensarkophage und Steingefäße, Amulette und Statuetten als kostbare Grabbeigaben. Neben herausragenden Beispielen etruskischer Keramiken und Bronzen sind zudem römische Porträts zu sehen. Besondere Schätze bewahrt die Schmuckkammer mit Kostbarkeiten aus Gold und Silber. Aus dem Mittelalter und der Renaissance sind Arbeiten aus Bronze, Gold und Elfenbein ausgestellt, ferner Majolika, Steinzeug, Medaillen, Wandteppiche. Kunstvoll gefertigte Möbel und wissenschaftliche Instrumente stammen aus Renaissance und Barock. Die Abteilung Jugendstil geht auf Brinckmann zurück, der 1900 Zimmereinrichtungen sowie Skulpturen, Bücher und Schmuck erwarb. Später kamen Möbelensembles der Wiener Werkstätte und der Darmstädter Künstlerkolonie hinzu. Der Nordflügel beherbergt Werke expressionistischer Künstler, gefolgt von Räumen des Bauhauses, des Art déco und der 1930er-Jahre.

Die Designabteilung präsentiert vor allem Möbel der zweiten Hälfte des 20. Jh., aber auch aktuelles europäisches Kunsthandwerk. Bereits um 1900 begann das Museum, Fotografien zu sammeln. Inzwischen umfasst der Bestand rund 100 000 Arbeiten, die vom Bildjournalismus über die Sachfotografie bis zur künstlerischen Fotografie reichen.

Grundstock der Grafischen Abteilung sind die Ornamentstiche, die ab dem 15. Jh. als Vorlageblätter für Handwerker verbreitet waren. Die Plakate konzentrieren sich hauptsächlich auf den Jugendstil und politische Arbeiten seit dem Ersten Weltkrieg, die Gebrauchsgrafik reicht von karolingischen Schriften bis zur Gestaltung aktueller Websites. In der Buchkunst sind sowohl historische Prachtbände zu finden, aber auch Bücher von bedeutenden Illustratoren (Aubrey Beardsley, William

Die Buddhafigur aus ungebranntem Ton stammt aus Nordwestchina, Xixia-Dynastie, 12. Jh.

Die Abteilung Jugendstil geht auf Justus Brinckmann zurück, der die Pariser Weltausstellung 1900 für Erwerbungen nutzte und das »Pariser Zimmer« einrichtete.

Morris), Künstlerbücher sowie Stamm-, Kinder-, Gesangsbücher, Zeitschriften, Kalender, Almanache.

Die Sammlung Mode und Textil umfasst 60 000 Objekte: eine Gewebe- und Stickereisammlung, Spitzen, Bildteppiche, Trachten, Kleidung und Accessoires des 20. Jh. In der Abteilung Musikinstrumente werden rund 400 Stücke vom 16. Jh. bis zur Gegenwart aufbewahrt, die zum größten Teil spielbar sind. Die 2007 wiedereröffnete Abteilung Islam präsentiert wertvolle Schrift- und Buchkunst und widmet Zentralasien, der Türkei und dem Iran eigene Räume mit Keramiken, Fliesen, Gläsern, Metallarbeiten, Teppichen.
In der ebenfalls neu gestalteten Japan-Abteilung wird rund um ein echtes Teehaus alles zur Teezeremonie gezeigt, ferner Holzschnitte, Schwert- und Lackkunst. Im Februar 2009 wird die China-Abteilung wiedereröffnet mit kostbaren Gefäßen aus Bronze und Jade, Werken der Tuschemalerei sowie dem berühmten chinesischen Porzellan, darunter Stücke für den kaiserlichen Hof sowie andere Objekte und Möbel aus dem Kaiserpalast. Seit Februar 2008 haben Kinder im Alter von 5 bis 12 Jahren im »Hubertus Wald Kinderreich« ihr eigenes Designmuseum zum Spielen, Anfassen und Ausprobieren.

Museum für Kunst und Gewerbe
Steintorplatz
20099 Hamburg
Telefon: +49 (0) 40 / 42 81 34 27 32
E-Mail: service@mkg-hamburg.de
www.mkg-hamburg.de

Öffnungszeiten
Di, Fr–So 11:00–18:00 Uhr
Mi, Do 11:00–21:00 Uhr

Das Museum für Völkerkunde Hamburg entstand aus einer kleinen ethnografischen Sammlung, die sich 1849 im Besitz der Stadtbibliothek befand. Sie gelangte später in die Obhut des Naturhistorischen Vereins, 1868/69 umfasste der Bestand bereits 645 Objekte. 1879 wurde schließlich das Museum für Völkerkunde gegründet.

Mit der »Entdeckung« fremder Kontinente durch europäische Seefahrer begann für die Menschen dort das Joch des Kolonialismus. Davon und von der Faszination der Europäer für das Fremdartige erzählt die Einführungsausstellung des linken Treppenaufgangs. Der rechte Aufgang hingegen zeigt, wie die Kolonisierten die Fremden sahen. Weitere Abteilungen gehen neben den verschiedenen europäischen Kulturen denen anderer Kontinente nach. Die Bestände aus den Regionen Nordafrika, Vorder- und Zentralasien umfassen vor allem Keramiken, Teppiche, Waffen. Die Abteilung Ost- und Südasien konzentriert sich auf die Länder China mit Alltagsgegenständen und Schattenfiguren, Japan mit Samurairüstungen und Masken, Korea mit Objekten des Schamanismus und Indien mit Bronzen, Holzfiguren und Kultgeräten. In der Abteilung Ozeanien steht seit 1910 ein komplettes Versammlungshaus der Maori, das einzige außerhalb Neuseelands. Die Afrika-Sammlung zeigt Waffen, Skulpturen, Masken und Kunsthandwerk. Der amerikanische Doppelkontinent ist von Alaska bis Feuerland mit vielfältigen Zeugnissen der indianischen Kultur vertreten. Von besonderem Interesse sind ferner das Hexenarchiv mit Amuletten und magischen Heil-, Schutz- und Zaubermitteln sowie das Fotoarchiv mit mehr als 200 000 historischen Aufnahmen.

Museum für Völkerkunde
Rothenbaumchaussee 64
20148 Hamburg
Telefon: +49 (0) 40 / 4 28 87 90
E-Mail: marketing@voelkerkundemuseum.com
www.voelkerkundemuseum.com

Öffnungszeiten
Di–So 10:00–18:00 Uhr
Do 10:00–21:00 Uhr

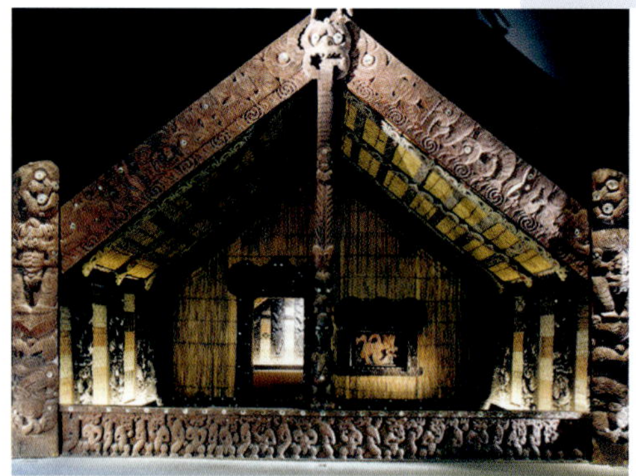

»Rauru« heißt das aus Holz und Schilf errichtete Versammlungshaus der Maori in Neuseeland. Hier trafen sich die Männer eines Stammes oder eines Volkes.

Kurt Schwitters, *Merzbild 46 A: Das Kegelbild,* 1921

Als der Sammler Bernhard Sprengel (1899–1985) 1969 seine umfangreiche Sammlung moderner Kunst der Stadt Hannover schenkte, legte er noch einen stattlichen Betrag für den Bau eines Museums dazu. Das 1979 eröffnete und in einem zweiten Bauabschnitt 1992 erweiterte Gebäude wurde von der Architektengruppe Peter und Ursula Trinkt sowie Dieter Quast entworfen.

Das Sprengel Museum Hannover vereint neben der Sammlung Sprengel Werke des 20. und 21. Jh. aus dem Besitz des Landes Niedersachsen und der Stadt Hannover. Zu sehen sind bedeutende Werke des deutschen Expressionismus sowie des französischen Kubismus, der abstrakten Kunst nach 1945, der Minimal Art, des Informel, des Nouveau Réalisme, der Konzeptkunst und der Postminimal Art. Darüber hinaus hat sich in den letzten Jahren ein Schwerpunkt im Bereich Fotografie und Medien entwickelt. Ferner setzen Werkgruppen von Pablo Picasso, Fernand Léger, Max Ernst, Emil Nolde, Paul Klee, Max Beckmann und Niki de Saint-Phalle wichtige Akzente. Mit der weltweit größten Kurt-Schwitters-Sammlung, darunter der 1983 rekonstruierte »Merz-Bau« aus Hannover (1923), und dem in seiner Art einmaligen »Kabinett der Abstrakten« (1927) von El Lissitzky werden Höhepunkte der 1920er-Jahre vorgestellt. Sehenswert sind ferner die Installationen von James Turrell, Wolfgang Laib und Daniel Spoerri. Zusätzliche Sonderausstellungen orientieren sich monografisch oder thematisch an den bestehenden Sammlungen. Das 1994 eingerichtete Kurt-Schwitters-Archiv ist die maßgebliche Instanz für Informationen zu Leben und Werk des Künstlers.

Sprengel Museum Hannover
Kurt-Schwitters-Platz
30169 Hannover
Telefon: +49 (0) 5 11 / 16 84 38 75
E-Mail: Sprengel-Museum@Hannover-Stadt.de
www.sprengel-museum.de

Öffnungszeiten
Mi–So 10:00–18:00 Uhr
Di 10:00–20:00 Uhr

Im Hinblick auf die Stadt Herford als wichtigem Standort der Möbelindustrie wurde 2005 ein neues Museum für zeitgenössische Kunst eröffnet, das zum größten Teil von der Stadt, aber auch von ortsansässigen Unternehmen getragen wird. Der Name entspringt dem Dreiklang des ursprünglichen Konzepts: Design (M für Möbel), Kunst (art) und Architektur bzw. Ambiente (a).

Das Gebäudeensemble zeigt die typische Formensprache des amerikanischen Architekten Frank Gehry. Es besteht aus wellenförmigen roten Backsteinflächen, die mit edelstahlverkleideten Dachflächen verbunden sind. Zwar erscheint das Gebäude von außen als Neubau, doch integriert es den bestehenden, denkmalgeschützten Lippold-Bau, der dahinter liegt. Auch innen sind die Wände geschwungen, die Kanten schief, die Oberlichter asymmetrisch aufgesetzt und verdreht eingefügt.

Erster künstlerischer Leiter des Museums war der Belgier Jan Hoet, ein renommierter Ausstellungsmacher. Er baute die Sammlung zeitgenössischer Kunst auf, deren Werke sich mit medialen (Wilhelm Sasnal), biografischen (Reinhard Mucha, Erik Schmidt) und politischen (Atelier van Lieshout, Ingrid Mwangi, Kendell Geers) Wirklichkeiten beschäftigen. Andere Arbeiten spielen mit Grenzerfahrungen (Manfred Pernice, Bernd Lohaus) und mit verschiedenen Arten, Räume wahrzunehmen (Hans Op de Beeck, Silke Schatz, Tobias Danke). Mit Ausnahme der Skulpturen, die in unmittelbarer Nähe des Museums aufgestellt sind, wie der scheinbar soeben gelandete Helikopter *Hoher Besuch* von Michael Sailstorfer, sind die Werke der Sammlung nicht ständig zu sehen, sondern werden in wechselnden thematischen Sonderausstellungen gezeigt.

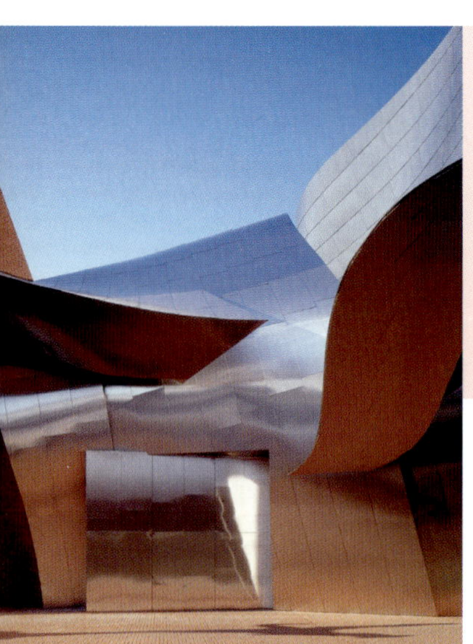

Marta Herford
Goebenstraße 4-10
32052 Herford
Telefon: +49 (0) 52 21 / 9 94 43 00
E-Mail: info@marta-herford.de
www.martaherford.de

Öffnungszeiten
Di–So, Feiertage 11:00–18:00 Uhr
Erster Mittwoch im Monat
11:00–21:00 Uhr

Das Museumsgebäude von Frank Gehry macht den Besuch im Marta nicht nur zum Kunst-, sondern auch zum Architekturerlebnis.

Optisches Museum und Planetarium

Das Zeiss-Planetarium in Jena ist das erste seiner Art. Hier zeigen Projektionen an der Innenseite der Kuppel ganz nah, wie der Himmel mit seinen Gestirnen aussieht.

Optisches Museum
Carl-Zeiss-Platz 12
07743 Jena
Telefon: +49 (0) 36 41 / 44 31 65
E-Mail: info@optischesmuseum.de
www.optischesmuseum.de

Öffnungszeiten
Di–Fr 10:00–16:30 Uhr
Sa 11:00–17:00 Uhr

Zeiss-Planetarium Jena
Am Planetarium 5
07743 Jena
Telefon: +49 (0) 36 41 / 88 54 88
www.planetarium-jena.dec

Jena war Mitte des 19. Jh. Zentrum der optischen Industrie, daher ist das Optische Museum eng mit der Geschichte der Stadt verbunden. Um die Jahrhundertwende trugen Mitarbeiter der Firma Carl Zeiss vorwiegend Mikroskope, Fernrohre und andere optische Instrumente zuerst aus eigener Produktion, später auch Erzeugnisse von anderen Herstellern zusammen. Sie bildeten den Grundstock für das von der Carl-Zeiss-Stiftung 1922 gegründete Museum, das 1924 den Neubau, in dem es sich noch heute befindet, beziehen konnte. Träger ist inzwischen die Ernst-Abbe-Stiftung.

Der Bestand wertvoller Instrumente wurde mit der Zeit um Gemälde, Grafiken und historische Bücher erweitert. Ausgestellt ist alles rund um die Geschichte der Brille und anderer Sehhilfen, die Mikroskopie vom Flohglas bis zum Elektronenmikroskop und die Entwicklung der Fernrohre vom Theaterglas bis zum Feldstecher. Die Geschichte der Fotografie wird von einem Guckkasten, einer Laterna magica sowie einer Camera obscura begleitet. Neben Darstellungen von Leben und Werk der drei Begründer der optischen Industrie in Jena, des Mechanikers Carl Zeiss (1816–1888), des Physikers Ernst Abbe (1840–1905) und des Chemikers Otto Schott (1851–1935), ist die Nachbildung der historischen Zeiss-Werkstatt aus der Zeit um 1860 zu sehen. Von der Firma Carl Zeiss wurde 1924 auch das weltweit erste Projektionsgerät für ein Planetarium vorgestellt, in Auftrag gegeben vom Deutschen Museum in München – damals eine Sensation und bis heute sehenswert. Seit 2006 bietet das Jenaer Planetarium in Kombination aus einer Laser-Ganzkuppelprojektion und einem optisch-mechanischem Sternprojektor unvergleichliche astronomische Shows.

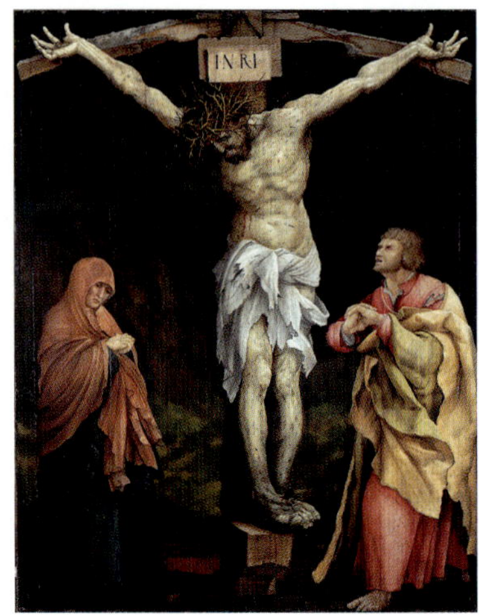

Matthias Grünewald, *Christus am Kreuz zwischen Maria und Johannes,* um 1523/24

Die Staatliche Kunsthalle Karlsruhe zählt zu den ältesten und bedeutendsten Museen in Deutschland. Ihre Sammlung wurde von den Markgrafen und späteren Großherzögen von Baden begründet, deren Anfänge sich bis zum Beginn des 16. Jh. zurückverfolgen lassen. Das nach Plänen des Architekten Heinrich Hübsch errichtete und 1846 eröffnete Hauptgebäude bildet zusammen mit der benachbarten Orangerie ein architekturhistorisch wichtiges Ensemble. Seit der Fertigstellung des letzten Erweiterungsbaus 1990 präsentiert es sich als geschlossene Vierflügelanlage.

Heute umfasst die Sammlung rund 800 Gemälde und Skulpturen. Die deutsche Malerei der Spätgotik und der Renaissance ist mit Werken des Meisters der Karlsruher Passion, von Hans Baldung genannt Grien, Lucas Cranach d. Ä., Albrecht Dürer vertreten. Ein anderer Schwerpunkt ist die niederländische Malerei vom 16. bis 18. Jh., darunter Genrebilder, Stillleben, Landschaften und Porträts. Zu den französischen Meistern vom 17. bis 19. Jh. zählen Nicolas Poussin, Jean-Baptiste Siméon Chardin, François Boucher, Edgar Degas, Eugène Delacroix, Edouard Manet. Bei der deutschen Malerei des 19. Jh. sind vorwiegend Maler vertreten, die an der Karlsruher Akademie lernten oder lehrten, wie Anselm Feuerbach und Hans Thoma. In der Orangerie befinden sich Werke des 20. Jh. bis zur Gegenwart. Hier ist außerdem das Kinder- und Jugendmuseum untergebracht, das junge Besucher an die Kunst aller Epochen heranführt. Das Kupferstichkabinett umfasst rund 80 000 Zeichnungen, druckgrafische Blätter, illustrierte Bücher und Druckplatten (Matthias Grünewald, Martin Schongauer, Vincent van Gogh, Erich Heckel).

Staatliche Kunsthalle Karlsruhe
Hans-Thoma-Straße 2–6
76133 Karlsruhe
Telefon: +49 (0) 7 21 / 9 26 33 59
E-Mail: info@kunsthalle-karlsruhe.de
www.kunsthalle-karlsruhe.de

Öffnungszeiten
Gemäldegalerie
Di–Fr 10:00–17:00 Uhr
Sa, So 10:00–18:00 Uhr

Kupferstichkabinett
Grafikvorlage Mi 14:00–17:00 Uhr
und nach Vereinbarung

Die ehemalige Rüstungsfabrik bietet dem ZKM einen idealen Rahmen für künstlerische Experimente und Ausstellungen jeder Art.

Das ZKM I Zentrum für Kunst und Medientechnologie vereint vier Forschungsinstitute (Institut für Bildmedien, Institut für Musik und Akustik, Filminstitut, Institut für Medien, Bildung und Wirtschaft) sowie das Medienmuseum, das Museum für Neue Kunst und die Mediathek unter einem Dach. Das ZKM setzt sich in Theorie und Praxis nicht nur mit den Neuen Medien auseinander, sondern auch mit Informationstechnologien und dem damit einhergehenden sozialen Wandel.

1989 als Stiftung des öffentlichen Rechts gegründet, erfolgte 1997 die Neueröffnung im denkmalgeschützten Hallenbau der IWKA, einer ehemaligen Rüstungsfabrik. Der über 300 m lange Bau gliedert sich in zehn Lichthöfe, er beherbergt ferner die Städtische Galerie und die Staatliche Hochschule für Gestaltung. In dem blauen vorgelagerten Glaskubus am Eingang befindet sich das Musikstudio.

Bei den Arbeiten, die im Medienmuseum zu sehen sind, steht die Wechselbeziehung zwischen Mensch und Kunstwerk im Mittelpunkt. Der Besucher soll sich aktiv beteiligen und wird durch das Drücken von Knöpfen, Körperbewegungen, Audio- und Videoaufzeichnungen zum Bestandteil einer Installation. Größtenteils sind die Installationen für das Medienmuseum und vor Ort von den Künstlern entwickelt worden. Das Museum für Neue Kunst kooperiert in erster Linie mit namhaften Privatsammlungen, um die zahlreichen Facetten zeitgenössischer Kunst in immer wieder veränderten Konstellationen zu zeigen. So waren bisher Ausstellungen mit Arbeiten von Donald Judd, Roy Lichtenstein, Sigmar Polke, Elizabeth Peyton, Robert Rauschenberg oder Gerhard Richter zu sehen. Beide Museen verfügen über eine eigene Sammlung, deren Werke zum Teil in die regelmäßigen Sonderausstellungen einbezogen werden.

ZKM I Zentrum für Kunst
und Medientechnologie
Lorenzstraße 19
76135 Karlsruhe
Telefon: +49 (0) 7 21 / 81 00 12 00
E-Mail: info@zkm.de
www.zkm.de

Öffnungszeiten
Mi–Fr 10:00–18:00 Uhr
Sa, So 11:00–18:00 Uhr

Am Berghang des Habichtswaldes liegt Schloss Wilhelmshöhe, das zum Verbund »Museumslandschaft Hessen Kassel« gehört. Schloss und Landschaftspark entstanden in den ersten Regierungsjahren des hessischen Landgrafen Wilhelm IX. (1785–1821), des späteren Kurfürsten Wilhelm I. Während der Mitteltrakt des vom Kasseler Hofarchitekten Heinrich Christoph Jussow ab 1786 in Etappen errichteten klassizistischen Schlosses 1945 bis auf die Grundmauern niederbrannte, blieb der sogenannte Weißensteinflügel von Louis du Ry unversehrt. So sind im ehemaligen Wohntrakt des Landgrafenpaars heute 23 historische Räume zu sehen, die zum Teil im Louis-seize-Stil, aber auch nach zeitgenössischem englischen Geschmack eingerichtet sind, darunter das mit antikisierend-arkadischen Landschaften ausgemalte kurfürstliche Badezimmer, der Speisesaal sowie die am ursprünglichen Ort erhaltene Gemäldesammlung.

Der von 1968 bis 1974 wiedererrichtete und von 1994 bis 2000 umgebaute Mitteltrakt beherbergt seitdem die Antikensammlung, die Gemäldegalerie Alte Meister und die Graphische Sammlung. Die älteste Nachricht von einem Ankauf für die Antikensammlung der Landgrafen von Hessen-Kassel geht auf das Jahr 1603 zurück, als Landgraf Moritz Objekte aus Frankreich erwarb, darunter sieben römische Lampen. Später brachten hessische Truppen 1687/88 ihrem Landesherrn Statuetten, Münzen und Marmorreliefs aus Athen mit. Gezeigt wird heute ein breites Spektrum von Objekten: Gefäße und Geräte aus der Bronzezeit kommen aus Zypern, Kreta, Griechenland, Kleinasien. Die griechische Antike ist mit zahlreichen Vasen und einem Altar vertreten. Im Zentrum steht hier der Kasseler Apoll, die um

Gerard de Lairesse,
Bildnis des Philip de Flines, 1682

100 n. Chr. entstandene römische Kopie eines griechischen Originals um 450 v. Chr. Die lebensgroße Marmorstatue ist die vollständigste Kopie dieses Götterbildes. Kunstvolle Waffen, Gefäße und Bronzefiguren stammen von den Etruskern, ferner sprechen 33 Korkmodelle antiker Bauwerke Roms von der Antikenbegeisterung des Landgrafen Friedrich II., aufgrund deren er 1779 das Fridericianum gründete.

Die Gemäldegalerie Alte Meister umfasst rund 600 Werke überwiegend aus dem Besitz von Landgraf Wilhelm VIII. (1682–1760). Der fürstliche Gründer war ein ausgewiesener Kenner des flämischen und niederländischen Barock, dem es auch zu verdanken ist, dass sich neben Gemälden von Peter Paul Rubens, Jacob Jordaens, Anthonis van Dyck die größte Rembrandt-Sammlung Deutschlands in Kassel befindet. Hinzu kommen alte Meister aus ganz Europa (Albrecht Altdorfer, Guido Reni, Tizian, Nicolas Poussin, Murillo).

Die Graphische Sammlung bewahrt rund 55 000 Zeichnungen, druckgrafische Arbeiten, Plakate und illustrierte Bücher vom Spätmittelalter bis zur Gegenwart. Eine Besonderheit sind die kostbaren Klebebände mit alter Druckgrafik aus der ehemaligen Bibliothek des Schlosses Wilhelmshöhe mit Meisterwerken von Jacques Callot, Hendrick Goltzius, Giovanni Battista Piranesi. Umfangreich sind zudem die Architekturzeichnungen zu allen Bauvorhaben der hessischen Landgrafen erhalten. Die Moderne wird von den »Brücke«-Künstlern, darunter Ernst Ludwig Kirchner, und Ernst Wilhelm Nay vertreten, die Gegenwart von Wols, Jean Dubuffet.

Eine Besonderheit ist der seit 1798 »Wilhelmshöhe« genannte Barockpark am Hang: Landgraf Karl ließ hier von 1701 bis 1718 durch Giovanni Francesco Guarniero das Schloss errichten.

Museum Schloss Wilhelmshöhe
Schlosspark 1
Telefon: +49 (0) 5 61 / 31 68 00
E-Mail: info@museum-kassel.de
www.museum-kassel.de

Öffnungszeiten
Di–So 10:00–17:00 Uhr

Die Sammeltradition der ehemaligen Herzogstadt Kleve reicht bis in das 16. Jh. zurück, ab 1647 legte der brandenburgische Statthalter Johann-Moritz von Nassau-Siegen eine Kunst- und Wunderkammer an. Das daraus resultierende, 1865 gegründete Museum wurde jedoch samt Inventar im Zweiten Weltkrieg zerstört. Erst 1960 kam es zur Neugründung eines städtischen Museums, dessen Sammlung ab Mitte der 1970er-Jahre rasch wuchs. 1988 übergab Sonja Mataré den Nachlass ihres Vaters Ewald Mataré (1887–1965), der zu den wichtigen Bildhauern der klassischen Moderne gehört, der Stadt. 1987 beschloss der Rat, das städtische Museum in das seit Jahren leer stehende Kurhaus aus dem 19. Jh. umzusiedeln, und erwarb es 1989. Der klassizistische Gebäudekomplex gliedert sich in drei Teile: das Friedrich-Wilhelms-Bad (1845/46), die Wandelhalle und das Badhotel (1872/73). Behutsam umgebaut nach einem Entwurf von Walter Nikkels, realisiert in Planungsgemeinschaft mit Heinz Wrede, wurden Wandelhalle wie Hotel so erweitert, dass auch moderne Kunst großzügig präsentiert werden kann. 1997 erfolgte schließlich die Neueröffnung des Museum Kurhaus Kleve mit der Ewald Mataré-Sammlung, das inmitten der zwischen Mitte des 17. Jh. und Anfang des 19. Jh. entstandenen Parklandschaft nicht schöner liegen könnte.

Die Sammlung des Museums legt ihren Schwerpunkt auf moderne und zeitgenössische Kunst, darunter Werke von Arman, Stephan Balkenhol, Lothar Baumgarten, Ulrich Erben, Günther Förg, Isa Genzken, Franz Gertsch, Giuseppe Penone, Gerhard Richter, Richard Serra, David Thorpe. Hinzu kommt die Sammlung zeitgenössischer Fotografie mit Bildern von Peter Fischli & David Weiss, Andreas Gursky, Axel Hütte, Thomas Ruff, Thomas Struth, Jeff Wall. Über die Region hinaus bedeutend sind zudem die spätmittelalterlichen Skulpturen von herausragenden niederrheinischen Meistern (Arnt von Kalkar und Zwolle, Dries Holthuys, Henrik Douverman, Henrik van Holt, Arnt van Tricht). Mit Kleve und dem Niederrhein stehen auch viele der Werke aus dem 17. und 18. Jh. in Verbindung.

Die stetig erweiterte Ewald Mataré-Sammlung bietet einen umfassenden Einblick in die Arbeit des Künstlers, das angeschlossene Archiv erforscht und dokumentiert sein Werk. Die Beziehung zwischen Kleve und Mataré geht auf die Zeit von 1932 bis 1934 zurück, als er im Auftrag der Stadt die Skulptur *Toter Krieger* zum Gedenken für die Gefallenen des Ersten Weltkriegs schuf. Sie

Museum Kurhaus Kleve
Tiergartenstraße 41
47533 Kleve
Telefon: +49 (0) 28 21 / 7 50 10
E-Mail: info@museumkurhaus.de
www.museumkurhaus.de

Öffnungszeiten
Di–So 11:00–17:00 Uhr

B. C. Koekkoek-Haus
Koekkoekplatz 1
47533 Kleve
Telefon: +49 (0) 28 21 / 76 88 33
E-Mail: info@koekkoek-haus.de
www.koekkoek-haus.de

Öffnungszeiten
Di–Sa 14:00–17:00 Uhr
So 11:00–17:00 Uhr

Richard Long, *Midsummer Flint Line,* 2001, Länge 27,7 m

wurde 1938 von den Nationalsozialisten zerstört, 1977 in Trümmern wieder aufgefunden, anschließend restauriert und 1981 vor der Klever Stiftskirche ein zweites Mal aufgestellt.

Das bislang noch nicht als Museum genutzte Friedrich-Wilhelms-Bad wird derzeit nach Plänen wiederum von Nikkels umgebaut und an der Rückseite um einen neuen Saal erweitert, in dem die mittelalterliche Skulpturensammlung sowie das Grafikkabinett für die Sammlung Angerhausen Platz finden sollen. Da Joseph Beuys hier von 1957 bis 1964 sein Atelier besaß, werden zudem Arbeiten von ihm zu sehen sein, die sich auf seinen Lehrer Mataré und seine Heimatstadt Kleve beziehen.

Ein Abstecher lohnt sich ferner zu dem 800 m entfernt liegenden B. C. Koekkoek-Haus, dem städtischen Museum zur Klever Romantik. Das ehemalige Wohnhaus des niederländischen Landschaftsmalers Barend Cornelis Koekkoek (1803–1862) gilt als seltenes Beispiel eines sehr gut erhaltenen Künstlerpalais aus dem 19. Jh.

Franz Marc,
Springendes Pferd, 1912

Im Jahr 1986 eröffnete das Franz Marc Museum dank privater Initiative und mit Unterstützung der Gemeinde Kochel, die eine Villa oberhalb des Sees zur Verfügung stellte. Im landschaftlich reizvollen Voralpenland hatte sich einst nicht nur Franz Marc (1880–1916) niedergelassen, sondern auch andere, mit ihm befreundete Avantgardekünstler. Anhand gestifteter Bestände aus dem Nachlass des Malers, privater Leihgaben und Erwerbungen der Franz Marc Stiftung konnte das Werk des Künstlers bis zur Begegnung mit Wassily Kandinsky, Paul Klee, August Macke und Heinrich Campendonk, die 1912 zum berühmten Almanach *Der Blaue Reiter* führte, dokumentiert werden.

Seit 2008 zeigt sich das Museum in neuem Gewand: In der umgebauten Villa sind nunmehr Verwaltung und Gastronomie untergebracht, während sich das Museum im benachbarten Neubau präsentiert, errichtet nach Plänen der Zürcher Architekten Diethelm & Spillmann. Im Erdgeschoss sind wechselnde Ausstellungen zur Künstlergruppe »Der Blaue Reiter« zu sehen, der erste Stock ist dem Werk Marcs gewidmet, der zweite Stock schließlich der Sammlung der Stiftung Etta und Otto Stangl, die den ursprünglichen Bestand um Arbeiten des »Blauen Reiter«, der »Brücke« sowie Klees ergänzte. Stangl war Nachlassverwalter Marcs und Testamentsvollstrecker für dessen Frau Maria, als Galerist hatte er außerdem in München eine Sammlung zusammengetragen, die Künstler des »Blauen Reiter« mit abstrakten Werken der Nachkriegszeit verband. Sieben von ihnen, darunter Willi Baumeister, Rupprecht Geiger, Fritz Winter, hatten sich 1949 in Stangls Galerie zu »Zen 49« für einen künstlerischen wie Neubeginn zusammengeschlossen. Auch von ihnen sind Werke zu sehen.

Franz Marc Museum
Franz Marc Park 8–10
82431 Kochel am See
Telefon: +49 (0) 88 51 / 92 48 80
E-Mail: info@franz-marc-museum.de
www.franz-marc-museum.de

Öffnungszeiten
April bis Oktober
Di–So 10:00–18:00 Uhr
November bis März
Di–So 10:00–17:00 Uhr

Die Idee, ein Sportmuseum zu gründen, kam Willi Daume bereits 1972. Der 1982 ins Leben gerufene Verein Deutsches Sportmuseum trug im Lauf der Jahre rund 100 000 Objekte zusammen – Plakate, Medaillen, Urkunden, Sportschuhe, Sportbekleidung und andere Memorabilien. Seit Eröffnung des Deutschen Sport & Olympiamuseums 1999 sind erstmals in Deutschland 2500 Jahre Sport zu besichtigen.

Das Museum befindet sich in einer ehemaligen Zollhalle aus dem 19. Jh. im Kölner Rheinauhafen und verfügt über insgesamt rund 2000 m² Ausstellungs- und Aktionsfläche. Im Erdgeschoss sind Sonderausstellungen zu sehen, die sporthistorische Themen oder den Bereich Sport und Kunst aufgreifen. Hier werden im sogenannten Salon ferner Höhepunkte des Sports in bewegenden Filmen gezeigt: unvergessene Highlights, große Sportler, triumphale Siege und bittere Niederlagen. Die Dauerausstellung im ersten Stock präsentiert anhand zahlreicher Objekte, Filmdokumentationen und Medienstationen die Geschichte des Sports. Am Anfang stehen die Olympischen Spiele und die nackten Athleten der griechischen Antike. Es folgen deutsches Turnen mit »Turnvater Jahn« und der englische Sport, bei dem sich bereits Ende des 19. Jh. wesentliche Merkmale des heutigen Sports wie Leistung, Wettbewerb, Fair Play entwickelten. Neben den Räumen für die deutschen Olympiaden in Berlin 1936 und in München 1972 sind weitere Bereiche den Lieblingssportarten der Deutschen gewidmet: Fußball, verschiedene Wintersportarten, Boxen, Radsport und Formel 1. Sportfreunde können aber auch selbst aktiv werden und mit Boxhandschuhen in den Ring steigen oder auf die Originaltorwand aus dem ZDF-Sportstudio schießen. Auf dem Dach bietet ein Sportplatz auf zwei Kunstrasenflächen Platz für verschiedene sportliche Aktivitäten wie Tennis oder Volleyball.

Deutsches Sport & Olympiamuseum
Im Zollhafen 1
50678 Köln
Telefon: +49 (0) 2 21 / 33 60 90
E-Mail: info@sportmuseum.info
www.sportmuseum.info

Öffnungszeiten
Di–Fr 10:00–18:00 Uhr
Sa, So 11:00–19:00 Uhr

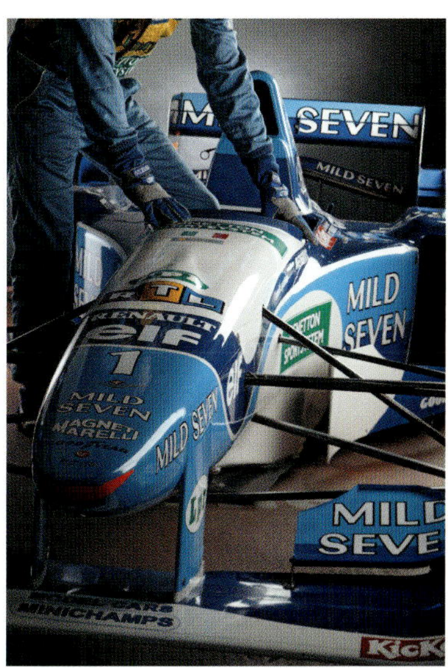

Einmal Formel-1-Fahrer sein – in Köln ist es möglich.

Das zweitälteste Museum Kölns wurde 1853 vom Christlichen Kunstverein als »Erzbischöfliches Diözesanmuseum« gegründet. 1989 ging es in die Trägerschaft des Erzbistums Köln über, seit 2004 trägt es den Namen »Kolumba«. 1997 beauftragte Joachim Kardinal Meisner den Schweizer Architekten Peter Zumthor mit einem Neubau an der Stelle, an der die im Zweiten Weltkrieg zerstörte romanische Kirche St. Kolumba gestanden hatte.

2007 öffnete das neue Museumsgebäude seine Pforten. Allein die herausragende Architektur ist einen Besuch wert. Das fugenlos errichtete Gebäude beruht auf der Konstruktion eines Stahltragwerks in Verbindung mit 13 Säulen und massivem Mauerwerk, dessen Backstein eigens entwickelt und von Hand gefertigt wurde. Die vollständig integrierte Kapelle »Madonna in den Trümmern« Gottfried Böhms von 1950 ist von außen nicht mehr zu sehen, aber separat zugänglich.

Die Sammlung des Museums reicht von der Spätantike bis in die Gegenwart, von romanischer Skulptur bis zu Rauminstallationen, von mittelalterlichen Bildtafeln bis zur monochromen Farbmalerei, vom gotischen Ziborium bis zu Gebrauchsgegenständen des 20. Jh. Schwerpunkte sind Arbeiten aus der Zeit des frühen Christentums (koptische Gewebe) sowie Malerei, Plastik und Goldschmiedekunst des 11. bis 16. Jh., ferner Beispiele der Volksfrömmigkeit und ein umfangreicher Bestand von Rosenkränzen. Das 19. Jh. ist mit Werken der Malerei, Zeichnungen und religiöser Druckgrafik vertreten, das 20. Jh. mit Werken der klassischen Moderne und der angewandten Kunst. Das Museum zeigt in jährlich mehrfachem Wechsel Werke der eigenen Sammlung.

Kolumba
Kolumbastraße 4
50667 Köln
Telefon: +49 (0) 2 21 / 9 33 19 30
E-Mail: mail@kolumba.de
www.kolumba.de

Öffnungszeiten
Mi–Mo 12:00–17:00 Uhr

Paul Thek, Werke aus der Ausstellung »A Procession in Honour of Aesthetic Progress: Objects Theoretically Wear, Carry, Pull or Wave« (Prozession zu Ehren des ästhetischen Fortschritts: Objekte zum theoretischen Tragen, Ziehen oder Schwenken), 1968

Bahnreisende können schon vom Zug aus die für das Museum typischen Dächer sehen.

Museum Ludwig
Heinrich-Böll-Platz
50667 Köln
Telefon: +49 (0) 2 21 / 22 12 61 65
E-Mail: info@museum-ludwig.de

Öffnungszeiten
Di–So 10:00–18:00 Uhr
Erster Freitag im Monat
10:00–22:00 Uhr

Mit der Schenkung von 350 Werken aus der Sammlung von Irene und Peter Ludwig (1925–1996) an die Stadt Köln wurde 1976 das Museum Ludwig gegründet. Daraufhin errichteten die Kölner Architekten Peter Busmann und Godfrid Haberer das 1986 eröffnete »Doppelmuseum«, das sowohl das Museum Ludwig als zunächst auch das Wallraf-Richartz-Museum aufnahm.

Die Sammlung des Museums umfasst bedeutende Kunstwerke des 20. Jh. und der Gegenwart. Durch die Sammlung Ludwig kamen Arbeiten der russischen Avantgarde von 1905 bis 1935 (Natalija Gontscharowa, Kasimir Malewitsch, Alexander Rodtschenko) hinzu sowie die größte Sammlung amerikanischer Pop-Art außerhalb der USA (Roy Lichtenstein, Andy Warhol, Tom Wesselmann, Jasper Johns). Integriert wurde ebenfalls die Sammlung des Kölner Juristen Josef Haubrich (1889–1961), der bereits 1945 rund 200 Gemälde, Skulpturen und Papierarbeiten des Expressionismus und der klassischen Moderne der Stadt geschenkt hatte. Werke von Max Beckmann, Henri Matisse, Oskar Kokoschka, Paul Klee, Max Ernst, Alexej von Jawlensky, Willi Baumeister stammen von weiteren Stiftern. Das Museum Ludwig verfügt aufgrund zweier Schenkungen zudem über die drittgrößte Picasso-Sammlung weltweit. Das Ehepaar Ludwig übereignete der Stadt 1994 zunächst 90 Werke des Künstlers, weitere 774 Arbeiten schenkte Irene Ludwig dem Museum dann 2001 nach dem Tod ihres Mannes. Die Sammlung für Fotografie und Video besteht seit 1977. Durch Leihgaben und Schenkungen kamen Industriefotografien von Albert Renger-Patzsch und fotografische Werke russischer Avantgardekünstler hinzu. Die Sammlung Agfa umfasst historische Fotografien (Hugo Erfurth, August Sander).

Die romanische Kirche St. Cäcilien ist eine ehemalige Konventskirche und gehörte zu einem ab 882 bezeugten Damenstift und späteren Kloster, im 19. Jh. fungierte sie als Kapelle des ersten öffentlichen Krankenhauses der Stadt. Seit 1956 beherbergt sie das Museum Schnütgen. Es ist benannt nach dem Sammler und Domkapitular Alexander Schnütgen (1843–1918), der 1906 seine Sammlung christlicher Kunstwerke vom Mittelalter bis zum 19. Jh. der Stadt Köln vermachte. Sein Ziel war die Schaffung einer umfangreichen Vorbildersammlung für die christlichen Künstler seiner eigenen Zeit.

Die inzwischen über 13 000 Werke der Sammlung dienten ursprünglich vorwiegend dem Schmuck alter Kirchenbauten. Zahlreiche Skulpturen aus Holz sowie aus Stein, Schnitzaltäre, Messgewänder und andere Textilien, Metallarbeiten aus Gold, Silber und Bronze, Elfenbeinschnitzereien und Glasmalereien, liturgische Bücher, romanische und gotische Bauplastik wie Kapitelle und großformatige Kirchenmöbel stehen in einer harmonischen Verbindung zum romanischen Kirchenraum, in dem bislang nur eine kleine Auswahl des Bestandes gezeigt wird.

Die Ausstellungssituation wird sich im Zuge des Neubaus des Rautenstrauch-Joest-Museums insofern ändern, als der bisherige Verwaltungstrakt, ein denkmalgeschützter Anbau von Karl Band, beide Museen künftig miteinander verbinden wird. Das Museum Schnütgen erhält zusätzliche 400 m^2 Ausstellungsfläche, wodurch es ab Anfang 2010 erstmals seit dem Zweiten Weltkrieg alle Abteilungen der Sammlung präsentieren kann. Ferner wird ein weiterer Ausstellungsraum für Glasmalerei und Steinskulptur zur Verfügung stehen.

Museum Schnütgen
Cäcilienstraße 29
50667 Köln
Telefon: +49 (0) 2 21/ 22 12 36 20
E-Mail: museum.schnuetgen@stadt-koeln.de
www.museenkoeln.de/museum-schnuetgen

Öffnungszeiten
Di–Fr 10:00–17:00 Uhr
Sa, So 11:00–17:00 Uhr

Das Glasbild zeigt zwei seifenblasende Jungen, um 1530, Köln

Die hölzerne Götterfigur Tino aitu stammt von dem Atoll Nukuoro der Karolineninseln, die zu Mikronesien gehören.

Ausgangspunkt des Kölner Museums für Kulturen der Welt war die breit gefächerte Ethnografica-Sammlung des Naturwissenschaftlers Wilhelm Joest (1852–1897). Auf seinen zahlreichen Forschungsreisen hatte er Beispiele für Kunst und Kultur aller Kontinente zusammengetragen. Nach seinem Tod erbte seine Schwester Adele Rautenstrauch diese Sammlung. Sie stiftete das Kapital für den Bau eines nach Plänen des Architekten Edwin Crones errichteten Museums, das 1906 eröffnet, den Namen »Rautenstrauch-Joest-Museum« erhielt.

Heute umfasst der Bestand rund 65 000 ethnografische Objekte und 100 000 historische Fotografien. Aufgrund dieser Fülle entsteht derzeit ein Neubau nach Plänen des Braunschweiger Büros Schneider + Sendelbach Architekten im Herzen Kölns, der voraussichtlich im Winter 2009/10 eröffnet wird. Die neue Ausstellungskonzeption des Museums sieht vor, dass Themen aufgegriffen werden, die Menschen überall auf der Welt bewegen. Unter dem Titel »Der Mensch in seinen Welten« werden die überwiegend historischen Exponate in einen aktuellen Bezug eingebunden und thematisch gegenübergestellt.

In einer für europäische ethnologische Museen einzigartigen, kulturvergleichenden Art und Weise – deren Ausgangspunkt immer die eigene Kultur ist – werden die Highlights der Sammlung in einem Themenparcours inszeniert.

Rautenstrauch-Joest-Museum – Kulturen der Welt
Cäcilienstraße 29–33
50667 Köln
Telefon: +49 (0) 2 21/ 22 13 13 01
E-Mail: info@rjmkoeln.de
www.museenkoeln.de/ rautenstrauch-joest-museum

Öffnungszeiten
Di, Mi, Fr–So 10:00–18:00 Uhr
Do 10:00–20:00 Uhr

Auf 3600 m² können die Besucher spannend inszenierte Raumwelten erleben. Medienstationen regen zur aktiven Auseinandersetzung mit den Kulturen der Welt an, und ein Juniormuseum führt junge Besucher in die Thematik des neuen Hauses ein. Im großzügigen Foyer ist das neue Wahrzeichen des Hauses aufgebaut: ein kompletter Reisspeicher aus Sulawesi.

Römisch-Germanisches Museum

Das städtische Römisch-Germanische Museum bewahrt Zeugnisse der Kunst, Kultur und des Alltagslebens im römischen und frühmittelalterlichen Köln sowie der Region. Hervorgegangen aus der Römischen und Germanischen Abteilung des Wallraf-Richartz-Museums und 1946 als eigenständige Institution etabliert, umfassen seine Sammlungen heute rund drei Millionen Fundobjekte. Das Museum ist zugleich das Amt für Archäologische Bodendenkmalpflege und setzt so seit 1923 die Tradition archäologischer Feldforschung fort. Es erfüllt daher eine dreifache Aufgabe: als Forschungsstätte, als Archäologisches Archiv der Stadt Köln und als öffentliche Sammlung.

Das 1974 eröffnete Museumsgebäude erhebt sich über den Grundmauern der 1941 entdeckten römischen Stadtvilla mit dem berühmten Dionysos-Mosaik (um 220/230 n. Chr.) und an der Stelle der mittelalterlichen Kaiserpfalz. Das Mosaik ist bereits durch das Panoramafenster im Erdgeschoss zu sehen – ebenso wie der eindrucksvolle rekonstruierte Grabbau des römischen Legionsveteranen Lucius Poblicius (um 40 n. Chr.).

Römisch-Germanisches Museum
Roncalliplatz 4
50667 Köln
Telefon: +49 (0) 2 21 / 22 12 / 2 44 38
E-Mail: roemisch-germanisches-museum@stadt-koeln.de
www.museenkoeln.de/roemisch-germanisches-museum

Öffnungszeiten
Di–So 10:00–17:00 Uhr

Im Schatten des Doms hütet das Römisch-Germanische Museum das archäologische Erbe der Stadt.

Die ältesten Exponate des Museums stammen aus der Alt-, Mittel- und Jungsteinzeit sowie aus der Bronze- und Eisenzeit (100 000–1. Jh. v. Chr.). Interessant sind die Faustkeile aus der Kartsteinhöhle in der Eifel, die verzierten Tongefäße aus der Zeit der ersten Bauern und Viehzüchter und die Grabfunde aus dem freien Germanien der römischen Kaiserzeit. Das Alltagsleben im römischen Köln dokumentieren Architekturteile, Inschriften, Porträts und Keramiken. Sie vermitteln eine anschauliche Vorstellung von der Entwicklung der Stadt vom zentralen Ort der Ubier (Oppidum Ubiorum) zur Stadt römischen Rechts (Colonia) und Hauptstadt der kaiserlichen Provinz Niedergermanien. Farbige Wandmalereien, Einrichtungen aus Marmor und Bronze oder edles Geschirr spiegeln Reichtum und Wohnkultur der römischen Bürger in Köln wider. Aber auch Tod und Jenseitsbilder prägten die römische Lebenswelt nachhaltig: Figurenreiche Grabdenkmäler zeugen ebenso wie kostbare Grabbeigaben vom hohen Aufwand für ein als angemessen angesehenes Begräbnis. Von den religiösen Vorstellungen erzählen ferner Götterfiguren und Reliefbilder aus Stein, Bronze und Ton.

Das Römisch-Germanische Museum besitzt darüber hinaus die weltweit größte Sammlung römischen Glases. Gläser unterschiedlicher Herstellungstechnik und Verzierungsart zeigen etwa ein Miniaturbildnis des Kaisers Augustus aus grünem Glas, eingeschliffene Bilder, kunstvoll aufgelegte Glasfäden oder Figurengefäße. Ein Prunkstück ist das Diatretglas mit seinem filigranen farbigen Netzwerk, das in virtuoser Technik aus der Glasmasse geschliffen ist (330/340 n. Chr.). Besondere Aufmerksamkeit verdient die umfangreiche Sammlung römischen Schmucks mit Bernstein- und Gagatschnitzereien, meisterhaften Gemmen und Kameen.

Von der fränkischen Besiedlung im Kölner Raum zeugen Waffen, Gläser, Tongefäße und Schmuck. Die Grabinschrift für den in Deutz erschlagenen Soldaten Viatorinus ist das älteste epigrafische Zeugnis, das auf die einst hier lebenden Franken verweist.

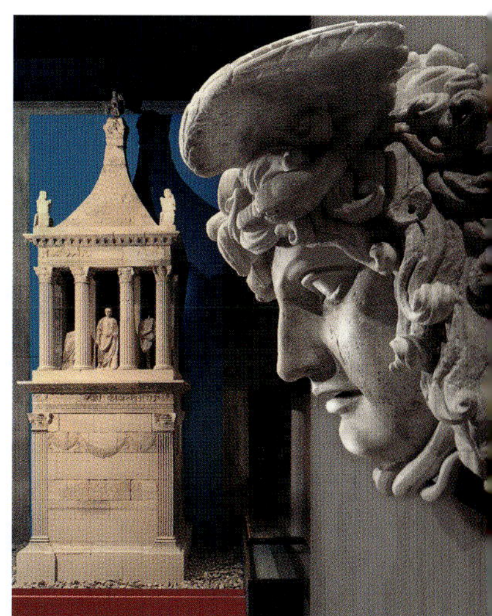

Das Grabmal für Lucius Poblicius und seine Familie aus dem 1. Jh. n. Chr. gehört ebenso wie das Medusenhaupt zu den Highlights der römischen Vergangenheit Kölns.

Die Entstehung des Kölner Schokoladenmuseums geht auf einen Zufall zurück: Der Inhaber der Schokoladenfabrik Stollwerck Hans Imhoff (1921–2007) entdeckte 1975 während eines Umzugs Kisten, die weggeworfen werden sollten. Der »Plunder« darin entpuppte sich jedoch als Dokumente zur Firmengeschichte. Imhoff beauftragte daraufhin den Kunsthistoriker Vaclav Hepner, das Material zu sichten. Bis er seine Idee, ein Museum zu gründen, in die Tat umsetzen konnte, sollte es noch eine Weile dauern, doch 1993 ließ er im Rheinauhafen einen Neubau errichten.

Seitdem zeigt das Schokoladenmuseum auf drei Ebenen nicht nur die Geschichte Stollwercks, sondern darüber hinaus die 3000-jährige Kulturgeschichte der Schokolade. Ursprünglich stammt der Kakaobaum aus dem Amazonasgebiet. Maya und Azteken verwendeten Kakaobohnen sowohl als Zahlungsmittel wie auch als Medizin. Von Südamerika gelangte die »Götterspeise« im 16. Jh. nach Europa, wo sie seit Beginn des 17. Jh. als Getränk des Adels an den Höfen bekannt wurde. Noch bis ins 20. Jh. hinein blieb Schokolade eine kostspielige Nascherei und wurde erst in den 1960er-Jahren zum modernen Industrieprodukt, das für jeden erschwinglich war. Weitere Ausstellungsräume informieren über Herkunft, Anbau, Ernte und Reinheit von Kakao und zeigen, wie der Kakaohandel und die Herstellung von Schokolade funktionieren. Von den vielfältigen Möglichkeiten, Süßmäuler durch Reklame zu verführen, zeugen Automaten, Emailleschilder, Plakate, Sammelbilder und Werbespots von 1926 bis heute, die im Schokokino zu sehen sind.

Schokoladenmuseum Köln GmbH
Am Schokoladenmuseum 1a
50678 Köln
Telefon: +49 (0) 2 21 / 9 31 88 80
E-Mail: office@schokoladenmuseum.de
www.schokoladenmuseum.de

Öffnungszeiten
Di–Fr 10:00–18:00 Uhr
Sa, So 11:00–19:00 Uhr

Der Schokoladenbrunnen als Wahrzeichen des Museums lässt keinen Zweifel daran, dass Schokolade glücklich macht.

Stefan Lochner, *Muttergottes in der Rosenlaube,* um 1440/42

Das Wallraf-Richartz-Museum ist das älteste Museum Kölns und eine der bedeutendsten Gemäldegalerien Deutschlands. Der Kleriker und Universitätsprofessor Franz Wallraf (1748–1824) vererbte der Stadt seine umfangreichen Sammlungen, die den Grundstock der meisten Museen Kölns bilden. Mit einer Schenkung des Kaufmanns Johann Heinrich Richartz (1795–1861) konnte 1854 der erste Museumsbau des Rheinlandes in Angriff genommen werden. Heute befindet sich das Museum am Rathaus in dem von dem Kölner Architekten Oswald Maria Ungers entworfenen Neubau, der 2001 eröffnet wurde. Die beiden durch ein verglastes Treppenhaus verbundenen Baukörper sind mit einer Natursteinfassade aus hellem Tuffstein und dunkler Basaltlava verkleidet. Schieferplatten des Künstlers Ian Hamilton Finlay zeigen die eingemeißelten Namen der Künstler, deren Werke im Museum zu sehen sind.

Zu dem herausragenden Bestand des Museums zählt die Mittelalter-Abteilung im ersten Stock mit Gemälden von 1250 bis 1550. Sie umfasst neben einigen italienischen Werken des 13. und 14. Jh. (Simone Martini) hauptsächlich Kölner Tafelmalerei, die aus Kirchen und Kapellen der Stadt stammt, aber auch Altartafeln niederländischer und westfälischer Maler sowie kleinformatige Andachtsbilder, darunter Stefan Lochners berühmte *Muttergottes in der Rosenlaube,* entstanden um 1440/42. Der zweite Stock ist der Malerei des Barock gewidmet. Die großformatigen Historienbilder greifen Themen antiker und mythologischer Erzählungen auf (Peter Paul Rubens, Jacob Jordaens), während sich die kleineren Formate auf Stillleben, Genreszenen, Porträts und

Alfred Sisley,
Brücke bei Hampton Court, 1874

Wallraf-Richartz-Museum &
Fondation Corboud
Obenmarspforten
50667 Köln
Telefon: +49 (0) 2 21 / 22 12 11 19
E-Mail: wallraf@museenkoeln.de
www.museenkoeln.de

Öffnungszeiten
Di, Mi–Fr 10:00–18:00 Uhr
Do 10:00–22:00 Uhr
Sa, So 11:00–18:00 Uhr

Landschaften konzentrieren. Im dritten Stock werden Werke des 19. Jh. gezeigt. Sie erstrecken sich von der deutschen Romantik (Caspar David Friedrich, Jacob Philipp Hackert, Joseph Anton Koch) über das Biedermeier bis zum französischen und deutschen Impressionismus (Claude Monet, Camille Pissarro, Pierre Auguste Renoir, Max Liebermann, Max Slevogt, Lovis Corinth). Ferner sind Werke von Edvard Munch und Vincent van Gogh zu sehen.

Der Schweizer Unternehmer Gérard J. Corboud und seine Frau Marisol stellen seit 2001 ihre umfangreiche Sammlung an Gemälden vor allem des Impressionismus und des Neoimpressionismus als »ewige Dauerleihgabe« dem Museum zur Verfügung, die nahezu lückenlos die Malereigeschichte von 1870 bis zum Ausbruch des Zweiten Weltkriegs dokumentiert.

Beachtlich ist ferner die Graphische Sammlung, die mit 75 000 Objekten eine große Vielfalt von Arbeiten auf Papier und Pergament bietet. Dazu gehören mittelalterliche Miniaturen wie im *Stundenbuch* der Sophia von Bylant vom Meister des Bartholomäus-Altars (um 1475), Zeichnungen (Leonardo, Raffael, Pontormo, Géricault, Ingres, Rubens) und Aquarelle, aber auch Skizzenbücher, Mappenwerke, Druckgrafiken oder Bücher mit Originalgrafiken. Der Entstehungszeitraum reicht vom Mittelalter bis zum Beginn des 20. Jh.

Zu den Kunstmuseen Krefeld zählen das Kaiser Wilhelm Museum in der Innenstadt sowie das Haus Lange und das benachbarte Haus Esters in der Nähe des Stadtwaldes. Sie konzentrieren sich in erster Linie auf die Präsentation zeitgenössischer Kunst.

Die Geschichte des Kaiser Wilhelm Museums geht auf eine Initiative des Architekten Hugo Koch zurück, der 1880 vorschlug, ein Gewerbemuseum einzurichten. 1882 wurde zu diesem Zweck ein Verein gegründet, der nunmehr ein Kunstgewerbemuseum plante. In der patriotischen Stimmung nach dem Tod Wilhelms I. kam bis März 1889 die damals beachtliche Summe von 365 000 Mark zusammen. So legte Koch 1893 einen Entwurf für ein Museumsgebäude am Karlsplatz vor, das sowohl Denkmal als auch Museum sein sollte und 1897 eröffnet wurde. Friedrich Deneken, erster Museumsdirektor bis 1922, begann neben Kunstgewerbe und Kleinkunst wie Medaillen, Plaketten, Keramiken einige Werke der bildenden Kunst, darunter Gemälde von Claude Monet, Hans Thoma, Andreas Achenbach, zu sammeln. Hinzu kamen moderne Grafik und Plastiken. Sein Nachfolger Max Creutz, von 1922 bis 1932 im Amt, verlegte den Schwerpunkt dann zunehmend auf die bildende Kunst der Gegenwart.

Im Fokus der Sammlung steht heute die Kunst ab 1945. Mit plastischen Werken von Hans Arp, Arman, Mario Merz, Christo, Andy Warhol, Dan Flavin, Richard Serra, Dan Graham, Bruce Nauman, Richard Long, Katharina Fritsch, Thomas Schütte spannt sich der Bogen

Das ehemalige Esszimmer im Haus Lange bietet einen wunderbaren Blick in den weitläufigen Garten hinter der Villa.

von abstrakter Plastik über Kinetik, Arte povera, Nouveau Réalisme, Pop-Art, Minimal Art, Konzeptkunst und Land-Art bis zur in den 1980er- und 1990er-Jahren wieder stärker figurativen Skulptur. Eine besondere Bedeutung kommt Joseph Beuys zu, der mit einem von ihm selbst eingerichteten Ensemble präsent ist. Die Malerei umfasst Werke des 19. und frühen 20. Jh. (Hans Thoma, Friedrich August von Kaulbach, Max Slevogt, Claude Monet, Max Liebermann, Wassily Kandinsky, Erich Heckel, Emil Nolde, Piet Mondrian), ferner konstruktivistische Werke der 1920er-Jahre und großformatige Farbfeldmalereien der 1950er- und 1960er-Jahre (Morris Louis, Yves Klein). Mit Künstlern wie Peter Halley, Sigmar Polke, Norbert Prangenberg, Gerhard Richter und Luc Tuymans ist die zeitgenössische Malerei vertreten.

Haus Lange und Haus Esters wurden zwischen 1927 und 1930 von Ludwig Mies van der Rohe geplant und gebaut. Hermann Lange und Josef Esters waren nicht nur geschäftsführende Direktoren der Vereinigten Seidenwebereien, sondern auch Kunstsammler. Die großzügigen Villen wurden bereits ab dem Zweiten Weltkrieg von den Familien nur zum Teil genutzt, 1954 schließlich bot Ulrich Lange, der Sohn, der Stadt Krefeld an, Haus und Grundstück mietfrei zu nutzen, um moderne Kunst zu zeigen. 1966 folgte die Schenkung. Die Erben von Josef Esters und seiner Frau boten 1976 ihr Haus der Stadt ebenfalls an, die es dann kaufte, sanierte und seit 1981 nutzt. Beide Häuser dienen seither als Dependancen des Kaiser Wilhelm Museums und zeigen ausschließlich Wechselausstellungen. Sie bieten jungen Künstlern die Gelegenheit, sich mit der Architektur auseinanderzusetzen und vor Ort Arbeiten zu realisieren. Dieses Angebot haben zuerst Künstler wie Yves Klein in den 1950er-Jahren wahrgenommen, später folgten Christo, Jan Dibbets, Sol LeWitt, Fred Sandback, Eric Fischl, Kiki Smith.

Wegen einer umfassenden Generalsanierung wird das Kaiser Wilhelm Museum bis voraussichtlich 2010 geschlossen sein, Haus Lange und Haus Esters zeigen jedoch unverändert ihr Ausstellungsprogramm.

Kaiser Wilhelm Museum
(Kunstmuseen Krefeld)
Karlsplatz 35
47798 Krefeld
Telefon: +49 (0) 21 51 / 97 55 80
E-Mail: kunstmuseen@krefeld.de
www.krefeld.de/kunstmuseen

Öffnungszeiten:
Di–So 11:00–17:00 Uhr

Haus Lange und Haus Esters
(Kunstmuseen Krefeld)
Wilhelmshofallee 91 und 97
47800 Krefeld
Telefon: +49 (0) 21 51 / 97 55 80
E-Mail: kunstmuseen@krefeld.de
www.krefeld.de/kunstmuseen

Öffnungszeiten
Di–So 11:00–17:00 Uhr

Lucas Cranach, *Familie der Naturmenschen,* um 1530

Als unermüdlicher Museumsgründer betätigt sich Reinhold Würth, und das nicht nur in seiner Heimatstadt. Der 1935 geborene Unternehmer übernahm nach dem frühen Tod des Vaters im Alter von 19 Jahren die väterliche Schraubengroßhandlung und baute sie zum weltweiten Marktführer für Befestigungs- und Montagetechnik aus.

Am Anfang seines Engagements für Kunst und Kultur stand das 1991 am Ort des Firmensitzes eröffnete Museum Würth. Integriert in das Verwaltungsgebäude des Unternehmens, entstanden zwei selbstständige Museumsbereiche: das Museum für moderne und zeitgenössische Kunst und die Sammlung Schrauben und Gewinde. 2001 folgte die 20 km entfernt liegende Kunsthalle Würth in Schwäbisch Hall, in der ausschließlich Sonderschauen präsentiert werden. In der Hirschwirtscheuer in Künzelsau finden ebenfalls wechselnde Ausstellungen statt, die sich thematisch am Sammlungsbestand orientieren.
Im November 2008 wurde zudem die Johanniterhalle in Schwäbisch-Hall nach einer umfangreichen Sanierung eröffnet. In der ehemaligen Kirche aus dem 12. Jh. sind Werke alter Meister aus der Sammlung Würth zu sehen, vorwiegend spätmittelalterliche Tafelmalerei und Skulpturen aus Süddeutschland. Grundstock dafür ist die Sammlung des Fürsten zu Fürstenberg, die Würth 2003

Uwe Kächele, *Nasen riechen Tulpen,* 1999

geschlossen erwerben konnte, darunter bedeutende Werke von Lucas Cranach d. Ä. Diese vier Häuser werden durch die Adolf Würth GmbH & Co. KG getragen. Seit 1999 sind ferner nach und nach Kunstdependancen in den Auslandsgesellschaften in Belgien, Dänemark, Frankreich, Italien, den Niederlanden, Norwegen, Österreich, Spanien und der Schweiz entstanden.

Mit dem Kauf eines Aquarells von Emil Nolde in den 1960er-Jahren begann die Leidenschaft Würths für das Sammeln von Kunst. Inzwischen umfasst seine Kollektion, die als eine der bedeutendsten Privatsammlungen Europas gilt, mehr als 11 000 Gemälde, Zeichnungen, Grafiken und Skulpturen von namhaften Künstlern des 20. Jh. bis heute. Sie ist in den von ihm initiierten Museen sowohl den Mitarbeitern des Unternehmens als auch der Öffentlichkeit zugänglich. Es werden in erster Linie Neuerwerbungen präsentiert und in wechselnden Ausstellungen Teile der Sammlung, bisweilen von Leihgaben ergänzt.

Neben Werken des Spätimpressionismus und des Expressionismus nehmen zeitgenössische Arbeiten von Georg Baselitz, Anselm Kiefer und Markus Lüpertz einen besonderen Platz ein. Schwerpunkte liegen ferner auf Werkgruppen von Alfred Hrdlicka, Christo und Jeanne-Claude, Robert Jacobsen. Hinzu kommt Kunst aus Österreich, Polen, Spanien und Mexiko.

Abgestimmt auf die Produktpalette der Firma Würth, zeigt das Museum für Schrauben und Gewinde in einer ständigen Ausstellung technische Exponate verschiedener Anwendungsbereiche von Schrauben und Gewinden in Industrie und Technik.

Museum Würth
Reinhold-Würth-Straße 15
74653 Künzelsau
Telefon: +49 (0) 79 40 / 15 24 21
E-Mail: museum@wuerth.com
www.kunst.wuerth.com

Öffnungszeiten
Mo–So 10:00–18:00 Uhr

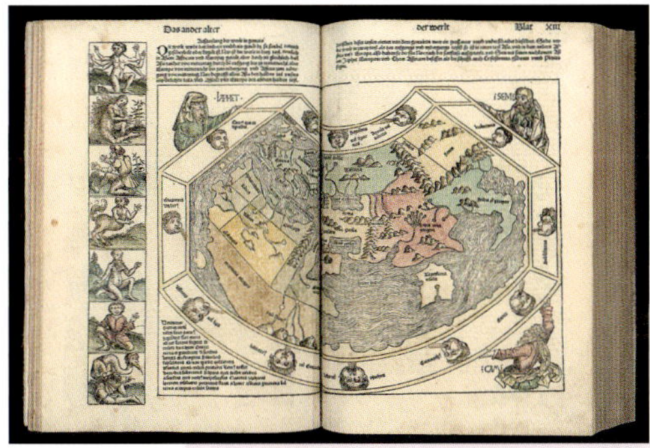

Hartmann Schedel,
Liber chronicarum, 1493

Deutsches Buch- und Schriftmuseum
Deutsche Nationalbibliothek
Deutscher Platz 1
04103 Leipzig
Telefon: +49 (0) 3 41 / 2 27 13 24
E-Mail: dbs@d-nb.de
www.d-nb.de

Öffnungszeiten
Ausstellung
Wiedereröffnung Ende 2010
Lesesaal
Mo–Fr 8:00–16:00 Uhr
Sa 9:00–18:00 Uhr

1884 als »Deutsches Buchgewerbemuseum« gegründet, gehört das Deutsche Buch- und Schriftmuseum zu den bedeutendsten Sammlungen auf diesem Gebiet. Es ist eng mit der Stadt Leipzig verbunden, die auf eine lange Tradition der Buch- und Druckkunst zurückblickt und als Buchmessenstadt ein unverwechselbares Profil besitzt. Den Grundstock für die Sammlung legte 1886 der Erwerb von 3000 historischen Drucken des Dresdner Schneiders, Verlegers und Büchersammlers Heinrich Klemm (1819–1886). Seit 1990 gehört das Museum zur Deutschen Nationalbibliothek.

Heute umfasst der Bestand über eine Million Objekte von den Anfängen der Schriftentwicklung bis heute, darunter Buchsammlungen (Druckwerke des 15. bis 19. Jh., Musterbücher, Bucheinbände, Mappenwerke, Schutzumschläge), Dokumente zur Buchgeschichte, papierhistorische Sammlungen (Papierproben, Buntpapiere), eine Grafische Sammlung mit Arbeiten von Künstlern, Werkstätten, Druckereien und Verlagen zur Buchgestaltung, eine kulturhistorische Sammlung (Schreibgeräte, Geräte und Maschinen für grafische Techniken, den Druck, die Buchbinderei) sowie Nach- und Vorlässe von Buch- und Schriftgestaltern. Zudem bewahrt und erschließt das Museum die prämierten Bücher, die in den deutschen wie internationalen Buchkunstwettbewerben seit 1929 eingereicht werden (Stiftung Buchkunst).

Derzeit wird nach Entwürfen von Gabriele Glöckler ein umfangreicher Erweiterungsbau für die Deutsche Nationalbibliothek errichtet, in dem das Museum voraussichtlich Ende 2010 mit einer neuen Dauerausstellung zur Mediengeschichte wiedereröffnet wird. Bis dahin sind keine Ausstellungen zu sehen, es werden Veranstaltungen angeboten.

Der Nautiluspokal ist ein für die Renaissance typisches Prunkgefäß, um 1590.

Bei den Museen im Grassi handelt es sich um drei eigenständige Museen unter einem Dach. Der Name leitet sich von Franz Dominic Grassi (1801–1880), einem Leipziger Kaufmann italienischer Herkunft, ab. Er vererbte der Stadt ein Vermögen, von dem zahlreiche Bauprojekte realisiert wurden, vor allem das von 1892 bis 1895 nach Plänen des Stadtbaurats Hugo Licht errichtete »alte« Grassimuseum, in dem neben der kunstgewerblichen Sammlung das Museum für Völkerkunde untergebracht war (heute Sitz der Stadtbibliothek). Als die Räumlichkeiten dort für das 1874 gegründete Kunstgewerbemuseum mit seiner wachsenden Sammlung nicht mehr ausreichten, wurde von 1925 bis 1929 das »neue« Grassimuseum nach einem Entwurf der Architekten Carl William Zweck und Hans Voigt gebaut. Mehr als 27 000 m^2 Fläche standen nunmehr für das Kunstgewerbe-, das Völker- und Länderkunde- und das Musikinstrumentenmuseum zur Verfügung. Von 2001 bis 2006 wurde der Gebäudekomplex, ein bedeutendes Beispiel für die Architektur der 1920er-Jahre, umfassend saniert und modernisiert.

Grassi Museum für Angewandte Kunst
Johannisplatz 5–11
04103 Leipzig
Telefon: +49 (0) 3 41 / 2 22 91 00
E-Mail: grassimuseum@leipzig.de

Öffnungszeiten
Di–So 10:00–18:00 Uhr

Grassi Museum für Angewandte Kunst

Die Sammlungen umfassen europäisches wie außereuropäisches Kunsthandwerk von der Antike bis zur Gegenwart. Umfangreich vertreten sind die klassischen Materialbereiche wie Porzellan, Keramik, Glas, aber auch Möbel, Metallarbeiten, insbesondere Leipziger Goldschmiedekunst, Zier- und Gebrauchszinn, Werkzeuge und Gerät. Eine Besonderheit ist die Textilsammlung von frühen koptischen Geweben bis zu zeitgenössischen Stoffen. 2007 wurde der erste Ausstellungsrundgang »Antike bis Historismus«, der sich über 30 Räume und kleinere Kabinette erstreckt, eröffnet, für 2009 ist der zweite Rundgang »Asiatische Kunst« geplant und in den darauf folgenden Jahren der dritte unter dem Titel »Jugendstil bis Gegenwart«.

Seit 1997 wird an die bereits 1920 begründete Tradition der »Grassimesse« angeknüpft. Es handelt sich hierbei um eine museumseigene Verkaufsmesse, die einmal pro Jahr stattfindet und Objekte der angewandten Kunst und des zeitgenössischen Produktdesigns präsentiert. Eine Fachjury wählt dafür internationale Aussteller aus.

Grassi Museum für Völkerkunde
Johannisplatz 5–11
04103 Leipzig
Telefon: +49 (0) 3 41 / 9 73 19 00
E-Mail: mvl-grassimuseum@ses.smwk.sachsen.de
www.grassimuseum.de

Öffnungszeiten
Di–So 10:00–18:00 Uhr

Grassi Museum für Völkerkunde

Von Leipziger Bürgern 1869 gegründet, besitzt das Museum für Völkerkunde rund 200 000 Sammlungsobjekte sowie einen umfangreichen Bestand an Fotografien und Dokumenten. Der Grundstein des Museums wurde durch den Ankauf der umfangreichen Privatsammlung des Dresdner Hofrats Gustav Friedrich Klemm (1802–1867) gelegt, der ein bedeutender Kulturhistoriker seiner Zeit war. Persönlichkeiten wie Heinrich Schliemann, der Entdecker Trojas, sowie die Verlegerdynastien Brockhaus und Meyer gehörten zu den Förderern des Hauses.

Seit 1929 im »neuen« Grassimuseum beheimatet, wird im Herbst 2009 der letzte Teil der komplett neu eingerichteten Dauerausstellung »Rundgänge in einer Welt« eröffnet. Erstmals seit 80 Jahren können wieder die Kulturen aller Kontinente auf einer Fläche von mehr als 4000 m^2 dargestellt werden. Die Stationen dieser Reise führen von Asien über Europa durch den Orient nach Afrika, dann weiter nach Amerika und enden in Australien und Ozeanien. Herausragend sind die Kollektionen zum sibirischen Schamanismus und zum Buddhismus in Tibet. Wie eine prächtige Schatzkammer aus Tausendundeiner Nacht wirkt die Sammlung zum orientalischen Schmuck. Zusätzlich werden thematische Sonderausstellungen gezeigt.

Federschmuck der Indianer aus Nordamerika

Grassi Museum für Musikinstrumente der Universität Leipzig

Das größte Instrumentenmuseum Deutschlands bietet einen Einblick in die vielfältige Welt der Musikinstrumente und vermittelt einen Eindruck von den handwerklichen, künstlerischen und experimentellen Fähigkeiten der Instrumentenbauer seit dem 16. Jh. Die Geschichte der Sammlung begann 1886, als der holländische Musikverleger und Instrumentensammler Paul de Wit (1852–1925) ein »Musikhistorisches Museum« im Bosehaus an der Thomaskirche eröffnete und seine umfangreiche Sammlung der Öffentlichkeit zugänglich machte. Um die Jahrhundertwende ging sie in den Besitz des Kölner Papierfabrikanten Wilhelm Heyer über, der sie um kostbare Stücke erweiterte. Erst 1926 gelang es der Universität, diesen Schatz nach Leipzig zurückzuholen. Seit 1929 dient das Museum als Teil der Universität der Forschung und Lehre und präsentiert sich zugleich der Öffentlichkeit.

Unter den mehr als 5000 Instrumenten befinden sich Kostbarkeiten wie der älteste original erhaltene Hammerflügel der Welt aus dem Jahr 1726 sowie fünf weitere Instrumente des Erfinders der Hammermechanik Bartolomeo Cristofori, Meisterwerke aus Leipziger Werkstätten der Bachzeit, Zeugnisse des frühen Leipziger Klavierbaus, aber auch Musikautomaten und vieles mehr. Im Zusammenklang mit grafischen Darstellungen, 3-D-Musikbeispielen, einer Hologramm-Installation und der Kinoorgel im großen Vortragssaal lassen sie Musikgeschichte lebendig werden. Im Klanglabor stehen Besuchern Nachbauten historischer Tasteninstrumente, ein Orgelmodell, ein gläsernes Klavier und verschiedene Percussions zur Verfügung, um selbst darauf zu spielen.

Grassi Museum für Musikinstrumente der Universität Leipzig
Johannisplatz 5–11
04103 Leipzig
Telefon: +49 (0) 3 41 / 9 73 07 50
E-Mail: musik.museum@uni-leipzig.de
www.grassimuseum.de

Öffnungszeiten
Di–So 10:00–18:00 Uhr

Richard Jacobs (1877–1960) vollständig erhaltene Werkstatt vermittelt ein anschauliches Bild von der Arbeit eines Gitarrenbauers.

Max Klinger,
Beethoven, 1902

Das Museum der bildenden Künste zählt zu den ältesten Kunstmuseen Deutschlands. Seine Sammlung umfasst inzwischen dank zahlreicher Stiftungen und Schenkungen Leipziger Bürger rund 3000 Gemälde vom Spätmittelalter bis zur Gegenwart, 1000 Skulpturen und 60 000 Zeichnungen, Grafiken, Aquarelle und Fotografien. Der 1837 gegründete Leipziger Kunstverein eröffnete 1848 das »Städtische Museum«, das 1858 das erste eigene Gebäude erhielt. Seit 2004 befindet es sich im Neubau des Berliner Architekturbüros Hufnagel, Pütz, Rafaelian, dessen drei Obergeschosse insgesamt 5000 m^2 Ausstellungsfläche zur Verfügung stellen.

Im ersten Stock stehen zwei in Leipzig geborene Künstler im Mittelpunkt: Gemälde und Plastiken von Max Klinger verteilen sich auf vier Säle, darunter zahlreiche Gipsmodelle, die noch nie gezeigt wurden. Im Beethovensaal steht seine frisch restaurierte Großplastik *Beethoven* (1902), an der Klinger 17 Jahre lang gearbeitet hat. Im Saal für Max Beckmann sind Arbeiten aus 40 Jahren versammelt, darunter *Der Teppichhändler* (1946), die benachbarten Kabinette stellen sein Werk in einen Bezug zur politischen Situation. Im zweiten Stock beeindrucken 60 Gemälde altdeutscher und altniederländischer Künstler des 15. und 16. Jh., die zum kostbarsten Besitz des Museums gehören (Lucas Cranach d. Ä. und d. J., Frans Hals). Dem dritten Stock gehört die deutsche und französische Kunst des 19. Jh., ein Schwerpunkt der Sammlung (Karl Blechen, Arnold Böcklin, Caspar David Friedrich, Joseph Anton Koch, Schule von Barbizon). Hier wird auch DDR-Kunst gezeigt, vor allem die Leipziger Schule mit Bernhard Heisig, Wolfgang Mattheuer, Werner Tübke und Neo Rauch.

Museum der bildenden Künste Leipzig
Katharinenstraße 10
04109 Leipzig
Telefon: +49 (0) 3 41 / 21 69 90
E-Mail: mdbk@leipzig.de
www.mdbk.de

Öffnungszeiten
Di, Do–So 10:00–18:00 Uhr
Mi 12:00–20:00 Uhr

Graphische Sammlung
Mi 13:00–20:00 Uhr

Die spätestens um 1200 entstandene Wasserburg Brake wurde bis zum 14. Jh. etwa auf die heutigen Ausmaße erweitert und diente zunächst als Sitz der lippischen Grafen. Nach einem kurzen Intermezzo in Detmold verlegte Graf Simon VI. zur Lippe (1554–1613) die Residenz zurück nach Brake. Orientiert am Renaissanceideal des gebildeten Herrschers, interessierte er sich für Kunst, Wissenschaft, Alchemie, Astronomie und trug eine Gemäldesammlung sowie eine Bibliothek zusammen. Er beauftragte den Lemgoer Baumeister Hermann Wulff mit dem Umbau der Burg zum repräsentativen Schloss. Die 1587 vollendete Vierflügelanlage ist nicht vollständig erhalten, der Westflügel wurde im 19. Jh. abgebrochen.

In einem Teil von Schloss Brake wurde 1986 das Weserrenaissance-Museum eingerichtet. Es zeigt die kulturelle Blüte des Weserraums im 16. und frühen 17. Jh., darunter Gemälde, Möbel, Keramik, Bücher, naturwissenschaftliche Instrumente und sakrale Gegenstände. Herausragend sind die Gemälde von Cornelis van Haarlem, Hans Vredeman de Vries, Joachim Beuckelaer, Paulus Moreelse, Hans Rottenhammer. Der sogenannte Wissenschaftsturm enthält eine Kunst- und Wunderkammer, ein alchemistisches Laboratorium, das Arbeitszimmer eines Geografen sowie ein Studiolo. Das Chemielabor bietet Besuchern die Möglichkeit, Experimente aus der Frühzeit der Naturwissenschaften durchzuführen. Im Schlossgarten zeigt eine dreidimensionale Anamorphose – ein Bild, das nur aus einem bestimmten Blickwinkel erkennbar ist –, wie die Zentralperspektive funktioniert, eine der großen Entdeckungen zur Zeit der Renaissance.

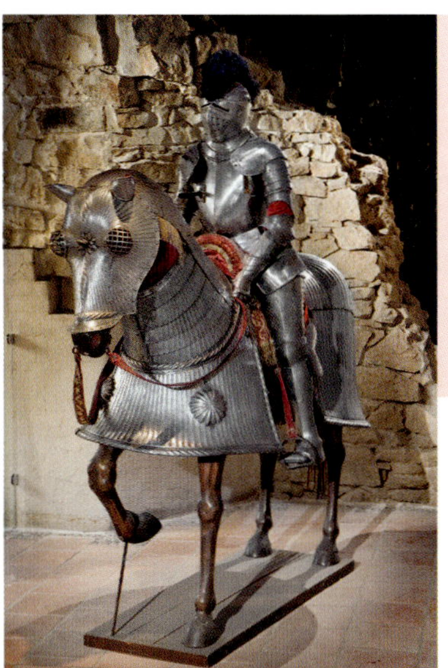

Weserrenaissance-Museum
Schloß Brake
Schlossstraße 18
32657 Lemgo
Telefon: +49 (0) 52 61 / 9 45 00
E-Mail: Weserrenaissance-Museum@t-online.de
www.wrm.lemgo.de

Öffnungszeiten
Di–So 10:00–18:00 Uhr

Turnierharnisch für Ross und Reiter, Nürnberg, 16. Jh., getriebener und gravierter Stahl

Museum Morsbroich
Gustav-Heinemann-Straße 80
51377 Leverkusen
Telefon: +49 (0) 2 14 / 85 55 60
E-Mail: museum-morsbroich@kulturstadtlev.de
www.museum-morsbroich.de

Öffnungszeiten
Di 11:00–21:00 Uhr
Mi–So 11:00–17:00 Uhr

Ann Veronica Janssens,
An den Frühling, 2007

Das Museum Morsbroich befindet sich seit seinem Gründungsjahr 1951 im gleichnamigen Schloss, das von 1619 bis 1803 Sitz des Deutschen Ritterordens war. 1774 ließ Ignaz von Roll die alte Anlage abbrechen und durch ein Barockschloss ersetzen. 1857 übernahm die Familie des Fabrikanten Friedrich von Diergardt das Haus und ließ es 1885 um zwei Flügel erweitern. Seit 1974 gehört der Stadt Leverkusen das Schloss mit der weitläufigen Parkanlage.

Als städtisches Museum widmet es sich ausschließlich der zeitgenössischen Kunst ab 1945. Seine Sammlung umfasst rund 400 Gemälde und Skulpturen sowie 5000 Grafiken. Neben der analytischen Malerei, Nouveau Réalisme, Op-Art und kinetischer Kunst bilden vor allem die monochrome Malerei, die Gruppe Zero und die Kunst des Informel wichtige Schwerpunkte. Künstler wie Lucio Fontana, Yves Klein, Piero Manzoni, Otto Piene und Ad Reinhardt sind umfangreich vertreten. Bemerkenswert ist die grafische Sammlung zeitgenössischer Aquarelle, Zeichnungen und Druckgrafiken. Privatsammlungen, wie die Sammlung Marianne und Fritz Walter, steuerten als Schenkung Werkkomplexe von Rudolf Schoofs, K. O. Götz und Bernard Schultze bei. Ein eigener Sammlungs- und Forschungsschwerpunkt gilt seit 2008 dem in Leverkusen geborenen Künstler Wolf Vostell (1932–1998), von dem das Museum Arbeiten von 1959 bis 1992 besitzt, sowie der Fluxus-Bewegung der 1960er-Jahre. Der Rundgang lässt sich im Schlosspark fortsetzen, wo zahlreiche Skulpturen stehen.

Magdeburger Reiter im Kaiser-Otto-Saal, Mitte 13. Jh.

Kulturhistorisches Museum
Otto-von-Guericke Straße 68–73
39104 Magdeburg
Telefon: +49 (0) 3 91 / 5 40 35 01
E-Mail: museen@magdeburg.de
www.khm-magdeburg.de

Öffnungszeiten
Di–So 10:00–17:00 Uhr

Schulgeschichtliche Sammlung
Brandenburger Straße 10
39104 Magdeburg

Öffnungszeiten
Di 10:00–17:00 Uhr

In der Nähe des Magdeburger Doms befindet sich das Kulturhistorische Museum. 1906 als »Kaiser-Friedrich-Museum« gegründet, konnte es im selben Jahr den unter der künstlerischen Leitung des Wiener Architekten Friedrich Ohmann errichteten Neubau im Stil des Historismus beziehen. Aufgrund der im Zweiten Weltkrieg zum Teil massiven Beschädigungen, die anschließend nur unzureichend behoben wurden, bedurfte es einer umfassenden Sanierung und Modernisierung, die 2006 nach 15 Jahren abgeschlossen wurde.

Das Museum dokumentiert die 1200-jährige Stadtgeschichte, in der Kaiser Otto I. eine wichtige Rolle spielte. So ist denn auch der Kaiser-Otto-Saal ein Höhepunkt des Museumsrundgangs: Hier steht vor dem Wandgemälde von Arthur Kampf die Originalstatue des *Magdeburger Reiters,* vermutlich eine Darstellung des Kaisers beim Einzug in seine Lieblingspfalz. Eine Gruft aus ottonischer Zeit, erst 2005 unter dem Steinpflaster des Domplatzes entdeckt, ist daneben aufgebaut. Das Museum verfügt ferner über umfangreiche Sammlungen zur Archäologie, zum Mittelalter und zur Neuzeit. Neben Münzen, Medaillen und Militaria sind Möbel aus fünf Jahrhunderten zu sehen. Das Kunsthandwerk reicht von Objekten aus Glas, Keramik, Metall bis zu Textilien. Mehr als 300 Künstler von der Renaissance bis ins 20. Jh. sind mit Tafelbildern in der Gemäldesammlung vertreten. Das Graphische Kabinett umfasst zahlreiche Zeichnungen, Aquarelle, Druckgrafiken und Exlibris. Die nur eingeschränkt geöffnete schulgeschichtliche Sammlung zeigt Schulmobiliar, Schulbücher und Materialien für Lehrer aus der DDR-Zeit.

Zu den Reiss-Engelhorn-Museen (rem) gehören mehrere Museen sowie zwei Forschungsinstitute, das Curt-Engelhorn-Zentrum Archäometrie und ab Ende 2009 das Klaus-Tschira-Labor für physikalische Altersbestimmung. Der Ursprung der Bestände geht auf die Sammlertätigkeit des Kurfürsten Carl Philipp (1661–1742) zurück. Sein Nachfolger Carl Theodor (1724–1799) baute die Sammlung aus. Unterstützt von Kurfürst Karl Friedrich von Baden (1728–1811), im Wesentlichen jedoch von Mannheimer Bürgern getragen, wurden nach dem Wechsel Carl Theodors 1794 nach München die in Mannheim verbliebenen Bestände weiterhin betreut und erweitert. 1957 gründete die Stadt mit Mitteln aus dem ihr vermachten Vermögen der Geschwister Carl (1843–1914) und Anna Reiß (1836–1915) im alten Zeughaus das nach den Stiftern benannte Reiss-Museum. Nach der großzügigen Stiftung des Mannheimer Unternehmers Curt Engelhorn erfolgte 2001 die Umbenennung in Reiss-Engelhorn-Museen.

Museum Zeughaus C5

Das Gebäude wurde 1777/78 nach Plänen des Baumeisters Peter Anton von Verschaffelt als Waffenarsenal errichtet und bildet heute zusammen mit dem Schloss und der Jesuitenkirche eine Barockachse im Zentrum der Stadt. Nach einer umfassenden Sanierung 2007 neu eingerichtet, beherbergt das Gebäude heute die kulturhistorischen Kollektionen der Reiss-Engelhorn-Museen, die Antiken- und Gemäldesammlung, das Porzellan und die angewandte Kunst sowie die umfangreiche Sammlung zur Theatergeschichte, die Sammlung historischer Musikinstrumente sowie die Dokumentation der Stadtgeschichte. Hier befindet sich zudem das

Werkstatt Peter Paul Rubens (Jan Boeckhorst), *Bildnis einer lesenden Frau,* 1. Hälfte 17. Jh.

Forum Internationale Photographie mit einem Bestand historischer Fotografien, der Fotosammlung Helmut Gernsheim und dem Werkbestand des Fotografen Robert Häusser.

Museum Weltkulturen D5
Nach Entwürfen von Erwin Bechtold und Carlfried Mutschler entstand 1988 gegenüber dem Zeughaus für die Sammlungen Archäologie, Außereuropäische Kulturen und Naturkunde ein neues Gebäude. Spannend ist hier vor allem die ständige Ausstellung »MenschenZeit – Geschichten vom Aufbruch der frühen Menschen«, die zeigt, wie die Menschen in der Steinzeit lebten.

Museum Schillerhaus B5,7
Seit 2005 erinnert das Schillerhaus anhand einer Multimediainstallation daran, dass Friedrich Schiller nach der Uraufführung der *Räuber* 1782 in Mannheim seine ersten Erfolge als junger Theaterdichter feierte. Er lebte hier von 1782 bis 1785.

ZEPHYR – Raum für Fotografie
Im Palais Cunzmann (C4,9) werden in ZEPHYR – Raum für Fotografie regelmäßig Einzel-, Gruppen- und Themenausstellungen zur zeitgenössischen Fotografie und verwandter Medien gezeigt.

Museum Bassermannhaus für Musik und Kunst
Derzeit im Bau befindlich ist das neue Museum Bassermannhaus für Musik und Kunst, entworfen vom Architekturbüro Pfeiffer Ellermann Preckel. Es wird voraussichtlich im Frühjahr 2010 mit einer Ausstellung zum Thema »Klang der Kulturen« eröffnet.

Reiss-Engelhorn-Museen
Museum Zeughaus C5
Museum Weltkulturen D5
Museum Schillerhaus B5,7

Reiss-Engelhorn-Museen
Zeughaus C5
68159 Mannheim
Telefon: +49 (0) 6 21 / 2 93 31 50
reiss-engelhorn-museen@mannheim.de
www.rem-mannheim.de

Öffnungszeiten
Di–So 11:00–18:00 Uhr

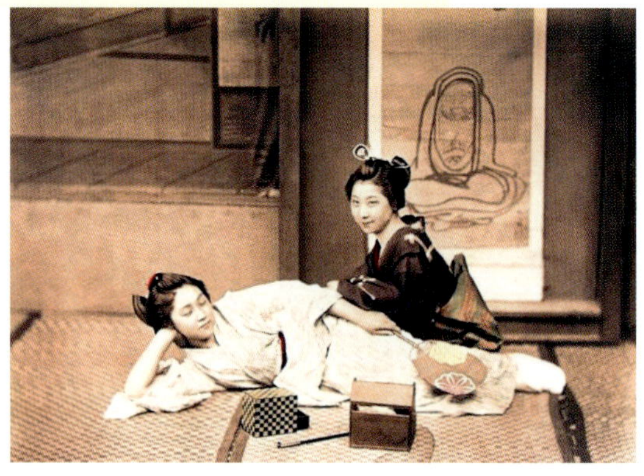

Herrin und Dienerin, anonym, Studioaufnahme, Japan, um 1875

Das Literaturmuseum der Moderne von David Chipperfield gehört den Schriftstellern des 20. Jh. bis zur Gegenwart.

Deutsches Literaturarchiv Marbach
Literaturmuseum der Moderne
Schiller-Nationalmuseum
Schillerhöhe 8–10
71672 Marbach am Neckar
Telefon: +49 (0) 71 44 / 84 80
E-Mail: museum@dla-marbach.de
www.dla-marbach.de

Öffnungszeiten
Di–So 10:00–18:00 Uhr

Das kleine schwäbische Marbach am Neckar ist ein einzigartiges Eldorado für Germanisten und jeden, der sich für deutsche Literatur interessiert. Hier befindet sich nicht nur eine der renommiertesten wissenschaftlichen Forschungseinrichtungen Deutschlands, sondern gleich zwei Museen. Es handelt sich um die weltweit einzigen, die ausschließlich Literatur vermitteln.

Dem berühmten Sohn der Stadt, Friedrich Schiller (1759–1805), war zunächst in seinem Geburtshaus eine Gedenkstätte gewidmet worden, 1903 errichtete der 1895 gegründete Schwäbische Schillerverein (heute Deutsche Schillergesellschaft) schließlich ein »Schiller-Archiv und -Museum«. Es zeigte Ausstellungen über die Dichter der schwäbischen Klassik und Romantik, der literarischen Moderne und der Gegenwart.

1955 gab der damalige Direktor des Schiller-Nationalmuseums, so der neue Name, Bernhard Zeller den Anstoß, ein Literaturarchiv zu gründen: Westdeutschland brauchte einen Ort, an dem Dichternachlässe von überregionaler Bedeutung gesammelt werden konnten. Zudem hatte das Museum als Leihgabe der *Stuttgarter Zeitung* 1952 die umfangreiche Handschriftensammlung des Cotta-Verlags erhalten.

Das Deutsche Literaturarchiv erhielt 1973 einen Neubau, in dem es seine vier Abteilungen unterbringen konnte: das Cotta-Archiv, die Handschriften-Abteilung, die Bibliothek und die Kunstsammlungen. Unterirdische Magazine bergen 1200 Dichter- und Gelehrtennachlässe aus der Zeit von 1750 bis heute (darunter Friedrich Hölderlin, Eduard Mörike, Friedrich Schiller, Ludwig Uhland, Arthur Schnitzler, Hermann Hesse, Kurt Tucholsky, Carl Zuckmayer, Else Lasker-Schüler). Hier lagern ferner die Nachlässe zu Lebzeiten (Peter Handke, Marcel Reich-Ranicki, Martin Walser). Die Bibliothek umfasst 700 000 Bände, neben Erstausgaben, Primär- und Sekundärliteratur auch ganze Dichter- und Sammlerbibliotheken (Gottfried Benn, Paul Celan). Die Kunstsammlungen bewahren mit rund 200 000 Exponaten die größte Porträtgalerie und die umfangreichste Sammlung von Totenmasken in Deutschland, ferner zahlreiche Erinnerungsstücke aus den Nachlässen der Dichter, Möbel, Musikautografen und -drucke, Fotografien, Stiche und Grafiken. Seit den 1990er-Jahren hat das Archiv sein Sammelgebiet auf DDR-Autoren (Johannes Bobrowski, Stephan Hermlin, Sarah Kirsch) ausgedehnt.

2006 wurde der nach Plänen von David Chipperfield errichtete Neubau für das Literaturmuseum der Moderne, kurz »LiMo« genannt, eröffnet. Kuriose und banale, wertvolle und alltägliche Objekte aus dem Bestand des Literaturarchivs sind hier zu einer ganz besonderen Dauerausstellung arrangiert. Hier kann der Besucher alles zur Literatur erfahren, was er bisher nie zu fragen wagte: Wie arbeiten Schriftsteller? Welche Spuren hinterlassen sie? Wie erzeugen sie dichte Texte, einprägsame Sätze und unvergessliche Figuren?

Im Schiller-Nationalmuseum erfolgt derzeit eine umfassende, ebenfalls von Chipperfield durchgeführte Innensanierung. 2009 wird es voraussichtlich nach zweijähriger Bauzeit zum 250. Geburtstag des Dichters am 10. November mit einer neuen Dauerausstellung zu Friedrich Schiller und den schwäbischen Dichtern wiedereröffnet.

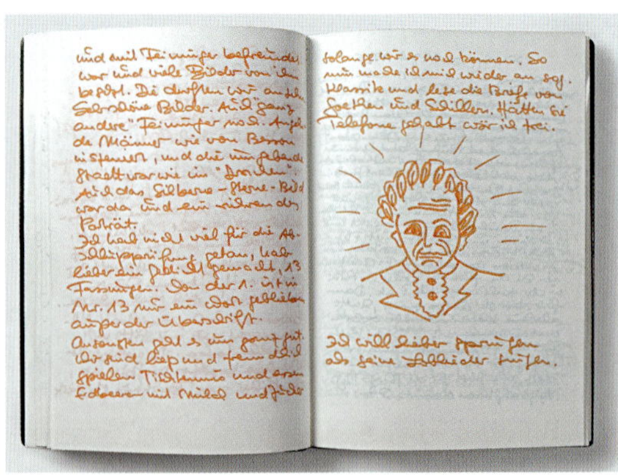
Klassik und lese die Briefe von
Goethe und Schiller. Hätten sie
Telefone gehabt wär ich frei.

Zwei Seiten aus dem Tagebuch der Schriftstellerin Sarah Kirsch vom 3. Juli 1963 (Sarahs elegische Werke)

Neueste Rekonstruktionsmethoden zeigen, wie der Neanderthaler wohl tatsächlich ausgesehen hat.

Wo heute ein modernes Museum steht, wurde vor rund 150 Jahren der namengebende Neanderthaler entdeckt. Im damals von Steilwänden umgebenen Tal der Düssel hatten Arbeiter 1856 beim Kalkabbau Knochen gefunden, die der Wuppertaler Lehrer und Naturforscher Johann Carl Fuhlrott als Skelettreste eines eiszeitlichen Menschen identifizierte.

Ein 1937 eingerichtetes kleines Museum wurde 1962 umgestaltet. 1996 wurde schließlich ein von den Architekten Günter Zamp Kelp, Julius Krauss und Arno Brandlhuber entworfenes Museumsgebäude eröffnet, das viele Auszeichnungen erhielt. Der längsovale Betonkörper ist mit einer vorgehängten Fassade aus Japanglas versehen, innen dient eine spiralförmig ansteigende Rampe als Sinnbild der Evolution.

Der Rampe folgend, lernt der Besucher auf seinem Rundgang zunächst die Geschichte der Region und die Fundgeschichte des Neanderthalers kennen. Anschließend wird anhand der 2006 neu eingerichteten Dauerausstellung nicht nur die Epoche des Neanderthalers veranschaulicht, sondern die gesamte Geschichte des Menschen von den Anfängen in den afrikanischen Savannen vor mehr als vier Millionen Jahren bis in die Gegenwart: Wie hat er gelebt? Über welches Wissen und welche Werkzeuge verfügte er? Welche Rolle spielten für ihn Religion, Umwelt und Ernährung? Beeindruckend sind nicht zuletzt die zahlreichen Rekonstruktionen in Lebensgröße, die mithilfe modernster gerichtsmedizinischer Verfahren naturgetreu nachgebildet werden konnten. Zusätzlich werden thematische Sonderausstellungen gezeigt.

Neanderthal Museum
Talstraße 300
40822 Mettmann
Telefon: +49 (0) 21 04 / 9 79 70
E-Mail: museum@neanderthal.de
www.neanderthal.de

Öffnungszeiten
Di–So 10:00–18:00 Uhr

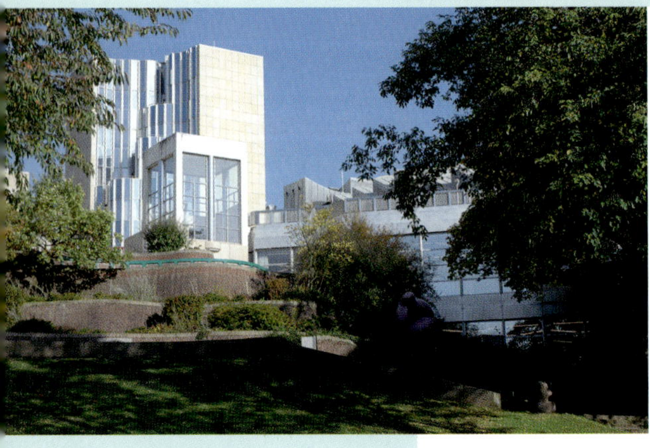

Zum Museum gehört seit 2002 auch ein Skulpturengarten.

Städtisches Museum Abteiberg
Abteistraße 27
41061 Mönchengladbach
Telefon: +49 (0) 21 61 / 25 26 37
E-Mail: mail@museum-abteiberg.de
www.museum-abteiberg.de

Öffnungszeiten
Di–So 10:00–18:00 Uhr

Das Städtische Museum Abteiberg konzentriert sich auf die Kunst des 20. Jh. und der Gegenwart. Von 1972 bis 1982 wurde der von dem Wiener Architekten Hans Hollein geplante Neubau errichtet, bei dem dieser sowohl das historische Stadtbild mit der Abtei als auch die extreme Hangsituation des Abteigartens berücksichtigte. Dafür erhielt Hollein den renommierten Pritzker-Architekturpreis. Im Zuge der Generalsanierung des Gebäudes ist seit der Wiedereröffnung 2007 eine vollständige Neupräsentation der Sammlung zu sehen.

Die Geschichte des Museums begann 1904, nachdem zwei Jahre zuvor ein Museumsverein gegründet worden war. Durch eine Schenkung des in Mönchengladbach geborenen Kunsthistorikers Walter Kaesbach erhielt das »Museum Mönchengladbach« 1922 zahlreiche wichtige Werke des Expressionismus. Die Freude darüber währte jedoch nur kurz, fielen sie doch 1937 fast alle der Jagd auf »entartete Kunst« zum Opfer. Nach dem Krieg konnten trotz vereinzelter Rückkäufe diese Lücken nie mehr geschlossen werden. Der Schwerpunkt liegt seitdem auf zeitgenössischer Kunst. Ferner wurden Werke von Zero, des Nouveau Réalisme und der Pop-Art unmittelbar in der Zeit ihres Entstehens gezeigt und erworben. Seit 1970 erweitert die Sammlung Etzold als Dauerleihgabe den Bestand um Werke des Konstruktivismus, der konkreten Kunst und der Op-Art. Bedeutende Werkkomplexe stammen von Gerhard Richter, Sigmar Polke, Ulrich Rückriem, Mike Kelley, Franz West, Martin Kippenberger, Dieter Roth, Jonathan Meese. Etwas Zeit nehmen sollte man sich für den weitläufigen Skulpturengarten Abteiberg, in dem seit 2002 Werke von Larry Bell, Dan Peterman, Franz West, Jorge Pardo, Stefan Kern stehen.

Die Alte Pinakothek gehört mit ihrer Sammlung alter Meister vom Mittelalter bis zur Mitte des 18. Jh. zu den bedeutendsten Gemäldegalerien der Welt. Rund 700 Gemälde der mehrere Tausend Bilder umfassenden Sammlung sind in 19 Sälen und 47 Kabinetten ständig zu sehen. Bereits zwischen 1528 und 1540 wurde der Grundstock gelegt, als Herzog Wilhelm IV. von Bayern (1493–1550) zahlreiche Historiengemälde bei Malern aus dem süddeutschen Raum für die Münchner Residenz in Auftrag gab, darunter die bekannte *Alexanderschlacht* (1528/29) von Albrecht Altdorfer. Die nachfolgenden Herzöge, Kurfürsten und Könige von Bayern aus dem Hause Wittelsbach trugen erheblich zur Erweiterung der Sammlung bei. König Ludwig I. beauftragte Leo von Klenze schließlich 1826 mit einem Museumsneubau, der 1836 eröffnet wurde. Im Zweiten Weltkrieg stark zerstört, wurde das Gebäude von Hans Döllgast bis 1957 wiederaufgebaut, wobei fehlende Mauerteile nicht rekonstruiert wurden, sondern die Kriegswunden durch unverputztes Mauerwerk sichtbar blieben.

Besonders umfangreich vertreten ist die deutsche Malerei des 14. bis 17. Jh. mit herausragenden Werken von Künstlern wie Albrecht Dürer, Stefan Lochner, Hans Baldung genannt Grien, Lucas Cranach d. Ä., Matthias Grünewald. Einen anderen Schwerpunkt bildet die niederländische und flämische Malerei vom 14. bis zum 17. Jh., wobei die Rubenssammlung mit Meisterwerken wie *Rubens und Isabella Brant in der Geißblattlaube* (um 1609), *Der Höllensturz der Verdammten* (1620/21) und *Löwenjagd* (1621) das Zentrum bildet. Ferner werden Meisterwerke der italienischen, französischen und spanischen Malerei gezeigt. Bei Sonderausstellungen in separaten Räumen stehen kunsthistorische Themen im Mittelpunkt.

Alte Pinakothek
Kunstareal
Barer Straße 27
Eingang Theresienstraße
80333 München
Telefon: +49 (0) 89 / 23 80 52 16
E-Mail: info@pinakothek.de
www.pinakothek.de/alte-pinakothek

Öffnungszeiten
Täglich außer Mo 10:00–18:00 Uhr
Di 10:00–20:00 Uhr

Die Gemälde von Peter Paul Rubens sind bekannt für die barocke Leibesfülle ihrer Figuren.

Das Bayerische Nationalmuseum ist sowohl der bildenden Kunst als auch der Kulturgeschichte gewidmet. Die vielfältigen Sammlungen umfassen Werke und Objekte von der Spätantike bis zum 20. Jh., die überwiegend aus Süddeutschland, insbesondere Bayern, kommen. Die Initiative zur Gründung Mitte des 19. Jh. ergriff König Maximilian II., der auch den bis heute gültigen Museumsnamen bestimmte. Nachdem das erste Museumsgebäude an der Maximilianstraße (heute Völkerkundemuseum) zu klein geworden war, wurde der nach einem Entwurf von Gabriel von Seidl von 1894 bis 1899 errichtete Neubau bezogen. Die verschiedenen historisierenden Stilformen innen wie außen dienen dazu, die Stücke in einer Umgebung zu zeigen, die an ihren Herkunftsort oder an die Epoche, aus der sie stammen, erinnern soll. So gibt es den gotischen, den italienischen oder den barocken Saal.

Die drei Geschosse umfassen Ausstellungsräume mit einer Fläche von insgesamt rund 13 000 m^2. Im Untergeschoss werden volkskundliche Bestände einschließlich der umfangreichen Krippensammlung gezeigt. Das Haupt- und das östliche Obergeschoss sind hauptsächlich Skulpturen des Mittelalters und der Neuzeit vorbehalten, doch sind auch Gemälde, Tapisserien, Kostüme, Waffen, Stadtmodelle, Möbel, Majoliken sowie Goldschmiedearbeiten und Glaskunst zu sehen. Im westlichen Obergeschoss werden Porzellan und Fayencen, Spiele, Musikinstrumente und alles rund um die Jagd präsentiert. Da der Grundstock aus dem Besitz der Wittelsbacher stammt, verweisen zahlreiche Werke zudem auf die bayerische Geschichte. Zusätzlich werden Sonderausstellungen gezeigt, die einen regionalen Bezug haben, aber auch darüber hinausgehen können.

Bayerisches Nationalmuseum
Prinzregentenstraße 3
80538 München
Telefon: +49 (0) 89 / 2 11 24 01
E-Mail: bay.nationalmuseum@bnm.mwn.de
www.bayerisches-nationalmuseum.de

Öffnungszeiten
Di, Mi, Fr–So 10:00–17:00 Uhr
Do 10:00–20:00 Uhr

Tilman Riemenschneider,
Johannes mit trauernden Frauen,
aus einem Passionsaltar, 1485/90

Zwei legendäre Modelle von BMW: die Isetta 250 Standard (vorne) und 2002 (im Hintergrund)

BMW Museum
Am Olympiapark 2
80809 München
Telefon: +49 (0) 1 80 / 2 11 88 22
E-Mail: customer.service@bmw.com
www.bmw-museum.com

Öffnungszeiten
Di–Fr 9:00–18:00 Uhr
Sa, So 10:00–20:00 Uhr

Gleichzeitig mit dem Bau des Verwaltungshochhauses des Autokonzerns BMW nach Plänen des Wiener Architekten Karl Schwanzer wurde von 1970 bis 1973 das angegliederte BMW Museum errichtet. Das schüsselförmige Gebäude, das inzwischen unter Denkmalschutz steht, wurde nach einer zweijährigen Sanierungs- und Umbauphase im Juni 2008 wiedereröffnet. Hier sind seitdem Wechselausstellungen zu sehen, während sich die neu konzipierte Dauerausstellung nun im benachbarten Flachbau, der auch zum BMW-Areal gehört, präsentiert. Aufgrund der Verbindung beider Gebäude konnte die Ausstellungsfläche auf insgesamt 5000 m^2 erweitert werden.

In der »Museumsschüssel« dient ein in den Raum greifendes Rampensystem dazu, eine realistisch inszenierte Großstadtsituation mit Plätzen, Brücken und Häusern zu vermitteln und die verschiedenen Ausstellungsbereiche miteinander zu verbinden. Der Besucher bewegt sich wie auf einer asphaltierten Straße durch sieben »Häuser«, die den übergeordneten Themen Design, Technik, Baureihen, Unternehmensgeschichte, Motorsport, Motorradgeschichte und Marke gewidmet sind. Im oberen Rund wird ein Panorama auf der Innenwand der Schale gezeigt. Hier ermöglichen Hochleistungsbeamer eine 360-Grad-Filmprojektion auf einer Wandfläche von 120 m Länge und bis zu 6 m Höhe. Im Mittelpunkt der ständigen Ausstellung stehen 125 Exponate, darunter die legendäre Isetta, der BMW 2002, das Motorrad R32, der BMW 328 oder der schnittige 507 – allesamt originalgetreu und liebevoll restauriert.

Das Deutsche Museum von Meisterwerken der Naturwissenschaft und Technik, so der vollständige Name, ist eines der weltweit größten Museen seiner Art. Gegründet wurde es 1903 von Oskar von Miller (1855–1934). Als Elektroingenieur hatte er 1882 eine Elektroausstellung in München organisiert, bei der die erste Übertragung von Starkstrom über eine Strecke von 57 km gelang, und 1891 eine weitere in Frankfurt am Main, wo erstmals eine Fernübertragung von Wechselstrom präsentiert wurde. Seine völlig neuen Vorstellungen bestimmten maßgeblich Konzeption und Gestaltung der Sammlungen, die Technik nicht nur erklären, sondern den Museumsbesuch mit Spaß und Mitmachen verbinden sollten. Geschickt überzeugte er Geldgeber sowie namhafte Wissenschaftler wie Max Planck und band sie in das Museumsprojekt ein. Auf der Sandbank in der Isar wurde 1925 schließlich der ab 1906 errichtete Neubau nach Plänen des Architekten Gabriel von Seidl eröffnet. Das Deutsche Museum war von Anfang an ein Publikumsmagnet. Dazu trugen spektakuläre Weltneuheiten wie das Projektionsplanetarium bei, das im Auftrag des Museums von Carl Zeiss in Jena entwickelt worden war.

Nach starken Zerstörungen im Zweiten Weltkrieg wurde das Deutsche Museum 1948 wiedereröffnet und umfangreich erweitert. Heute besitzt es mehrere Zweigstellen: Seit 1992 sind auf der Flugwerft Schleißheim für Luft- und Raumfahrt in der historischen Werfthalle und der neuen Ausstellungshalle Flugzeuge unterschiedlicher Art von der Frühgeschichte des Fliegens bis hin zu Raketen ausgestellt. Seit 1995 besteht das Deutsche Museum Bonn

In der Abteilung Pharmazie zeigt das begehbare Modell einer menschlichen Zelle ihre zahlreichen Bestandteile.

zum Thema Forschung und Technologie nach 1945 und seit 2003 das Verkehrszentrum auf der Theresienhöhe in München. Hier werden in drei denkmalgeschützten Hallen anhand zahlreicher Fahrräder, Motorräder, Automobile, Lokomotiven und anderer Wagen auf der Schiene die drei Themen Stadtverkehr, Reisen sowie Mobilität und Technik veranschaulicht.

Die Sammlungen umfassen insgesamt rund 100 000 Originale, Modelle und Nachbauten, von denen rund 20 000 Objekte in thematisch geordneten Abteilungen zu sehen sind. Dargestellt werden nicht nur wichtige historische Entwicklungen, sondern auch aktuelle Forschungsergebnisse aus den Bereichen Naturwissenschaft und Technik, Werkstoffe und Produktion, Energie, Verkehr, Kommunikation und Information. Besonders anschaulich sind das nachgebaute Schaubergwerk im Untergeschoss des Hauptgebäudes, der historische Werkzeugmaschinenraum oder die Rekonstruktion der Regensburger Klosterapotheke St. Emmeram. Ein raumgroßes, begehbares Modell der menschlichen Zelle zeigt gut, wie ihr Inneres aufgebaut ist. Weitere Highlights sind das erste Motorflugzeug der Gebrüder Wright, das U-Boot U 1, der erste programmgesteuerte Computer und der Dieselmotor (auf der Museumsinsel), das erste Auto von Karl Benz (im Verkehrszentrum), die Douglas DC 3 (auf der Flugwerft Schleißheim) oder der erste Fischer-Dübel (im Deutschen Museum Bonn). Die jüngsten Projekte beschäftigen sich mit Gen-, Bio- und Nanotechnologien. Sonderausstellungen greifen aktuelle Themen aus Naturwissenschaft und Technik auf.

Das erste deutsche Unterseeboot von 1906 war 42,4 m lang und 3,75 m breit. Zuerst als Versuchsboot gedacht, wurde das U1 im Ersten Weltkrieg dann als Schulungsboot eingesetzt.

Deutsches Museum
Museumsinsel 1
80538 München
Telefon: +49 (0) 89 / 2 17 91
E-Mail: information@deutsches-museum.de
www.deutsches-museum.de

Öffnungszeiten
Täglich 9:00–17:00 Uhr

Nachdem der Galerist Richard Grimm 1989 ein kleines privates Museum zum Thema Judentum eingerichtet hatte, übernahm 1998 die Israelitische Kultusgemeinde die Sammlung Grimm und stellte sie in ihren eigenen Räumlichkeiten in der Reichenbachstraße aus. Nach vielen Jahren der Vorbereitung entstand ab 2003 in der Innenstadt ein neues Jüdisches Zentrum, das aus der Synagoge, dem Gemeindehaus und dem inzwischen von der Stadt getragenen Jüdischen Museum besteht. Das Saarbrücker Architekturbüro Wandel Hoefer Lorch konzipierte den Gebäudekomplex aus drei Kuben, deren Fassaden aus dem unterschiedlich behandelten Naturstein Travertin bestehen. Einzig das Museumsgebäude ist im Bereich des Erdgeschosses rundum verglast.

Seit 2007 präsentiert sich das Jüdische Museum auf drei Ebenen: Im Untergeschoss befindet sich die Dauerausstellung »Stimmen_Orte_Zeiten«, in der die sieben Installationen »Stimmen«, »Orte«, »Bilder«, »Rituale«, »Zeiten«, »Sachen«, »Comic« jeweils einen Aspekt jüdischer Geschichte und Kultur in München aufgreifen. Im ersten und zweiten Stock werden Ausstellungen gezeigt, die sich jährlich wechselnd mit Themen wie Verfolgung und Exil von Juden in München während des Nationalsozialismus beschäftigen, aber auch mit einzelnen jüdischen Persönlichkeiten oder Familien, die in der Stadt und über ihre Grenzen hinaus eine bedeutende Rolle gespielt haben, sowie jüdischer Volkskunst. Der Studienraum im ersten Stock bietet die Möglichkeit, sich über das Gezeigte hinaus multimedial zu informieren. Wer lieber in Büchern lesen möchte, dem steht der Leseraum mit 2000 Bänden zur Verfügung.

Jüdisches Museum München
St.-Jakobs-Platz 16
80331 München
Telefon: +49 (0) 89 / 23 39 60 96
E-Mail: juedisches.museum@muenchen.de
www.juedisches-museum-muenchen.de

Öffnungszeiten
Di–So 10:00–18:00 Uhr

Die aus Travertin bestehenden Fassaden des Jüdischen Zentrums erinnern an die Klagemauer in Jerusalem.

Die für die Fassade typischen Keramikstäbe in 21 verschiedenen Farben deuten auf die Bestimmung des Gebäudes hin.

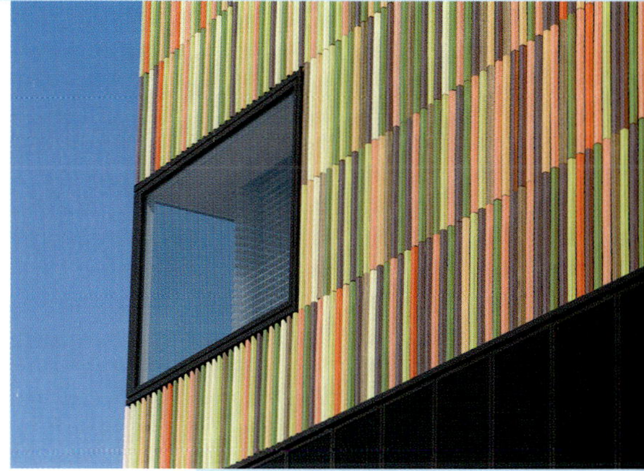

Museum Brandhorst
Kunstareal
Theresienstraße 35a
80333 München
Telefon: +49 (0) 89 / 23 80 51 04
E-Mail: info@museum-brandhorst.de
www.museum-brandhorst.de

Öffnungszeiten
Di, Mi, Fr–So 10:00–18:00 Uhr
Do 10:00–20:00 Uhr

Am 21. Mai 2009 wird im »Kunstareal« in Nachbarschaft zu den Pinakotheken das neue Museum Brandhorst für moderne und zeitgenössische Kunst eröffnet. Der zweigeschossige Neubau wurde von dem Berliner Architekturbüro Sauerbruch Hutton entworfen. Bestimmend für sein äußeres Erscheinungsbild ist die Fassade, deren Oberfläche aus 36 000 glasierten, vertikal angebrachten Keramikstäben in 21 verschiedenen Farben besteht. Während das Erdgeschoss in kleinere Räume eingeteilt ist, befinden sich im Obergeschoss die großen Säle.

Zu Beginn der 1970er-Jahre erwarb das Ehepaar Udo und Anette Brandhorst eine Collage von Joan Miró, die zum Auftakt für seine künftige Sammlung wurde. Galt die Begeisterung anfänglich ausschließlich der klassischen Moderne, so wandten sich die Sammler später der zeitgenössischen Kunst zu. Heute gehören zur Sammlung 112 von Pablo Picasso illustrierte Bücher, ferner Zeichnungen und Collagen von Kasimir Malewitsch, Joan Miró, Kurt Schwitters. Die zweite Hälfte des 20. Jh. wird von Joseph Beuys, Mario Merz, Jannis Kounellis, Sigmar Polke, Georg Baselitz, Gerhard Richter, Bruce Nauman, Jean-Michel Basquiat präsentiert. Die jüngsten Künstler sind Damien Hirst, Mike Kelley, Robert Gober, Christopher Wool. Einen besonderen Stellenwert nehmen 60 Werke Cy Twomblys ein – Gemälde, Skulpturen und Zeichnungen aus allen Schaffensphasen. Der polygonale Raum über dem Foyer wurde speziell für seinen *Lepanto-Zyklus* (2001) entworfen. Mit über 100 Werken gehört auch die Andy-Warhol-Sammlung zu den umfangreichsten in Europa. Die im Jahr 1991 gegründete Udo und Anette Brandhorst Stiftung ermöglicht den weiteren Ausbau der Sammlung.

Die Neue Pinakothek zählt zu den bedeutendsten Museen zur europäischen Kunst des 19. Jh. Ihr Bestand umfasst rund 4500 Gemälde und 300 Skulpturen. Als erstes öffentliches Museum Europas, das ausschließlich zeitgenössischer Kunst gewidmet sein sollte, gründete König Ludwig I. von Bayern (1786–1886) die Neue Pinakothek. Er ließ für seine aus Privatmitteln erworbene Sammlung von 1846 bis 1853 ein Museumsgebäude errichten. 1944 durch Bombentreffer stark beschädigt, wurde die Ruine 1949 abgetragen. Das neue Museumsgebäude, geplant von Alexander von Branca, wurde 1981 eröffnet. Die Sammlung gehört heute zu den Bayerischen Staatsgemäldesammlungen.

Der Rundgang beginnt mit der Kunst um 1800 (Antonio Canova, Jacques-Louis David, Goya, Anton Raphael Mengs), insbesondere der in München. Weitere Abteilungen zeigen die englische Malerei auch des 18. Jh. (Thomas Gainsborough, William Hogarth, George Stubbs) und Werke deutscher Künstler in Rom (Peter von Cornelius, Wilhelm von Schadow). Carl Rottmann und seinen monumentalen *Landschaften Griechenlands* ist ein eigener Saal gewidmet, in dem 14 aufwendig restaurierte, jeweils 400 kg schwere Wandtafeln (von ursprünglich 23) zu sehen sind. Ferner ist die Malerei der Romantik in Dresden und Berlin ausgestellt (Karl Blechen, Johan Christian Dahl, Karl Friedrich Schinkel), aber auch die des Biedermeier und des frühen Realismus. Die französische und englische Malerei wird von Gustave Courbet, Honoré Daumier, John Constable und William Turner vertreten. Der Rundgang endet schließlich mit Werken des Impressionismus und des Jugendstils.

Neue Pinakothek
Kunstareal
Barer Straße 29
80799 München
Eingang Theresienstraße
Telefon: +49 (0) 89 / 23 80 51 95
E-Mail: info@pinakothek.de
www.pinakothek.de

Öffnungszeiten
Di, Do–So 10:00–18:00 Uhr
Mi 10:00–20:00 Uhr

Im Rottmann-Saal sind tonnenschwere Bilder des Zyklus *Landschaften Griechenlands,* 1838–1850, so in die Wand eingelassen, dass sich ihr Gewicht kaum erahnen lässt.

Die große Kuppel über der Rotunde

Die Pinakothek der Moderne im »Kunstareal«, ebenfalls Teil der Bayerischen Staatsgemäldesammlungen, vereint vier eigenständige Museen unter ihrem Dach. Das 2002 eröffnete weitläufige Museumsgebäude wurde von dem Architekten Stephan Braunfels entworfen. Während im Erdgeschoss die Ausstellungsräume des Architekturmuseums der TU München und der Graphischen Sammlung liegen, nimmt die Sammlung Moderne Kunst den ersten Stock ein. Die Neue Sammlung präsentiert ihre vielfältigen Designobjekte im Untergeschoss.

Architekturmuseum der TU München

Mit Gründung der Technischen Universität wurde 1868 eine Lehrsammlung zur Anschauung für angehende Architekten angelegt. Zunächst in eine Archiv- und Forschungseinrichtung umgewandelt, erhielt sie ab 1975 eine Museumsfunktion. Der Bestand umfasst inzwischen rund 500 000 Zeichnungen von 700 Architekten, von Balthasar Neumann über Leo von Klenze, Erich Mendelsohn oder Le Corbusier bis hin zu Peter Zumthor, 100 000 Fotografien, 500 Modelle sowie zahlreiche Stiche, Bauakten, Computeranimationen und -prints. Es werden ausschließlich Wechselausstellungen gezeigt, die ein Thema aus der Welt der Architektur oder das Werk eines einzelnen Architekten aus Geschichte oder Gegenwart darstellen.

Die Neue Sammlung

Die Neue Sammlung – The International Design Museum Munich, so der vollständige Name, zählt rund 75 000 Objekte aus dem 20. Jh. bis heute zu seinem Bestand. Eine »Moderne Vorbildersammlung« war der Grundstock der Sammlung, die 1907 gegründet und 1926 als Museum eröffnet wurde. Erklärtes Ziel war, Gebrauchsgegenstände von höchster Qualität zu sammeln und zu bewahren. Die 23 Sammlungsgebiete konzentrieren sich auf drei Schwerpunkte: Industriedesign mit vielfach hergestellten Erzeugnissen, Kunsthandwerk mit Unikaten oder in

Wie in einem Setzkasten sind die Designobjekte angeordnet.

Kleinserien gefertigten Objekten und Grafikdesign. Die Dauerausstellung zeigt von Möbeln, Keramiken, Gläsern, Schmuck, Metallarbeiten bis hin zu Autos und Motorrädern alle Spielarten des Designs. Als anschauliches Beispiel für den Übergang von der Fertigung von Hand zur seriellen Herstellung wird zudem die Entwicklung von Thonet-Stühlen gezeigt.

Sammlung Moderne Kunst
Neben Gemälden gehören Skulpturen, Fotografien und Medienkunst zur Sammlung Moderne Kunst, die Werke vom frühen 20. Jh. bis zur Gegenwart präsentiert. Schwerpunkte sind Werke des »Blauen Reiter« in München und der »Brücke« in Dresden. Einen besonderen Stellenwert nimmt das Werk Max Beckmanns ein, dem das gleichnamige Archiv gewidmet ist. Ferner gibt es Werkgruppen von Pablo Picasso, Joseph Beuys, Andy Warhol, Lucio Fontana, Donald Judd, Dan Flavin, Georg Baselitz. Wechselausstellungen vertiefen einen Blick auf das Werk einzelner Künstler der Sammlung oder zeigen zeitgenössische Kunst.

Staatliche Graphische Sammlung
Der Ursprung der Sammlung geht auf das 1758 gegründete Mannheimer Kupferstich- und Zeichnungskabinett des Kurfürsten Carl Theodor von der Pfalz zurück, das vor 1800 nach München kam. Der Bestand umfasst heute rund 400 000 Blätter aller Epochen vom 15. Jh. bis zur Moderne. Schwerpunkte liegen auf altdeutschen und niederländischen Zeichnungen, italienischen Renaissance-Zeichnungen und deutschen Zeichnungen des 19. Jh., Werken der klassischen Moderne und internationaler Grafik bis zur Gegenwart. Es werden ausschließlich Wechselausstellungen gezeigt. Sie stehen in thematischem Bezug zum Bestand der Sammlung.

Pinakothek der Moderne
Kunstareal
Architekturmuseum der TU München
Die Neue Sammlung
Sammlung Moderne Kunst
Staatliche Graphische Sammlung

Barer Straße 40
80333 München
Telefon: +49 (0) 89 / 23 80 53 60
E-Mail: info@pinakothek.de
www.pinakothek-der-moderne.de

Öffnungszeiten
Di, Mi, Fr–So 10:00–18:00 Uhr
Do 10:00–20:00 Uhr

Die Sammlung Goetz ist eine private Sammlung zeitgenössischer Kunst. Neben Zeichnungen, Druckgrafik, Gemälden, Skulpturen und Fotografien liegt ein Schwerpunkt auf Video- und Filmarbeiten sowie raumbezogenen Installationen. Das zweigeschossige Museumsgebäude wurde von den Schweizer Architekten Jacques Herzog und Pierre de Meuron entworfen und 1993 fertiggestellt. Es präsentiert sich in einer schlichten kubischen Form, deren Äußeres eine glatte Verkleidung aus Birkenholzplatten und zwei umlaufende Bänder aus mattiertem Glas akzentuieren. Vom Eingangsraum, der zugleich als Büro und Bibliothek dient, führt eine Treppe sowohl in den oberen Stock als auch in den unteren, dem mit »Base 103« ein eigener Bereich für Medienkunst angegliedert ist.

Die Sammlerin Ingvild Goetz begann Ende der 1960er-Jahre die ersten Kunstwerke zu erwerben. Sie konzentrierte sich zunächst auf die Arte povera, später verlagerte sich ihr Interesse auf europäische und amerikanische Künstler der Gegenwart, darunter Francis Alÿs, Matthew Barney, Nathalie Djurberg, Mike Kelley, Paulina Olowska & Lucy McKenzie, Richard Prince. In meist zwei Ausstellungen pro Jahr werden entweder die systematisch erworbenen Werkbestände zu einem Künstler oder zu einem Thema gezeigt. Darüber hinaus gibt es Kooperationen, etwa mit dem ZKM I Zentrum für Kunst und Medientechnologie Karlsruhe. Sowohl die rund 8000 Kataloge umfassende Präsenzbibliothek als auch das museumseigene Archiv ermöglichen die Dokumentation und die wissenschaftliche Forschung zum Werk der Künstler, die in der Sammlung vertreten sind.

Sammlung Goetz
Oberföhringer Straße 103
81925 München
Telefon: +49 (0) 89 / 95 93 96 90
E-Mail: info@sammlung-goetz.de
www.sammlung-goetz.de

Öffnungszeiten
Mo–Fr 14:00–18:00 Uhr
Sa 11:00–16:00 Uhr
Besuch nur nach Voranmeldung

Die raffinierte Architektur des scheinbar schlichten Museumsgebäudes von Herzog & de Meuron offenbart sich dem Besucher erst in seinem Inneren.

Am Königsplatz befinden sich auf der einen Seite die Staatlichen Antikensammlungen mit zahlreichen Werken aus der griechischen, etruskischen und römischen Kunst und auf der gegenüberliegenden Seite die Glyptothek mit ihrer Sammlung antiker griechischer und römischer Skulpturen. Das von 1838 bis 1848 nach Plänen von Georg Friedrich Ziebland errichtete Gebäude, in dem seit 1967 die Antikensammlungen untergebracht sind, ergänzt die von Leo von Klenze entworfene Glyptothek, die zuvor von 1816 bis 1830 an der Nordseite des Platzes entstanden war, dessen Gestaltung sich an die eines antiken Forums anlehnt. Die Sammlungen beider Häuser gehen auf die Wittelsbacher zurück, insbesondere auf König Ludwig I. (1786–1868) und seine große Begeisterung für die Antike.

Im Mittelpunkt der Antikensammlungen stehen bedeutende griechische Vasen und Keramiken, aber es werden auch wertvolle Bronzen, Gold- und Silberschmuck sowie Tafelgeschirr aus Silber, Gläser zum Trinken oder zur Aufbewahrung von Duftölen und Kosmetika sowie Arbeiten aus Terrakotta gezeigt. Die Objekte der Sammlung stammen aus der Zeit vom 3. Jt. v. Chr. bis um 400 n. Chr. Die berühmtesten Werke in der Glyptothek sind vor allem der vermutlich um 220 v. Chr. geschaffene *Barberinische Faun* und die 1813 erworbenen Giebelfiguren vom Aphaia-Tempel in Ägina. Ferner gehören Skulpturen, Mosaike und Reliefs von der archaischen Zeit (650 bis 500 v. Chr.) über die Klassik (ab 500 v. Chr.) bis zum Hellenismus (ab 330 v. Chr.) zur Sammlung. Die römische Kunst ist mit zahlreichen Büsten vertreten.

Staatliche Antikensammlungen und Glyptothek
Königsplatz 3
80333 München
Telefon: +49 (0) 89 / 28 61 00
E-Mail: info@antike-am-koenigsplatz.mwn.de
www.antike-am-koenigsplatz.mwn.de

Öffnungszeiten
Di, Mi, Fr–So 10:00–17:00 Uhr
Do 10:00–20:00 Uhr

Barberinischer Faun,
um 220 v. Chr., Marmor

Staatliches Museum für Völkerkunde

In der neuen Dauerausstellung »Weiter als der Horizont – Kunst der Welt« ist ein sogenannter Schädelschrein aus Papua-Neuguinea aus der Zeit vor 1966 zu sehen. Neben Menschenschädeln von besiegten Feinden oder Ahnen gehören Tierschädel und kunstvoll beschnitzte Bretter dazu.

Die Wurzeln des Staatlichen Museums für Völkerkunde reichen bis ins 16. Jh. zurück, als die Wittelsbacher Herzöge eine Kunstkammer anlegten. Das Museum wurde 1868 gegründet und befindet sich seit 1926 in dem von Eduard Riedel entworfenen und 1867 fertiggestellten Gebäude an der Maximilianstraße, das zuerst das Bayerische Nationalmuseum beheimatet hatte.

Rund 200 000 Kunstwerke und Gebrauchsgegenstände aus aller Herren Länder vermitteln ein Bild vom Leben der Menschen in den außereuropäischen Kulturen. Im ersten Stock sind die Abteilungen Südasien, Orient und Ozeanien zu finden: Während der asiatische Kontinent ganz im Zeichen des Buddhismus und des Religionsgründers Buddha steht, ist das Leben im Orient vom Islam geprägt, wovon kunstvoll gearbeitete Keramiken, Gläser, Metallarbeiten, Miniaturen, Gewebe und Teppiche zeugen. Das Leben in der Südsee wird anhand von Alltagsgegenständen wie Booten, Werkzeugen, Töpfen und Schalen, Kleidung und Masken skizziert. Im zweiten Stock befinden sich die Abteilungen Lateinamerika, Nordamerika und Afrika: Hier sind traditionelle wie zeitgenössische afrikanische Kunstwerke zu sehen, Waffen, Werkzeuge und Masken der nordamerikanischen Indianer, aber auch Specksteinskulpturen der kanadischen Inuit. Ein Höhepunkt ist im Nordamerika-Saal das älteste erhaltene Kajak der Welt aus dem Jahr 1577. Ferner werden Objekte aus Südamerika ausgestellt – archäologische Funde aus dem Inkareich und Gegenstände aus der Kolonialzeit bis ins 20. Jh. Einen kompakten Überblick bietet die neue Dauerausstellung »Weiter als der Horizont – Kunst der Welt«.

Staatliches Museum für Völkerkunde München
Maximilianstraße 42
80538 München
Telefon: +49 (0) 89 / 2 10 13 61 00
E-Mail: museum.voelkerkunde@mfv.bayern.de
www.voelkerkundemuseum-muenchen.de

Öffnungszeiten
Di–So 9:30–17:30 Uhr

Die Villa des Malers Franz von Lenbach im italienischen Stil einer »villa suburbana« war von Anfang an ein Zentrum der Münchner Kunstwelt.

In der ehemaligen Villa des »Malerfürsten« Franz von Lenbach befindet sich die Städtische Galerie. Das Gebäude im italienischen Stil wurde vom Künstler selbst in Zusammenarbeit mit dem Architekten Gabriel von Seidl entworfen und von 1887 bis 1891 errichtet, 1927 folgte der Galerietrakt von Hans Grässel. 1924 von der Witwe Lenbachs an die Stadt verkauft, beherbergte die Villa seit 1929 das Museum, weitere Umbauten folgten.

Die Sammlung umfasst vorwiegend Gemälde der Münchner Schule, zu der Landschaftsmaler des 19. Jh., Genre- und Historienmaler der Jahrhundertwende sowie der Leibl-Kreis ebenso gehören wie die Münchner Impressionisten (Lovis Corinth, Max Slevogt), Mitglieder der Secession, Vertreter des Jugendstils (Franz von Stuck, Richard Riemerschmid) und der Neuen Sachlichkeit (Christian Schad, Rudolf Schlichter). Mit der Schenkung Gabriele Münters 1957 kamen neben ihren eigenen Werken zahlreiche Arbeiten von Künstlern aus dem Umfeld des »Blauen Reiter« hinzu (Alexej von Jawlensky, Wassily Kandinsky, Paul Klee, August Macke). Seit den 1970er-Jahren wird zudem zeitgenössische Kunst gesammelt (Joseph Beuys, Christian Boltanski, Jenny Holzer, Gerhard Richter, Sean Scully, James Turrell). Seit 1994 verfügt das Lenbachhaus zusätzlich über eine unterirdische Halle für Wechselausstellungen, den 110 m langen und 14 m breiten »Kunstbau« über der U-Bahn-Station »Königsplatz«. Vom 22. Februar 2009 bis Mitte 2012 bleibt das Lenbachhaus geschlossen (der Kunstbau nicht), da es in dieser Zeit von dem Architekturbüro Foster + Partner umgebaut sowie um einen Anbau erweitert wird.

Städtische Galerie
im Lenbachhaus – Kunstbau
Luisenstraße 33
80333 München
Telefon: +49 (0) 89 / 23 33 20 00
E-Mail: lenbachhaus@muenchen.de
www.lenbachhaus.de
Kunstbau
Königsplatz / U-Bahn-Zwischengeschoss

Öffnungszeiten
Di–So 10:00–22:00 Uhr
Ab Februar 2009 bis voraussichtlich 2012 wegen Generalsanierung geschlossen, der Kunstbau ist geöffnet

Das LWL-Landesmuseum für Kunst und Kulturgeschichte Münster entstand aufgrund der Initiative zweier Vereine, die im 19. Jh. den Grundstock für den heutigen Bestand legten. 1908 gegründet, bezog es im selben Jahr den von dem Architekten Hermann Schaedtler entworfenen Neubau, der 1971 erweitert wurde. Träger ist der Landschaftsverband Westfalen-Lippe (LWL).

Das Museum bietet von romanischer und gotischer Sakralkunst aus der Region über Kunsthandwerk und Design bis zur Kunst der Moderne ein vielfältiges Spektrum. Highlights sind das Soester Antependium, die Werke von Konrad Soest und weiterer Meister. Beispielhaft für die Renaissance stehen die Werke der münsterschen Malerfamilie tom Ring und der sogenannte Wrangelschrank, ein Meisterwerk der Intarsienkunst. Die Barockmalerei ist mit allen Gattungen vertreten (Frans Snyders, Jan van Scorel). Die Moderne umfasst Werke des Jugendstils (Bernhard Pankok), des Impressionismus (Lovis Corinth, Max Liebermann) und des Expressionismus (»Der Blaue Reiter«, »Die Brücke«), wobei dem in Westfalen geborenen August Macke besonderer Stellenwert zukommt. Ferner gehören die Sammlung zur Landesgeschichte, das umfangreiche Münzkabinett sowie das Porträtarchiv Diepenbrock mit über 120 000 druckgrafischen Porträts zum Bestand. Nach Plänen von Staab Architekten wird anstelle des Gebäudetrakts von 1971 ein Neubau entstehen, dessen Eröffnung für 2012 vorgesehen ist.

LWL-Landesmuseum für Kunst und Kulturgeschichte Münster
Domplatz 10
48143 Münster
Telefon: +49 (0) 2 51 / 59 07 01
E-Mail: landesmuseum@lwl.org
www.landesmuseum-muenster.de

Öffnungszeiten
Di, Mi 9:00–19:00 Uhr
Do, Fr 9:00–21:00 Uhr
Sa, So 10:00–18:00 Uhr
Vom 12. Januar bis zum 22. August 2009 geschlossen, anschließend eingeschränkt zugänglich

Nam June Paik, *Mongolian Tent,* 1993

Jeder der von Erwin Heerich entworfenen Pavillons ist individuell gestaltet.

Ein Museum ungewöhnlicher Art befindet sich in Neuss-Holzheim bei Düsseldorf auf einem Gelände, das zum Teil von der Erft umflossen wird. Auf einer Fläche von rund 25 Hektar stehen verstreut Pavillons als einzelne Ausstellungsräume, das Atelierhaus des Künstlers Anatol Herzfeld, ein für die Öffentlichkeit nicht zugängliches Atelier- und Wohnhaus, eine »Scheune« für Konzerte und andere Veranstaltungen sowie eine Cafeteria. Zugleich dient das Areal als Skulpturenpark. Das Konzept stammt von dem Düsseldorfer Sammler und Immobilienmakler Karl-Heinrich Müller (1936–2007). Er erwarb in den 1980er-Jahren den verwilderten Park und setzte in Zusammenarbeit mit Künstlern seine Vorstellung um, Kunst und Natur miteinander zu verbinden. Der Landschaftsarchitekt Bernhard Korte rekultivierte das Gelände zu einer Park-, Auen- und Terrassenlandschaft. Der Bildhauer Erwin Heerich entwarf elf skulpturale Pavillons aus Backstein und Glas, die jeweils unterschiedlich gestaltet sind. Auf sie verteilt, ist die Sammlung Müllers ausgestellt, darunter Werke von Hans Arp, Alexander Calder, Jean Fautrier, Gotthard Graubner, Yves Klein, Henri Matisse, Francis Picabia, Kurt Schwitters, Norbert Tadeusz. In dem »Schnecke« genannten Pavillon befindet sich das Graphische Kabinett mit Arbeiten auf Papier (Rembrandt, Paul Cézanne, Lovis Corinth). Neben moderner und zeitgenössischer Kunst hat der Sammler auch außereuropäische Kunst erworben, etwa historische Kunstwerke der Khmer aus Kambodscha und aus dem frühen China. Die Sammlung wird jedoch weder chronologisch noch nach Stilen geordnet präsentiert, sondern als Nebeneinander von Ost und West. Auf erklärende Hinweise wird verzichtet, damit sich der Betrachter unmittelbar

Der stufenlose Übergang von den Ausstellungsräumen in die Natur gehört zu den Besonderheiten der Museumsinsel.

auf das jeweilige Werk einlassen kann. Zur seit 1987 zugänglichen »Museumsinsel« kam 1994 das benachbarte Gelände der ehemaligen NATO-Raketenstation hinzu, deren Hallen, Hangars und der Beobachtungsturm renoviert und umgestaltet wurden. Zudem entstanden ab 1998 vier neue Gebäude, ebenfalls von Heerich: der Fontana-Pavillon, das Gästehaus mit 14 Arbeits- und Schlafräumen, das Gebäude für das Internationale Institut für Biophysik und das Archiv- und Bibliotheksgebäude, in dem sich auch zwei Gästewohnungen für Künstler befinden. Auf dem Gelände der Raketenstation steht ferner das eigenständige Ausstellungshaus der Langen Foundation, das nach Plänen des japanischen Architekten Tadao Ando errichtet wurde. Das Gebäude mit einer Fläche von insgesamt 1300 m² umfasst drei Ausstellungsräume, in denen seit 2004 Werke aus der Sammlung von Viktor und Marianne Langen (Werke der klassischen Moderne und traditionelle japanische Kunst) in wechselnden Ausstellungen gezeigt werden. Derzeit entstehen zwei weitere Gebäude: ein Institutsgebäude nach Plänen des portugiesischen Architekten Álvaro Siza, das für die Aufnahme der Architektursammlung der Museumsinsel und für Ausstellungen rund um das Thema Architektur vorgesehen ist und voraussichtlich im Frühjahr 2009 eröffnet wird, sowie das Haus für Musiker, entworfen von dem Architekten Raimund Abraham, das neben einem Kammermusiksaal auch Probenräume und mehrere Gästewohnungen für Musiker enthält. Die Fertigstellung ist für 2010 geplant. So hat sich im Laufe von rund zwei Jahrzehnten in einem insgesamt 72 ha großen Naturgebiet ein Kulturraum entwickelt, in dem Kunst, Architektur und Natur eine einzigartige Symbiose eingehen.

Museum Insel Hombroich
Minkel 2
41472 Neuss-Holzheim
Telefon: +49 (0) 21 82 / 20 94
E-Mail: stiftung@inselhombroich.de
www.inselhombroich.de

Öffnungszeiten
Täglich
April bis September
10:00–19:00 Uhr
Oktober
10:00–18:00 Uhr
November bis März
10:00–17:00 Uhr

Als eines der bedeutendsten Museen Deutschlands besitzt das Germanische Nationalmuseum umfangreiche Sammlungen zur deutschen Kultur und Kunst von der Vor- und Frühgeschichte bis zur Gegenwart. Seine Gründung 1852 geht auf den fränkischen Adeligen Hans von und zu Aufseß (1801–1872) zurück, der seit 1832 in seiner Burg Unteraufseß in der Nähe Nürnbergs Objekte sammelte, die ihm charakteristisch für den deutschsprachigen Raum erschienen. Er legte das Ziel des neuen Museums fest, das gesamte Wissen um die Geschichte, Literatur und Kunst der deutschsprachigen Gebiete zu gliedern, zu ordnen, zu sammeln und verfügbar zu machen. Passend zur geschichtlichen Ausrichtung des Museums, schenkte der bayerische König Maximilian II. 1857 ihm das ehemalige Kartäuserkloster aus dem 14. Jh. am Südrand der Altstadt Nürnbergs, einer der historisch bedeutsamsten Städte Deutschlands.

Heute präsentiert sich das Germanische Nationalmuseum noch immer am selben Standort, jedoch haben insbesondere in der zweiten Hälfte des 20. Jh. zahlreiche Umbauten des ehemaligen Klosters stattgefunden, Erweiterungsbauten kamen hinzu. Im gleichen Zuge wurde das Spektrum der Sammlungen erweitert, in die auch Kunst und Design der Gegenwart Eingang gefunden haben. Der Bestand umfasst derzeit 1,3 Millionen Objekte, von denen nur ein geringer Teil gezeigt werden kann. Es besteht jedoch die Möglichkeit, sich aus den nicht zugänglichen Studiensammlungen nach einer Anmeldung gezielt Objekte vorlegen zu lassen. Zu den Höhepunkten der Sammlungen zählen der *Codex Aureus* aus Echternach (983–991), der berühmte Globus des Martin Behaim (1491–1493), kunstvolle Goldschmiedearbeiten aus dem Spätmittelalter und Gemälde des Renaissancekünstlers Albrecht Dürer, der in Nürnberg geboren wurde und gestorben ist.

Die Schausammlungen sind überwiegend in chronologischer Folge ausgestellt, um mithilfe verschiedenartiger Kunst- und Kulturgegenstände eine Epoche in allen ihren Facetten zu veranschaulichen. So beginnt der Rundgang mit der Vor- und frühgeschichtlichen Sammlung, deren ältestes Exponat ein Faustkeil aus der mittleren Steinzeit (120 000–80 000 v. Chr.) ist. Es folgen Werke aus der Romanik und Gotik, darunter Kruzifixe, Beispiele der Glasmalerei, Gemälde, Skulpturen, Urkunden und sogar ein astronomisches Gerät aus Syrien (1180–1280). Die Renaissance kann mit Skulpturen von Tilman Riemenschneider und Veit Stoß auf-

Albrecht Dürer, *Bildnis des Malers Michael Wolgemut,* 1516

Das Nebeneinander von Gemälden, Möbeln und einem Hochrad als Beispiel für die damals moderne Fortbewegung vermittelt ein vielfältiges Bild des 19. Jh.

warten, denen Gemälde von Jörg Breu d. Ä., Hans Burgkmair, Hans Baldung genannt Grien und Lucas Cranach d. Ä. nicht nachstehen. In der volkskundlichen Abteilung ist eine imposante Reihe von Bauernstuben aus dem gesamten deutschsprachigen Raum zu sehen. Eine Besonderheit für die Epoche des Barock sind neben anderen Luxusgegenständen vier große Puppenhäuser, die nicht zum Spiel von Kindern, sondern zur Repräsentation für die Nürnberger Patrizierfamilien und zum Unterricht ihrer heranwachsenden Töchter bestimmt waren. Sie sind in der Spielzeugsammlung aufgebaut, die in einem eigenen Gebäude untergebracht ist. Kennzeichnend für das 19. Jh. sind Gemälde wie der *Arme Poet* von Carl Spitzweg (1837) oder der Schreibtisch von Wilhelm Grimm (um 1830/40). Der Rundgang endet mit dem 20. Jh., dessen erste Hälfte von Gemälden Karl Hofers, Ernst Ludwig Kirchners, Max Pechsteins repräsentiert wird, während Werke von Michael Buthe, Jörg Immendorff und Heinz-Günter Prager für die zweite Hälfte stehen. Die Designabteilung präsentiert neben Bauhaus-Klassikern (Marianne Brandt, Marcel Breuer) das von Dieter Rams für Braun entworfene Radio T 23 oder den Eistütenstuhl Heart von Verner Panton aus den 1960er-Jahren. Zudem gibt es ein Münzkabinett, eine Sammlung von rund 2500 historischen Musikinstrumenten sowie eine umfangreiche Kostümsammlung.

Germanisches Nationalmuseum
Kartäusergasse 1
90402 Nürnberg
Telefon: +49 (0) 9 11 / 1 33 10
E-Mail: info@gnm.de
www.gnm.de

Öffnungszeiten
Di, Do, Fr–So 10:00–18:00 Uhr
Mi 10:00–21:00 Uhr

Die große Glasfassade über zwei Ausstellungsebenen ist für den Klarissenplatz typisch geworden.

Neues Museum – Staatliches Museum für Kunst und Design in Nürnberg
Klarissenplatz
90402 Nürnberg
Telefon: +49 (0) 9 11 / 24 02 00
E-Mail: info@nmn.de
www.nmn.de

Öffnungszeiten
Di–Fr 10:00–20:00 Uhr
Sa, So 10:00–18:00 Uhr

Das Hauptgebäude des Neuen Museums sticht inmitten der Altstadt mit seiner 100 m langen, leicht geschwungenen Glasfassade prägnant hervor. Auf die umliegende Bebauung abgestimmt, bietet sie vom Klarissenplatz aus nicht nur einen großzügigen Blick auf zwei Ausstellungsebenen, sondern auch in umgekehrter Richtung. Das 2000 eröffnete Museumsgebäude wurde von dem Berliner Architekten Volker Staab entworfen, der das bestehende, denkmalgeschützte Gebäude in den Neubau integrierte.

Auf einer Ausstellungsfläche von insgesamt 3200 m^2 wird zum einen die Sammlung internationaler zeitgenössischer Kunst präsentiert, deren Grundstock 1967 von Dietrich Mahlow, dem ersten Leiter der Kunsthalle Nürnberg, gelegt wurde. Der Verein Museumsinitiative hat ab 1987 die Museumsgründung 1997 vorangetrieben. Derzeit umfasst die Sammlung rund 2500 Kunstwerke, darunter Gemälde, Skulpturen, Fotografien sowie Videokunst und Installationen von den 1950er-Jahren bis zur Gegenwart. Künstler wie Horst Antes, Armando, Günter Fruhtrunk, Gotthard Graubner, François Morellet, Nam June Paik, Bridget Riley und Thomas Ruff sind mit Werkgruppen vertreten. Zum anderen ist die Sammlung Design zu sehen, die herausragend gestaltete Produkte ab 1945 umfasst. Sie gehören zur Neuen Sammlung in München, mit der eine Kooperation besteht. Einzelne Ausstellungsräume sind Themen gewidmet wie dem Werk des italienischen Architekten und Designers Ettore Sottsass, dem Readymade, dem Freischwinger oder den Arbeiten junger Designer. Zusätzliche Sonderausstellungen konzentrieren sich in erster Linie auf zeitgenössische Kunst.

Wer sich von der vielfältigen Flora und Fauna Brandenburgs überraschen lassen möchte, muss nicht unbedingt in die Natur hinausgehen, sondern kann auch das Naturkundemuseum Potsdam besuchen. Bereits 1909 begann mit der Gründung des Potsdamer Museumsvereins seine Geschichte. Doch die frühen Sammlungen gingen im Bombenhagel 1945 verloren. Ab 1959 wurden erneut naturkundliche Sammlungen zusammengetragen, die zunächst Teil des Potsdam-Museums waren. Mit der Eröffnung des sanierten und modernisierten Ständehauses 2001 erhielt das Naturkundemuseum erstmals ein eigenes Gebäude. Das von Georg Christian Unger entworfene Haus von 1770 ist ein sehr schönes Beispiel für den frühen klassizistischen Baustil.

Die zahlreichen naturkundlichen Sammlungen umfassen derzeit mehr als 250 000 Objekte, die nicht nur Zeugnisse für die regionale Natur sind, sondern Veränderungen der Lebensbedingungen aufzeigen, etwa infolge von Umweltbelastungen. Sie stehen für die wissenschaftliche Forschung auf Anfrage zur Verfügung. Jedes der drei Stockwerke ist einer Dauerausstellung gewidmet: »Bedrohte Fauna – Ausgerottete und gefährdete Wildtiere Brandenburgs« gibt Einblicke in die historische und aktuelle biologische Vielfalt Brandenburgs. Das Schauaquarium »Fische Brandenburgs« zeigt in 22 Becken mit über 30 000 l Fließwasser mehr als 40 einheimische Fischarten (Rotfeder, Flussneunauge, Wels u.a.) und Krebse in ihrem natürlichen Umfeld. »In der Spur des Menschen – Biologische Invasionen« stellt die brisante Situation vor, wenn Arten in ein Gebiet einwandern, in dem sie nicht heimisch sind, und sich dort ausbreiten. Sonderausstellungen behandeln einzelne Themen zu Natur und Kultur.

Naturkundemuseum Potsdam
Breite Straße 13
14467 Potsdam
Telefon: +49 (0) 3 31 / 2 89 67 01
Infoline: +49 (0) 3 31 / 2 89 67 07
E-Mail: Naturkundemuseum@Rathaus.Potsdam.de
www.naturkundemuseum-potsdam.de

Öffnungszeiten
Di–So 9:00–17:00 Uhr

Der Europäische Wels im Aquarium »Fische Brandenburgs« ist der weltweit größte Süßwasserfisch, der hierzulande 3 m lang werden kann.

Als am 28. September 2007 in Remagen der rote Teppich ausgerollt wurde, galt er keinem geringeren Anlass als der Eröffnung des Arp Museum Bahnhof Rolandseck. 1858 als klassizistisches »Empfangsgebäude« fertiggestellt und später verfallen, war es seit Ende der 1960er-Jahre von dem 1997 verstorbenen Bonner Kunst- und Musikliebhaber Johannes Wasmuth in ein privates Kulturzentrum umgewandelt worden. Er war auch derjenige, der Werke des Künstlers Hans Arp (1886–1966) nach Rolandseck geholt hat.

Von 2000 bis 2004 wurde das Bahnhofsgebäude restauriert und in den Zustand von 1906 zurückgeführt. Seitdem können die Räumlichkeiten im ersten Stock für Ausstellungen und Veranstaltungen genutzt werden. Der neue Eingang im Sockelgeschoss mündet in einen breiten Tunnel, der unter den Gleisen hindurch zu einem Fahrstuhl führt, der innerhalb des Hangs in den 2005 bis 2007 errichteten Neubau des amerikanischen Architekten Richard Meier hinauffährt.

In beiden Gebäuden werden Wechselausstellungen zur zeitgenössischen Kunst gezeigt. Der oberste Stock des Neubaus ist den Werken von Hans Arp und seiner ersten Frau Sophie Taeuber-Arp (1889–1943) vorbehalten, die ebenfalls Künstlerin war. Als Maler, Bildhauer und Dichter gehörte Arp zu den Protagonisten der Dada-Bewegung und des Surrealismus. Die Rheinpromenade wurde 2001 als »Skulpturenufer« eingeweiht, das heißt, es werden Künstler eingeladen, pro Rheinkilometer ein Werk mit Bezug zur Umgebung zu konzipieren und dauerhaft aufzustellen. 2012 wird mit der Aufstellung des zwölften Werks die Reihe abgeschlossen sein.

Arp Museum Bahnhof Rolandseck
Hans-Arp-Allee 1
53424 Remagen
Telefon: +49 (0) 22 28 / 94 25 12
E-Mail: info@arpmuseum.org
www.arpmuseum.org

Öffnungszeiten
Di–So 11:00–18:00 Uhr

Hans Arp, *Aus dem Reich der Gnomen,* 1949, Marmor

Verschiedene Werke von Martin Kippenberger, *Jetzt gehe ich in den Birkenwald, denn meine Pillen wirken bald* (vorne), 1994 (© Estate Martin Kippenberger, Galerie Gisela Capitain, Cologne)

Im Unterschied zu den meisten privaten Kunstsammlungen, die von einem einzelnen Sammler oder einem Paar getragen werden, steht hinter der Sammlung Grässlin eine ganze Familie. Der Unternehmer Dieter Grässlin und seine Frau Anna begannen Anfang der 1970er-Jahre Kunstwerke des deutschen Informel zu erwerben, darunter Werke von Carl Buchheister, Karl Otto Götz, Emil Schumacher, Fred Thieler. Nach dem Tod ihres Mannes 1976 erweiterte Anna Grässlin die Sammlung um Gemälde von Wols und Jean Fautrier. Die Geschwister Bärbel, Thomas, Sabine und Karola begannen ab 1981 Werke von Künstlern ihrer Generation zu sammeln. Einen besonderen Stellenwert nimmt das Werk Martin Kippenbergers ein, der zeitweilig in St. Georgen lebte und mit dem die Familie befreundet war.

Die umfangreiche Sammlung wird in St. Georgen im »Kunstraum Grässlin« und in den »Räumen für Kunst« gezeigt: Seit 1995 werden vorübergehend leer stehende Ladenlokale, Räume anderer Art oder öffentliche Orte in der Stadt genutzt, um unter dem Namen »Räume für Kunst« Teile der Sammlung auszustellen. Es handelt sich meist um sieben bis zehn Räume, die als Stationen eines Rundgangs besucht werden können. Entweder hat der Besucher zu bestimmten Öffnungszeiten Zugang zu den Räumen, oder er vertraut sich der Führung eines Familienmitgliedes an. 2006 wurde ein Komplex aus drei Gebäuden nach einem Entwurf des Architekten Lukas Baumewerd aus Köln eröffnet: der »Kunstraum Grässlin«, das Lager und das Restaurant »Kippys«. Auch im »Kunstraum Grässlin« sind Ausstellungen zu sehen, die jährlich wechselnd Werke aus der Sammlung zeigen. Den Ausstellungsbetrieb trägt die seit 2004 bestehende Stiftung Grässlin.

Sammlung Grässlin
Museumstraße 2
78112 St. Georgen
Telefon: +49 (0) 77 24 / 8 59 82 97
E-Mail: info@sammlung-graesslin.eu
www.sammlung-graesslin.eu

Öffnungszeiten
Sa, So 12:00–18:00 Uhr

Das Museum Georg Schäfer im unterfränkischen Schweinfurt zeigt Gemälde und Arbeiten auf Papier vom ausgehenden 18. bis zum frühen 20. Jh. Die Werke gehören zur bedeutenden privaten Sammlung des Unternehmers Georg Schäfer (1896–1975), der von seinem Vater Gemälde der Münchner Schule geerbt hatte. Auf diesem Grundstock aufbauend, sammelte er ab etwa 1950 Werke deutscher Künstler überwiegend aus dem 19. Jh. Eine Besonderheit ist der weltweit größte Bestand an Werken von Carl Spitzweg mit 160 Gemälden und 110 Zeichnungen. Einen weiteren Höhepunkt bilden über 100 Gemälde, Gouachen und Zeichnungen von Adolph von Menzel. Umfangreiche Werkgruppen gibt es ferner von Caspar David Friedrich, Ferdinand Georg Waldmüller, Hans Thoma, Max Liebermann, Max Slevogt und dem Kreis um Wilhelm Leibl.

Museum Georg Schäfer
Brückenstraße 20
97421 Schweinfurt
Telefon: +49 (0) 97 21 / 5 19 20
E-Mail: mgs@schweinfurt.de
www.museumgeorgschaefer.de

Öffnungszeiten
Di, Mi, Fr–So 10:00–17:00 Uhr
Do 10:00–21:00 Uhr

Nachdem Teile bzw. einzelne Werke der Sammlung lange Zeit nur in Ausstellungen oder als Leihgaben zu sehen gewesen waren, erhielt sie im Jahr 2000 ein eigenes Gebäude. Der von dem Architekten Volker Staab entworfene Neubau nimmt die gesamte Fläche des Grundstücks zwischen Rathaus und Mainbrücke ein. Während der Kubus außen mit Travertin verkleidet ist, zeigen die Wände im Inneren Sichtbeton. Im Kontrast dazu bestehen alle Einbauten aus Eichenholz. Im gesamten ersten Stock werden Wechselausstellungen zur Kunst des 19. Jh. gezeigt, außerdem ist hier der Studiensaal untergebracht, in dem Zeichnungen, Gouachen und Aquarelle der Graphischen Sammlung nach Vereinbarung vorgelegt werden. Der zweite Stock ist der ständigen Sammlung vorbehalten.

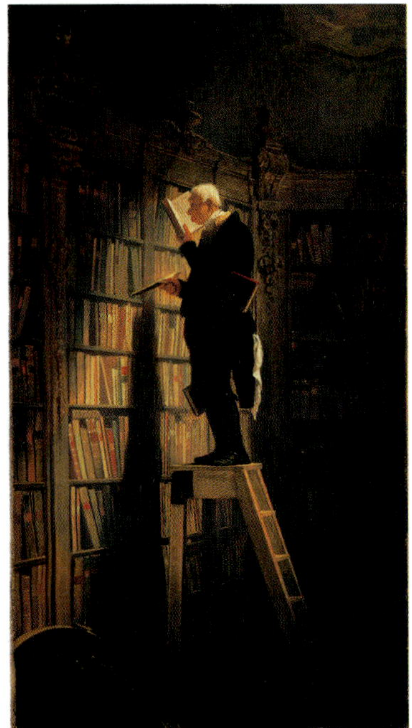

Carl Spitzweg,
Der Bücherwurm, um 1850

Das Staatliche Museum Schwerin liegt unmittelbar am Schweriner See in dem von Georg Adolf Demmler geplanten Palais für den Großherzog Paul Friedrich, dessen Ausbau zur Großherzoglichen Kunstsammlung von 1877 bis 1882 unter Hermann Willebrand erfolgte. Zusammen mit Schloss Schwerin, dem Theater und dem Alten Palais bildet es ein herausragendes Ensemble historistischer Architektur. Die Gemäldegalerie geht auf die Mecklenburger Herzöge zurück, die eine der umfangreichsten und bedeutendsten Sammlungen holländischer und flämischer Malerei des 17. Jh. zusammengetragen haben. Herausragend sind ebenfalls die Werke der deutschen Spätgotik und der Renaissance. In den kunsthandwerklichen Sammlungen geben Kostbarkeiten aus Elfenbein, Bernstein, Gold und Silber, Glas, Perlmutt sowie Fächer, Möbel und Textilien einen Eindruck von der Pracht bei Hofe. Eine umfangreiche Sammlung Meißener Porzellans umfasst auch die zeitgenössische Produktion der Manufaktur. Für das 20. Jh. steht der Marcel Duchamp Komplex, der Readymades, Plastiken, Grafik, Plakat- und Buchgestaltungen sowie zwei Versionen der berühmten *Boîte-en-Valise* (Schachtel im Koffer) umfasst. Ferner gehören zur Sammlung 15 Bronzeplastiken von Ernst Barlach, entstanden zwischen 1907 und 1937, die von Ludwig und Eleonore Bölkow gestiftet wurden. Die Graphische Sammlung und das Münzkabinett befinden sich in der Werdestraße 141. Zu den Kunstsammlungen Schwerin gehören ferner die drei ehemaligen Residenzschlösser Schwerin, Güstrow und Ludwigslust, die nicht nur aufgrund ihrer herausragenden Bestände, sondern auch um ihrer selbst willen sehenswert sind.

Staatliches Museum Schwerin
Alter Garten 3
19055 Schwerin
Telefon: +49 (0) 3 85 / 5 95 80
E-Mail: info@museum-schwerin.de
www.museum-schwerin.de

Öffnungszeiten
Di–So 10:00–17:00 Uhr

Auf dem Platz Alter Garten begegnet der Besucher vor dem Museum zuerst der Skulptur von François Morellet, *Sphère-Trames,* 1962/1989

Auto & Technik Museum Sinsheim

Das Auto & Technik Museum in Sinsheim und das Technik Museum in Speyer gehören zusammen. Ihre Geschichte beginnt mit einem Treffen von Technikliebhabern 1980, die ihre oft in jahrelanger Kleinarbeit restaurierten Schmuckstücke öffentlich zugänglich machen wollten. Sie gründeten einen Museumsverein, und bereits 1981 stand in Sinsheim eine große Halle als Ausstellungsfläche zur Verfügung. 1991 folgte dann die Gründung des Technik Museums in Speyer.

Auf mehr als 30 000 m^2 Hallenfläche und einem weitläufigen Freigelände dreht sich in Sinsheim alles um motorisierte Fortbewegungsmittel: Bei den rund 300 Automobilen reicht das Spektrum von der Motorkutsche über chromblitzende Luxuskarossen (Bugatti, Maybach, Mercedes, Chrysler) bis zu modernen Sportwagen und Rennwagen der Formel 1. Auch Motorradfreunde werden nicht enttäuscht: Eine Vielzahl von Modellen macht die verschiedenen Entwicklungsstufen deutlich. Ferner sind zahlreiche Lokomotiven, Traktoren, Dampfmaschinen und Lastkraftwagen zu sehen. Sowohl in den Museumshallen als auch im Freigelände stehen über 60 Flugzeuge und Hubschrauber aus dem zivilen und militärischen Bereich. Zu den Höhepunkten des Museums gehören die in Startposition auf dem Museumsdach aufgestellte originale Concorde der Air France und das russische Pendant, eine Tupolev 144, beide begehbar.

Für eine technische Raffinesse anderer Art stehen Orgeln, wie sie von Jahrmärkten bekannt sind, darunter die mit 8 m Breite und 7 m Höhe größte Tanzorgel der Welt, die über 900 Pfeifen, ein Saxofon, zwei Akkordeons und ein Schlagzeug verfügt.

Auto & Technik Museum Sinsheim
Museumsplatz
74889 Sinsheim
Telefon: +49 (0) 72 61 / 9 29 90
E-Mail: info@technik-museum.de
www.technik-museum.de

Öffnungszeiten
Mo–Fr 9:00–18:00 Uhr
Sa, So 9:00–19:00 Uhr

Die Concorde beförderte bis zum Jahr 2000 Flugreisende in Überschallgeschwindigkeit. Heute ist sie nur noch im Museum zu sehen.

Bis zur Erfindung des Verbrennungsmotors wurden Brände nur mit Eimern und Leitern bekämpft. Dank der motorisierten Löschfahrzeuge gehört dies der Vergangenheit an.

Technik Museum Speyer
Am Technik Museum 1
67346 Speyer
Telefon: +49 (0) 62 32 / 6 70 80
E-Mail: info@technik-museum.de
www.technik-museum.de

Öffnungszeiten
Mo–Fr 9:00–18:00 Uhr
Sa, So 9:00–19:00 Uhr

Auch das Museum in Speyer stellt zahlreiche Raritäten aus der Technikgeschichte aus. Hier sind weitere Flugzeuge und Hubschrauber, Lokomotiven sowie Oldtimer zu sehen. Hinzu kommen 40 historische Feuerwehrfahrzeuge, die erahnen lassen, wie die Löscharbeiten vergangener Tage ausgesehen haben. Auf dem Freigelände ist neben dem Jumbojet, einer Boeing 747, das mit einer Spannweite von 64 m größte Propellerflugzeug der Welt, die Transportmaschine Antonov AN 22, zu sehen. Eine andere Besonderheit ist das ehemalige U-Boot U 9 der Bundesmarine, das von 1967 bis 1993 insgesamt 174 850 Seemeilen zurückgelegt hat. Im Freigelände aufgestellt, kann der 466 t schwere, noch vollständig ausgerüstete Koloss mit einer Länge von 45,7 m und 4,6 m Breite sogar von innen besichtigt werden. Wie bei allen großen Fahr- und Flugzeugen, die meist auf spektakulären Transportwegen zu Wasser und zu Lande in die beiden Museen gelangen, machte auch der jüngste Neuzugang bereits von sich reden, bevor er am Ziel angelangt war: das russische Spaceshuttle »Buran« (Schneesturm). Seine Ausmaße sind mit einer Länge von 40 m, einer Höhe von 17 m und einem Rumpfdurchmesser von 8 m enorm. 1976 entwickelt, wurde es 1988 für eine zweimalige Umkreisung in die Erdumlaufbahn geschossen. Es flog ferngesteuert ohne Kosmonauten. Seit Oktober 2008 wird »Buran« in der neuen Halle zusammen mit der großen Raumfahrtausstellung »Apollo and Beyond« gezeigt. Zu entdecken gibt es auf dem Museumsgelände außerdem das Marinehaus, in dem maßstabs- und detailgetreue Schiffsmodelle an die Erkundung der Weltmeere erinnern, und das Modellbaumuseum.

Die Küstenlandschaft Mecklenburg-Vorpommerns bietet ideale Voraussetzungen für ein Museum, das dem Lebensraum Meer gewidmet ist. 1951 von dem Biologen und Pädagogen Otto Dibbelt als Naturkundemuseum gegründet, bezog zunächst eine kleine Sammlung das ehemalige Katharinenkloster in der historischen Altstadt von Stralsund. Seitdem entwickelte es sich zu einem der meistbesuchten Museen Deutschlands. Zu ihm gehören zwei Außenstellen: Das »Natureum« befindet sich unmittelbar am 160 Jahre alten begehbaren Leuchtturm Darßer Ort in der Nähe von Prerow mitten im Nationalpark Vorpommersche Boddenlandschaft und informiert seit 1991 über Flora und Fauna der Darßer Landschaft. Das »Nautineum« auf der Insel Dänholm zwischen Rügen und Strelasund dient seit 1999 als Ausstellungszentrum für Fischerei, Meeresforschung, Hydrografie und Seewasserstraßen. Hier kann zudem das erste für den Kaltwasserbereich konzipierte Unterwasserlabor »Helgoland« von 1968 besichtigt werden.

Das Meeresmuseum zeigt im Klostergebäude auf drei Ausstellungsebenen alles rund um den Lebensraum Meer. Neben dem 15 m langen Skelett eines Finnwals sind Originalpräparate und naturgetreue Nachbildungen zu sehen, darunter ein Eisbär, eine Japanische Riesenkrabbe sowie eine Lederschildkröte, die zu Lebzeiten stattliche 450 kg auf die Waage brachte. In den 37 Aquarien, die sich zum größten Teil in den Kellergewölben befinden, tummeln sich tropische Meeresbewohner wie Ammenhaie, Seepferdchen und Korallenfische. Die seltenen Meeresschildkröten leben in einem 350 000-l-Becken und können durch eine Panoramascheibe beobachtet werden.

Das 2008 eröffnete Ozeaneum als jüngster Standort des Meeresmuseums befindet sich zwischen historischen Speichergebäuden auf der nördlichen Hafeninsel. Der nach Plänen des Büros Behnisch Architekten errichtete Neubau

gliedert sich in vier Baukörper, die um ein Foyer angeordnet sind. Die geschwungenen, hell lackierten Stahltafeln der Fassaden wirken leicht und täuschen darüber hinweg, dass allein für die Außenfassade 900 t Stahl erforderlich waren und noch einmal dieselbe Menge für das rund 20 m hohe Stahltragwerk, das die ovale Form vorgibt. Diese Lasten und die der 39 Aquarien werden von 660 Stahlbetonpfählen getragen, die bis zu 28 m tief in den Untergrund reichen.

Im ersten Gebäude befinden sich die Ausstellungsbereiche »Weltmeer – Die Vielfalt des Lebens«, »Erforschung und Nutzung der Meere« sowie »Die Ostsee«. Ein Highlight dieser Schau ist ein 2 x 3 m großer Touchscreen, der die gesamte Ostsee mit anliegenden Küstengebieten und ihren Besonderheiten zeigt. Im zweiten Gebäude informiert das Ostseeaquarium über den Lebensraum von Stralsund bis zum Kattegat. Für die kleinen Besucher ist die interaktive Ausstellung »Ein Meer für Kinder« gedacht. Das Nordseeaquarium im dritten Gebäude stellt die Lebensräume Nordsee, Nordatlantik und Polarmeer vor. Es simuliert im 30-Minuten-Takt Ebbe und Flut und beherbergt neben einem Tunnelaquarium das größte Becken im Ozeaneum, in dem auf einer Grundfläche von 300 m^2 ein Heringsschwarm seine Bahnen zieht. Im vierten Gebäude wird die Unterwasserwelt der Wale als »1 : 1 – Riesen der Meere« inszeniert. Über die gesamte Raumhöhe verteilt, sind Nachbildungen in Originalgröße zu sehen, darunter ein Blauwal mit einer Länge von 26 m, ein Pottwal im Kampf mit einem Riesenkalmar und eine Buckelwalkuh mit ihrem Kalb. Begleitet von einer Klangkulisse mit Gesängen verschiedener Walarten, wird ein eindrucksvolles Bild von ihrem Lebensraum im Ozean vermittelt.

Der schwungvolle Neubau des Ozeaneums steht in reizvollem Kontrast zu den historischen Backsteinbauten der ehemaligen Hansestadt.

Deutsches Meeresmuseum
Museum für Meereskunde und Fischerei
Aquarium
Katharinenberg 14–20
18439 Stralsund
Telefon: +49 (0) 38 31 / 2 65 02 10
E-Mail: info@meeresmuseum.de
www.meeresmuseum.de

Öffnungszeiten
Juni bis September
Täglich 10:00–18:00 Uhr
Oktober bis Mai
Täglich 10:00–17:00 Uhr

Ozeaneum
Hafenstraße 11
18439 Stralsund
Telefon: +49 (0) 38 31 / 2 65 06 10
E-Mail: info@ozeaneum.de
www.ozeaneum.de

Öffnungszeiten
Täglich 9:30–19:00 Uhr
Juni–September 9:30–21:00 Uhr

Nautineum
Täglich 10:00–17:00 Uhr
Juni–September 10:00–18:00 Uhr

Natureum
Mai–Oktober
Täglich 10:00–18:00 Uhr
Januar–April
Mi–So 11:00–16:00 Uhr

Geschickt in die städtebauliche Situation eingebunden, befindet sich seit 2005 der Neubau des Kunstmuseums Stuttgart in zentraler Lage. Das Berliner Büro Hascher Jehle Architektur entschied sich für die Form eines 26 m hohen, dreigeschossigen Kubus, dessen minimalistische Glasfassade eine zweite innen liegende Fassade aus gebrochenem Naturstein umgibt. Vier Fünftel der Ausstellungsfläche von insgesamt 5000 m² liegen aufgrund der Nutzung zweier ehemaliger Tunnelröhren unterhalb des Kleinen Schloßplatzes.

Aufbauend auf der privaten Kunstsammlung schwäbischer Impressionisten, die Graf Silvio della Valle di Casanova 1924 der Stadt schenkte, sind neben Gemälden des südwestdeutschen Klassizismus Werke des 20. Jh. bis zur Gegenwart (Joseph Kosuth, Wolfgang Laib, Markus Lüpertz, Dieter Roth, Fritz Winter) vertreten. Die beiden Schwerpunkte der Sammlung sind die Werke von Adolf Hoelzel und seinem Kreis sowie mehr als 250 Gemälde und Arbeiten auf Papier von Otto Dix als weltweit bedeutendste Sammlung. Von ihm sind neben zahlreichen Porträts und Landschaften das Triptychon *Großstadt* (1927/28) und das *Bildnis der Tänzerin Anita Berber* (1925) zu sehen. Das von der Witwe und den Töchtern aufgebaute Archiv Baumeister betreut den Nachlass, darunter 150 Gemälde und 1500 Zeichnungen, von Willi Baumeister. Zuletzt konnte der gegenwärtige Bestand des Kunstmuseums Stuttgart von rund 15 000 Arbeiten um die Sammlung Teufel mit Werken der konkreten Kunst aus den 1960er-Jahren erweitert werden. Während die ständige Sammlung in den beiden unterirdischen Ebenen ausgestellt ist, werden jährlich drei große und vier kleine Sonderausstellungen im Kubus präsentiert.

Kunstmuseum Stuttgart
Kleiner Schloßplatz 1
70173 Stuttgart
Telefon: +49 (0) 7 11 / 2 16 21 88
E-Mail: info@kunstmuseum-stuttgart.de
www.kunstmuseum-stuttgart.de

Öffnungszeiten
Di, Do, Sa, So 10:00–18:00 Uhr
Mi, Fr 10:00–21:00 Uhr

Willi Baumeister,
Tori mit blauem Punkt, 1937

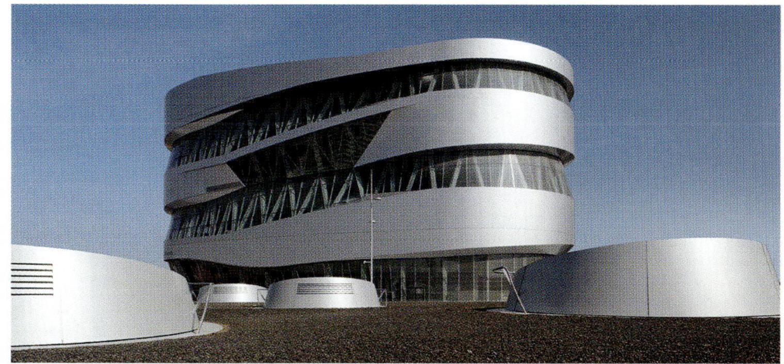

Die Architektur des neuen Museumsgebäudes von UNStudio van Berkel und Bos beruht auf der Struktur einer Doppelhelix, die im Inneren zwei separate Rundgänge ermöglicht.

Mercedes-Benz Museum
Mercedes-Benz-Straße 100
70372 Stuttgart
Telefon: +49 (0) 7 11 / 1 73 00 00
E-Mail: mercedes-benz-museum@daimler.com
www.mercedes-benz-museum.com

Öffnungszeiten
Di–So 9:00–18:00 Uhr

Bereits 1908 eröffnete ein erstes »Automuseum Dr. Carl Benz« in Ladenburg, ein Backsteingebäude, das restauriert wurde und seit 1996 mehr als 70 Fahrzeuge des Unternehmens C. Benz Söhne beherbergt. Der Sprung in das 21. Jh. kann wohl kaum augenfälliger sein als bei dem 2006 fertiggestellten Mercedes-Benz Museum, dessen Neubau sich schwungvoll in Form einer Doppelhelix emporschraubt. Die ungewöhnliche Gestaltung stammt von dem Amsterdamer Büro UNStudio van Berkel und Bos, während HG Merz Architekten für die Ausstellungskonzeption zuständig waren. Das Gebäude hat weder geschlossene Räume noch gerade Wände, und keine der 1800 Glasscheiben, die einen Panoramablick in die Umgebung erlauben, gleicht der anderen.

Auf neun Ebenen sind 160 Fahrzeuge und insgesamt mehr als 1500 Objekte zu sehen, darunter 80 Personenkraftwagen und 40 Renn- und Rekordfahrzeuge wie der legendäre Silberpfeil. Auf einem ungefähr zweistündigen Weg führt eine Zeitreise durch die über 120-jährige Automobilgeschichte: Ein Aufzug bringt die Besucher zuerst in die oberste von neun Ebenen, von wo zwei Rundgänge in weiten Kurven durch die Sammlung zum Ausgangspunkt zurückführen. Entlang des einen Rundgangs sind sieben »Mythosräume« angeordnet, in denen die Geschichte der Marke in chronologischer Folge bis zur Gegenwart erzählt wird. Der andere Rundgang ordnet die Fahrzeuge thematisch in fünf »Collectionen«, die zeitübergreifend etwa die gesamte Palette der Nutzfahrzeuge unter anderem für Reisen, Gütertransport oder Hilfe- und Dienstleistungen veranschaulichen. Jederzeit können die Besucher, wenn sie möchten, zwischen beiden Rundgängen wechseln.

Christian Gottlieb Schlick, *Wilhelmine Cotta,* 1802

Die Staatsgalerie Stuttgart gehört zu den bedeutenden Museen über Deutschlands Grenzen hinaus. Das Spektrum ihrer Sammlungen reicht von der europäischen Kunst vom 14. Jh. bis zur Gegenwart und erstreckt sich ferner über die amerikanische Kunst ab 1945. Der Museumskomplex gliedert sich in drei Gebäude: die Alte Staatsgalerie, die Neue Staatsgalerie und den Erweiterungsbau, in dem sich die Graphische Sammlung befindet.

Die Gemäldesammlungen der württembergischen Grafen und Herzöge sahen zu Beginn eher bescheiden aus. Erst Herzog Eberhard III. begründete 1650 eine »Pinacotheca«, die unter Herzog Carl Alexander 1736 in größerem Umfang wuchs. Von 1838 bis 1843 nach Plänen von Gottlob Georg Barth errichtet und als »Museum der bildenden Künste« eröffnet, wurde es von 1881 bis 1888 von Albert von Bok zu einer H-förmigen Anlage erweitert: die Alte Staatsgalerie. Eine zweite Erweiterung erfolgte mit dem Bau der Neuen Staatsgalerie, die der englische Architekt James Stirling entwarf. Sie wurde 1984 eröffnet und gilt seitdem als eine der Inkunabeln postmoderner Architektur. Seit 2002 kann zudem der jüngste Erweiterungsbau von den Basler Architekten Wilfrid und Katharina Steib, der über zwei Glasbrücken mit der Alten Staatsgalerie verbunden ist, für die Graphische Sammlung und für Wechselausstellungen genutzt werden.

Bei der altdeutschen Malerei von 1300 bis 1550 beeindrucken so bedeutende Werke wie die *Noli me tangere*-Darstellungen des Meisters des Göttinger Barfüßeraltars und die beiden Tafeln des Meisters der Darmstädter Passion (um 1435), ebenso Jerg Ratgebs *Herrenberger Altar* (1519). Nicht weniger herausragend sind die Tafelbilder von Hans Holbein d. Ä., Hans Baldung genannt Grien, Lucas Cranach d. J. Einen Eindruck von der italienischen Kunst von 1300 bis 1800 geben sowohl die beiden berühmten *Erbach'schen Tafeln* (um 1330/40) mit 44 Szenen der Apokalypse als auch zahlreiche Gemälde des 17. und 18. Jh., darunter Werke von Giovanni Bellini, Carpaccio, Canaletto, Luca Giordano, Giambattista Tiepolo. Bei der niederländischen Malerei steht zwar Rembrandts Frühwerk *Paulus im Gefängnis* (1627) im Mittelpunkt, doch nicht weniger fesselnd sind die Werke von Albert Bouts, Frans Hals, Hans Memling, Peter Paul Rubens. Für die Kunst des 19. Jh. steht der schwäbische Klassizismus in Nachbarschaft zu Romantik, Realismus, Idealismus und Impressionismus. Die erste Hälfte des 20. Jh. umfasst die klassische Moderne als weiteren Schwerpunkt der Staatsgalerie mit wichtigen Werken von Willi Baumeister, Max Beckmann, Georges Braque, Alberto Giacometti, Juan Gris, Henri Matisse, Oskar Kokoschka, Pablo Picasso, Oskar Schlemmer sowie Künstlern der »Brücke« und des »Blauen Reiter«. Die Kunst nach 1945 zeigt die amerikanische Avantgarde mit Arbeiten von Barnett Newman, Jackson Pollock, Mark Rothko, Andy Warhol, Roy Lichtenstein, während für die 1960er- und 1970er-Jahre in Europa Beispiele für Arte povera, Fluxus und Happening typisch sind. Die Kunst der Gegenwart wird unter anderem von Stan Douglas, Katharina Fritsch, Jeff Koons, Daniel Richter, Rosemarie Trockel vertreten. Das Werk von Neo Rauch *Ordnungshüter* (2008) wurde eigens für die Staatsgalerie gemalt.

Besondere Aufmerksamkeit verdienen die im Dezember 2008 neu eröffneten zehn Räume im Erdgeschoss der Alten Staatsgalerie. Nach einem grundlegenden Umbau muten sie wie ein neues Museum an, das auf einer Fläche von 1500 m² bespielt werden kann. Hier sind bis zum 1. Juni 2009 Werke der Sammlung von den 1950er-Jahren bis heute zu sehen, anschließend dienen die neuen Räumlichkeiten für die Präsentation von Sonderausstellungen.

Staatsgalerie Stuttgart
Konrad-Adenauer-Straße 30–32
70173 Stuttgart
Telefon: +49 (0) 7 11 / 47 04 00
E-Mail: info@staatsgalerie.de
www.staatsgalerie.de

Öffnungszeiten
Mi, Fr–So 10:00–18:00 Uhr
Di, Do 10:00–20:00 Uhr

Graphische Sammlung,
Studiensaal
Eingang: Urbanstraße 41
E-Mail: graphische.sammlung@staatsgalerie.de

Öffnungszeiten
Do 15:00–20:00 Uhr und
nach Vereinbarung

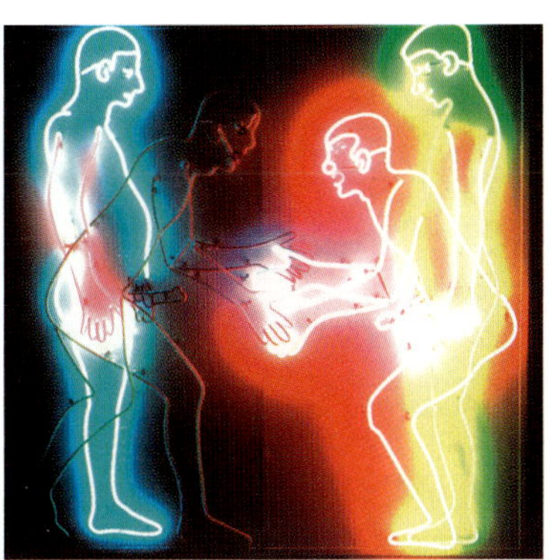

Bruce Nauman, *Welcome/Shaking Hands,* 1985

In Weil am Rhein befindet sich die Zentrale des Unternehmens Vitra, das Möbel nach Entwürfen namhafter Architekten und Designer herstellt. Das 1989 eröffnete Vitra Design Museum war ursprünglich für eine ständige Ausstellung der umfangreichen Stuhl- und Möbelsammlung des Inhabers Rolf Fehlbaum konzipiert. Sie umfasst die Nachlässe von Charles Eames, Alexander Girard, Anton Lorenz und Verner Panton sowie einzelne Stücke von Alvar Aalto, Jean Prouvé, Dieter Rams, Michael Thonet, außerdem Stahlrohrmöbel der 1920er- und 1930er-Jahre, skandinavisches Design von 1930 bis 1960, italienisches und amerikanisches Design und zeitgenössische Produkte. Heute präsentiert das Museum ausschließlich Wechselausstellungen zu den Themen Architektur und Design, in denen Objekte der Sammlung nur dann zu sehen sind, wenn sie einen Bezug zur Ausstellung haben. Auf dem Firmengelände »Vitra Campus« entstanden nach und nach singuläre Bauten bedeutender Architekten. Dafür entwarf Nicolas Grimshaw einen Masterplan und errichtete 1981 und 1986 zwei Produktionshallen. 1989 folgten das Museumsgebäude des Amerikaners Frank Gehry, 1993 das Feuerwehrhaus der Irakerin Zaha Hadid sowie der Konferenzpavillon des Japaners Tadao Ando und 1994 die Produktionshalle des Portugiesen Álvaro Siza. Zudem wurden als architekturhistorische Highlights ein demontierbares Tankstellenhäuschen von Jean Prouvé (1953) und eine geodätische Kuppel von Richard Buckminster Fuller (1978/79) aufgestellt. Zwei neu entworfene Bushaltestellen stammen von Jasper Morrison. Derzeit entsteht mit dem »VitraHaus« ein Showroom nach Plänen der Schweizer Architekten Herzog & de Meuron, der voraussichtlich ab 2009 zugänglich sein wird. Der Vitra Campus ist nur im Rahmen von Architekturführungen zu besichtigen.

Vitra Design Museum
Charles-Eames-Straße 1
79576 Weil am Rhein
Telefon: +49 (0) 76 21 / 7 02 32 00
E-Mail: info-weil@design-museum.de
www.design-museum.de

Öffnungszeiten
Mo, Di, Do–So 10:00–18:00 Uhr
Mi 10:00–20:00 Uhr

Frank Gehrys Museumsgebäude auf dem Vitra-Gelände von Vitra ist sein erstes in Europa.

Der »Kosmos Weimar«, der auf Initiative der Klassik Stiftung Weimar entstanden ist und von ihr vorangetrieben wird, umfasst drei Bereiche: Orte der fürstlichen Hofhaltung, die Wohnhäuser von Goethe & Co. und die historischen Bauten kultureller Einrichtungen. Die Herzogin Anna Amalia Bibliothek ist nur eine von 20 über die Stadt verteilten Stationen von herausragender historischer Bedeutung.

Die 1691 gegründete Bibliothek erhielt ihren Namen von Herzogin Anna Amalia von Sachsen-Weimar und Eisenach und befindet sich im sogenannten Grünen Schloss. Herzog Johann Wilhelm hatte es von dem Renaissance-Architekten Nikolaus Gromann von 1562 bis 1565 als fürstliches Wohngebäude inmitten einer Gartenanlage errichten lassen. Unter der Herzogin erfolgte von 1761 bis 1766 der Umbau zu einem Bibliotheksgebäude, bei dem das innere wie äußere Erscheinungsbild dem Stil des 18. Jh. angepasst und im ersten Stock ein 21 x 11 m großer Rokokosaal eingerichtet wurde. Goethe regte zudem einen Verbindungsbau zum Stadtturm von 1453 an, der zwischen 1803 und 1805 entstand.

Von Anfang an gehörten zahlreiche Gemälde, Büsten, Kupferstiche, Karten und Globen sowie Medaillen zur Ausstattung der Bibliothek. Architektur, Kunst und Bücher repräsentieren das Wissen von der Welt im 18. Jh. Als eine der ersten öffentlich zugänglichen fürstlichen Bibliotheken gehört die Anna Amalia Bibliothek zusammen mit weiteren Stätten in Weimar seit 1998 zum UNESCO-Weltkulturerbe. 2004 zerstörte ein Brand die beiden oberen Stockwerke mit einem großen Teil des historischen Buchbestandes. Nach einer umfassenden Sanierung ist die Bibliothek seit 2007 wieder zugänglich.

Herzogin Anna Amalia Bibliothek
Platz der Demokratie 4
99423 Weimar
Telefon: +49 (0) 36 43 / 54 52 00
Infoline: +49 (0) 36 43 / 54 54 01 und +49 (0) 36 43 / 54 54 02 und +49 (0) 36 43 / 54 54 03
E-Mail: info@klassik-stiftung.de
www.klassik-stiftung.de

Öffnungszeiten
Di–So 10:00–15:00 Uhr

Im wiederhergestellten Rokokosaal erinnert nichts mehr an den katastrophalen Brand.

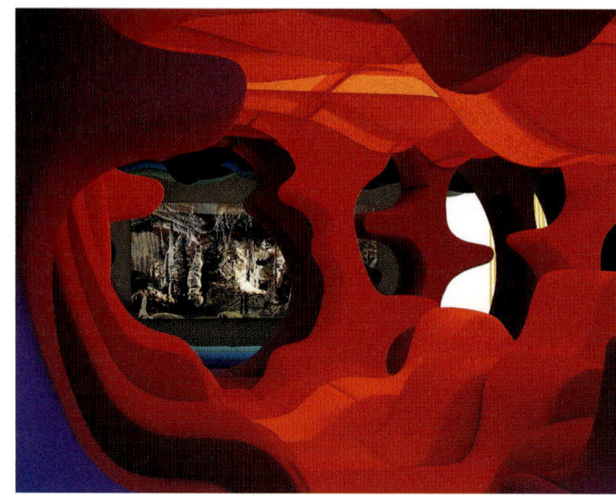

Verner Panton, *Phantasy Landscape Visiona 2,* 1970

Als die jüngste Stadt Deutschlands 1938 gegründet wurde, erhielt sie zunächst den Namen »Stadt des KdF-Wagens bei Fallersleben«. Deutlicher hätte ihre Bestimmung als Wohnort für die Mitarbeiter des Volkswagenwerks nicht formuliert werden können. Auch heute noch ist Wolfsburg vorwiegend als Industriestandort definiert, doch mit dem 1994 eröffneten Kunstmuseum ist ein ebenso innovativer Standort für die Kunst hinzugekommen. Seine Gründung geht auf Carl H. Hahn zurück, von 1982 bis 1992 Vorstandsvorsitzender des Autokonzerns Volkswagen AG. Er initiierte die Kunststiftung Volkswagen, die sich die Einrichtung des neuen Kunstmuseums zum Ziel gesetzt hatte. Getragen wird es seit Bestehen von der privaten Holler Stiftung. Die Sammlung konzentriert sich auf internationale Kunst von 1968 bis zur Gegenwart (Carl Andre, Nobuyoshi Araki, Olafur Eliasson, Fischli & Weiss, Eberhard Havekost, Jeff Koons, Neo Rauch, Cindy Sherman, Lawrence Weiner). Zusätzlich werden zahlreiche Wechselausstellungen zu Themen von der Moderne bis zur zeitgenössischen Kunst präsentiert.

Das Museumsgebäude mit dem weit überspannenden Glasdach stammt von dem Hamburger Architekten Peter P. Schweger. Die zentrale Halle mit einer Grundfläche von 40 x 40 m und einer Höhe von 16 m ist an drei Seiten von Ausstellungsräumen umgeben. Eine separate zweigeschossige Galerie bietet weitere Möglichkeiten, Kunstwerke zu zeigen. Der ursprünglich für einen Skulpturenpark vorgesehene Hof wurde 2007 von dem in Deutschland lebenden japanischen Architekturprofessor Kazuhisa Kawamura in einen Zen-Garten umgewandelt.

Kunstmuseum Wolfsburg
Hollerplatz 1
38440 Wolfsburg
Telefon: +49 (0) 53 61 / 2 66 90
E-Mail: info@kunstmuseum-wolfsburg.de
www.kunstmuseum-wolfsburg.de

Öffnungszeiten
Di 11:00–20:00 Uhr
Mi–So 11:00–18:00 Uhr

Vom Bahnhof Elberfeld fünf Minuten entfernt, liegt das Von der Heydt-Museum. Seine bedeutenden Bestände umfassen rund 2000 Gemälde, 500 Skulpturen, Fotografien, Volkskunst sowie eine Graphische Sammlung. Zu verdanken sind sie der Initiative und den Stiftungen Wuppertaler Bürger, allen voran die Bankiers August von der Heydt (1851–1929) und dessen Sohn Eduard (1882–1964). 1902 wurde in einem Gebäude in zentraler Lage, das 1827 bis 1842 von dem Aachener Architekten Johann Peter Cremer als Rathaus errichtet worden war, das neue Museum eröffnet. Von 1986 bis 1990 erfolgten Sanierung und Erweiterung des Gebäudes auf 7000 m^2 Ausstellungsfläche.

Das Museum besitzt eine schöne Kollektion niederländischer Malerei mit Arbeiten von Joachim Patinir, Joos de Momper oder Frans Synders. Der Schwerpunkt der Sammlung liegt jedoch auf dem 19. Jh. mit Werken von Alfred Sisley, Claude Monet, Paul Signac, Maurice de Vlaminck sowie Skulpturen von Constantin Meunier, Wilhelm Lehmbruck und Auguste Rodin. Von dem in Elberfeld geborenen Maler Hans von Marées sind 24 Werke zu sehen. Neben einer umfangreichen Expressionismus-Sammlung vertreten unter anderen Edvard Munch und Pablo Picasso jeweils mit mehreren Werken das 20. Jh., während Matthew Benedict, Stefan Erfurt, Christian Hellmich und Christopher Muller für die jüngste Gegenwart stehen. In der Graphischen Sammlung gehören Zeichnungen, Aquarelle und Pastelle von Paul Cézanne, Edgar Degas, Claude Monet und Georges Seurat zu den Schätzen des Museums, außerdem Grafik des Expressionismus sowie Werkgruppen von Max Beckmann, Lovis Corinth und Paul Klee.

Von der Heydt-Museum Wuppertal
Turmhof 8
42103 Wuppertal
Telefon: +49 (0) 2 02 / 5 63 62 31
E-Mail: von-der-heydt-museum@stadt.wuppertal.de
www.von-der-heydt-museum.de

Öffnungszeiten
Di, Mi, Fr–So 11:00–18:00 Uhr
Do 11:00–20:00 Uhr

Dreizehn Werken von Klaus Rinke ist ein neuer Raum gewidmet.

Bildnachweis

Umschlagvorderseite
© 2008 Thomas Struth

Umschlagrückseite
© Neanderthal Museum, Mettmann, Foto: H. Neumann/ © Stiftung Insel Hombroich, Foto: Tomas Riehle/ © Daimler AG

2 K20K21 Kunstsammlung Nordrhein-Westfalen, Düsseldorf, Ständehaus, © Foto: Ralph Richter Architekturphotos, Düsseldorf
12 © Domkapitel Aachen, Foto: Ann Münchow
13, 14 Stadt Aachen, Kulturbetrieb, Foto: Andreas Hermann
15 © Lindenau-Museum, Altenburg, Foto: Sinterhauf
16 Bayrisches Textil- und Industriemuseum, Augsburg, Foto: Christina Bleier
17, 18 Maximilianmuseum, Augsburg
19 Museum Frieder Burda, Baden-Baden
20 © Stiftung Museum Schloss Moyland, Foto: Maurice Dorren
21 Bauhaus-Archiv Berlin, Foto: Hartwig Klappert
22 Bauhaus-Archiv Berlin, Foto: Gunter Lepowski
23 Deutsches historisches Museum, Foto Ulrich Schwarz
24 © Jüdisches Museum Berlin, Foto: Marion Roßner, Berlin
25 © Jüdisches Museum Berlin, Foto: Jens Ziehe
26 Madame Tussauds, Berlin
27, 28 Museum für Naturkunde Berlin, Foto: Carola Radke
29 Sammlung Boros, Foto: © Noshe
30 © Staatliche Museen zu Berlin, © Foto: Atelier Tesar
32 © Staatliche Museen zu Berlin, Foto: F. Friedrich, Berlin
33 © bpk / Nationalgalerie, SMB / Jörg P. Anders
34 © bpk / Ägyptisches Museum und Papyrussammlung, SMB / Margarete Büsing
35 © Staatliche Museen zu Berlin, Skulpturensammlung, © Foto: Maximilian Meisse
36 © bpk / Münzkabinett, SMB
37 © bpk / Skulpturensammlung und Museum für Byzantinische Kunst, SMB / Jörg P. Anders
38 © Staatliche Museen zu Berlin, Foto: F. Friedrich, Berlin
39 © bpk / Nationalgalerie im Hamburger Bahnhof, Sammlung Marx, SMB / Jens Ziehe
40 © bpk / Gemäldegalerie, SMB / Jörg P. Anders
41 © Staatliche Museen zu Berlin, Foto: Saturia Linke
42 © bpk / Kupferstichkabinett, SMB / Volker-H. Schneider
43 © Staatliche Museen zu Berlin, Foto: F. Friedrich, Berlin
44 © Staatliche Museen zu Berlin, Foto: F. Friedrich, Berlin
45 © bpk / Museum für Islamische Kunst, SMB
46 © bpk / Vorderasiatisches Museum, SMB / Olaf M.Teßmer
47 © bpk / Nationalgalerie, Museum Berggruen, SMB / Jens Ziehe
48 © bpk / Museum für Vor- und Frühgeschichte, SMB / Klaus Göken
49 © Deutsches Bergbau-Museum, Bochum
50 Haus der Geschichte der Bundesrepublik Deutschland, Bonn, Foto: Cynthia Rühmekorf
51 Kunstmuseum Bonn
52, 53 Zoologisches Forschungsinstitut und Museum Alexander Koenig, Bonn
54 Herzog Anton Ulrich-Museum, Braunschweig, Foto: Claus Cordes
55 Herzog Anton Ulrich-Museum Braunschweig, Foto: Bernd-Peter Keiser
56 Focke-Museum, Bremen
57 Kunsthalle Bremen
58, 59 Überseemuseum, Bremen
60 © Deutsches Auswandererhaus/Foto: Herbert Dehn
61 Max Ernst Museum, Brühl, Foto: Rainer Mader
62 o. Foto: Punktum/Bertram Kober
62 u., 63 Kunstsammlungen Chemnitz, Foto: May Vogt
64 Kunstsammlungen Chemnitz, Museum Gunzenhauser
65 Kunstmuseum Dieselkraftwerk, Cottbus, Foto: Marlies Kross
66 Lippisches Landesmuseum, Detmold
67 Brauerei-Museum, Dortmund, Foto: Michael Rasche
68 Museum am Ostwall, Dortmund, Foto: Jürgen Spiler
69 © Deutsches Hygiene-Museum, Dresden, Foto: Sandra Neuhaus
70 © Deutsches Hygiene-Museum, Dresden

72, 73 Staatliche Kunstsammlungen Dresden, Foto: Jürgen Karpinski
74 Staatliche Kunstsammlungen Dresden, Foto: David Brandt
75 Staatliche Kunstsammlungen Dresden, Foto: Elke Estel/Hans-Peter Klut
76 Staatliche Kunstsammlungen Dresden, Foto: Jürgen Karpinski
77 Staatliche Kunstsammlungen Dresden, Foto: Hans-Peter Klut
78 Staatliche Kunstsammlungen Dresden, Foto: Jürgen Karpinski
79 Staatliche Kunstsammlungen Dresden, Foto: Elke Estel/Hans-Peter Klut
80 Museum Küppersmühle, Duisburg, Foto: Manfred Wakolbinger, Wien
81 Wilhelm Lehmbruck Museum, Foto: Hannappel
82 Hetjens-Museum, Düsseldorf, Foto: Horst Kolberg
83 Julia Stoschek Collection, Düsseldorf, Foto: © Ulrich Schwarz, Berlin
84 o. K20K21 Kunstsammlung Nordhrein-Westfalen, Düsseldorf, Grabbeplatz, © Foto: Walter Klein, Düsseldorf
84 u. K20K21 Kunstsammlung Nordhrein-Westfalen, Düsseldorf, Grabbeplatz
85 K20K21 Kunstsammlung Nordrhein-Westfalen, Düsseldorf, Ständehaus, © Foto: Ralph Richter Architekturphotos, Düsseldorf
86 Stiftung Schloss und Park Benrath
87 museum kunst palast, Düsseldorf, Foto: I. Klein
88 museum kunst palast, Düsseldorf
89 Osftfriesisches Landesmuseum, Emden, Foto: Roland Halbe, Stuttgart
90, 91 © Museum Folkwang, 2008
92 Deutsches Architekturmuseum, Frankfurt am Main, Foto: Thomas Riehle, Köln
93 Deutsches Filmmuseum, Frankfurt am Main
94 © Freies Deutsches Hochstift/Frankfurter Goethe-Museum, Foto: Gerhard Kölsch
95 © Freies Deutsches Hochstift/Frankfurter Goethe-Museum, Foto: David Hall
96 Liebieghaus, Frankfurt am Main, Foto: Norbert Miguletz
97 Liebieghaus, Frankfurt am Main, Foto: Foto: Rühl und Bormann
98 Museum für angewandte Kunst, Frankfurt am Main
99 Museum für Moderne Kunst, Frankfurt am Main, Foto: Axel Schneider
100 © Forschungsinstitut und Naturmuseum Senckenberg, Frankfurt am Main
101 Städel Museum, Frankfurt am Main, Foto: Norbert Miguletz
102 Städel Museum, Frankfurt am Main, Foto: Artothek
103 Museum Junge Kunst, Frankfurt an der Oder, Foto: Bernd Kuhnert, Berlin
104 Emil Schumacher Museum, Hagen, Foto: Werner Krüger
105 Karl Ernst Osthaus Museum der Stadt Hagen, Foto: Achim Kukulies, Düseldorf
106 Stiftung Moritzburg, Halle
107, 108 Landesmuseum für Vorgeschichte, Halle, Foto: Juraj Lipták
109 Hamburger Kunsthalle, Foto: Stefan Müller
110 Hamburger Kunsthalle
111 Internationales Maritimes Museum, Foto: Katharina Marg
112 Museum für Kunst und Gewerbe, Hamburg
113 Museum für Kunst und Gewerbe, Hamburg, Foto: Aloys Kiefer
114 Museum für Völkerkunde, Hamburg
115 Sprengel Museum Hannover, Foto: Michael Herling/ Aline Gwose
116 Akg-images/fabpics
117 Zeiss-Plantetarium, Jena, Foto: Kristian Philler
118 Staatliche Kunsthalle Karlsruhe
119 ZKM, Karlsruhe, © Foto: Christina Zartmann
120 Akg-images/Bildarchiv Monheim
121 Museumslandschaft Hessen Kassel, Gemäldegalerie Alte Meister
123 Museum Kurhaus Kleve, Foto: Annegret Gossens
124 Franz Marc Museum, Kochel am See
125 Deutsches Sport & Olympiamuseum, Köln
126 © Kolumba Köln 2007, Foto: Lothar Schnepf
127 Museum Ludwig, Köln
128 © Museum Schnütgen, Köln, und Rheinisches Bildarchiv, Köln
129 © Rautenstrauch-Joest-Museum, Köln
130 © Römisch-Germanisches Museum, Köln
131 © Römisch-Germanisches Museum, Köln/Foto: Axel Thünker DGPh
132 © Schokoladenmuseum, Köln
133, 134 © Wallraf-Richartz-Museum & Fondation Corboud, Köln

Bildnachweis

135 Kunstmuseen Krefeld
137, 138 Museum Würth, Künzelsau
139 Deutsches Buch- und Schriftmuseum/Deutsche Nationalbibliothek in Leipzig
140 Grassi Museum für angewandte Kunst, Leipzig, Foto: Christoph Sandig, Leipzig
141 Grassi Museum für Völkerkunde zu Leipzig
142 Grassi Museum für Musikinstrumente der Universität zu Leipzig
143 Museum der Bildenden Künste, Leipzig, Foto: Punctum/B. Kober
144 Weserrenaissance-Museum Schloß Brake, Lemgo
145 Museum Morsbroich, Leverkusen
146 Kulturhistorisches Museum, Magdeburg
147 © Reiss-Engelhorn-Museen, Foto: Jean Christen
148 © Reiss-Engelhorn-Museen, Foto: anomym
149 Literaturmuseum der Moderne, Foto: Chris Korner/DLA Marbach
150 Literaturmuseum der Moderne, Foto: Valentin Wormbs, Stuttgart
151 © Neanderthal Museum, Mettmann, Foto: H. Neumann
152 Städtisches Museum Abteiberg, Mönchengladbach, Foto: Riedel
153 Alte Pinakothek, München, Foto: Haydar Koyupinar
154 © Bayerisches Nationalmuseum, München
155 © BMW AG
156, 157 Deutsches Museum, München
158 Jüdisches Museum, München, Foto: © Roland Halbe, Stuttgart
159 Museum Brandhorst, München, Foto: Haydar Koyupinar
160 Neue Pinatkothek, München, Foto: Sibylle Forster
161, 162 Pinakothek der Moderne, München, Foto: Haydar Koyupinar
163 Courtesy Sammlung Goetz, Foto: Franz Wimmer, München
164 Akg-images
165 Staatliches Museum für Völkerkunde, München
166 Akg-images/Bildarchiv Monheim
167 LWL-Landesmuseum für Kunst und Kulturgeschichte, Münster
168 Picture alliance/dpa/Tomas Riehle
169 © Stiftung Insel Hombroich, Foto: Tomas Riehle
170, 171 Germanisches Nationalmuseum Nürnberg, Foto: J. Musolf
172 © Neues Museum – Staatliches Museum für Kunst und Design in Nürnberg
173 Naturkundemusem Potsdam
174 Arp Museum Bahnhof Rolandseck, Foto: Mick Vinzenz
175 Sammlung Grässlin, St. Georgen
176 © Museum Georg Schäfer, Schweinfurt
177 Staatliches Museum Schwerin
178 Auto & Technik Museum Sinsheim
179 Technik Museum Speyer
180 Deutsches Meeresmuseum, Stralsund, Foto: Johannes-Maria Schlorke
182 Kunstmuseum Stuttgart
183 © Daimler AG
184, 185 Staatsgalerie Stuttgart
186 © Vitra Design Museum, Foto: Thomas Dix
187 Klassik Stiftung Weimar
188 Kunstmuseum Wolfsburg, © Verner Panton Design, Basel
189 Von der Heydt-Museum, Wuppertal